예영세계선교신서 16

무릎선교

예영세계선교신서 16

무릎선교

펴낸 날 · 2010년 3월 15일 | **초판 1쇄 찍은 날** · 2010년 3월 10일
지은이 · 이영 | **펴낸이** · 김승태
등록번호 · 제2-1349호(1992. 3. 31) | **펴낸 곳** · 예영커뮤니케이션
주소 · (136-825) 서울시 성북구 성북1동 179-56 | **홈페이지** www.jeyoung.com
출판사업부 · T. (02)766-8931 F. (02)766-8934 e-mail: edit1@jeyoung.com
출판유통사업부 · T. (02)766-7912 F. (02)766-8934 e-mail: sales@jeyoung.com

copyright ⓒ 2010. 이영
ISBN 978-89-8350-574-3 (04230)
    978-89-8350-542-2 세트

값 12,000원

예영세계선교신서 16

무릎선교

세계선교를 주도하기 위해 한국교회는 무엇을 준비해야 하는가?

섬김으로 현장을 파고드는 세계선교전략

이영 지음

예영커뮤니케이션

선교사는 '성찰하는 실천가(reflective practitioner)'가 되어야 합니다. 그런데 그동안 한국선교사들은 사역에 있어서는 '열심이 특심'인 사람들로 알려져 왔으나 자신들의 사역을 성찰하는 데 있어서는 부족했다는 생각이 듭니다. 그 이유는 한국교회의 타문화 선교 역사가 짧고, 따라서 한국선교사들의 경험도 반성해 볼 만큼 충분하지 못했기 때문입니다.

그러나 이제 세계선교운동에서 한국교회선교가 차지하는 비중이나 위상을 생각해 볼 때 더 이상 한국교회선교에 대해 성찰하는 일을 미룰 수 없습니다. 그만큼 책임이 무거워졌고 세계선교에 미치는 영향이 크기 때문입니다. 한 개인에게 있어서도 자신과 자신이 행한 것을 돌아본다는 것은 쉽지 않으며 그 자체가 성숙했다는 것을 의미합니다. 한국교회의 타문화선교운동이 본격적으로 시작된 것이 1980년대라고 가정할 때 이제 한국교회의 타문화선교 운동은 성년에 이르렀습니다. 이것은 그 운동의 1세대에 속하는 선교사들이 곧 사역을 마무리하는 단계에 진입하게 될 것을 의미하기도 합니다. 즉 한국 선교사들은 준비-선발-파송-사역-안식년-재입국-재파송-사역종료-은퇴에 이르는 선교사 삶의 전 과정(full life cycle)에 본격적으로 참여하고 있습니다. 선교운동의 첫 싸이클이 곧 완성되는 지금 우리는 자신에 대해 깊은 성찰을 해야 합니다. 그래야만 뒤이은 선교운동이 더 나은 방향으로 나아갈 수 있기 때문입니다.

이런 면에서 이영 선교사님께서 이번에 내신 책은 우리 모두에게 큰 자극을 줍니다. 한국교회의 파송을 받아 타문화권 현장에서 뛰고 있는 선교사로서 그동안 경험했던 것을 여러 분야로 나누어 깊이 고민하며 성찰한 흔적을 볼 수 있습니다. 그러한 내용들은 한국선교에 관련된 우리 모두의 상황과 현실을 반영하고 있기에 서구학자나 선교사들의 책보다 그야말로 "우리의 가려운 곳을 잘 긁어주고" 있다고 생각합니다.

저는 개인적으로 이영 선교사님을 잘 알고 있습니다. 이영 선교사님 가정과 저희 가정은 1993년 한국선교훈련원(GMTC) 8기 훈련 동기생으로 만나 9개월간 함께 훈련을 받았습니다. 그 후에는 사단법인 한국해외선교회(GMF) 개척선교부(GMP) 소속으로 한 팀을 이루어 라틴 아메리카의 아름다운 나라 에콰도르(Ecuador)로 파송되어 함께 사역했습니다. 그곳에서 저희들은 어린 자녀들을 키우며 근 10여 년의 세월을 함께 했습니다. 이영 선교사님은 건강상 이유로 에콰도르 사역을 마무리하고 한국에 들어와 GMP 선교본부행정 사역을 한동안 하셨는데, 다시 필리핀 다바오(Davao) 지역으로 나가시는 것을 보면서 저는 이영 선교사님이 선교에 대해 "아무도 못 말리는" 열정을 가지셨다는 생각을 했습니다.

이 책에는 그러한 열정과 사랑이 묻어 있습니다. 아무쪼록 한국선교와 관련된 모든 분들이 읽고 이 시대에 하나님께서 한국선교를 통해 이루고자 하시는 일에 대해 다시 한번 깊은 성찰의 계기를 갖기를 바라는 마음으로 이 책을 추천합니다.

변진석 목사/한국선교훈련원(GMTC) 원장

책을 쓰게 된 동기

지난봄 나는 선교지에서 몸이 많이 아팠다. 그 때 마침 한국에서 선교여행을 오신 한의사 한 분이 진찰을 해 주셨다. 진찰하는 동안 통증이 심했고 소화가 되지 않아 거의 탈진 상태에 있었다. 밖에서는 비가 오고 있었고 진찰하는 방은 희미한 백열등 하나만 켜져 있었다. 한의사는 당장 한국에 나가 병원에서 정밀검사를 받으라고 하였다. 아주 위험한 상태라는 것이다. 그러면서 몸의 곳곳에 침을 놓아 주었다. 나는 침을 맞으면서 처음으로 죽음에 대해 심각하게 생각을 하게 되었다. 이대로 하나님이 나를 부르시는 것은 아닌가 하는 생각을 하였다. 이미 내 마음속에는 죽음이 앞에 와 있었다. 제일 먼저 가족들을 생각하였고, 그리고 못 다한 선교사역들을 생각하였다.

그러면서 내 생명이 다하는 날까지 하나님의 나라를 위해 무엇을 할 수 있을까에 대한 생각을 하게 되었다. 그순간 시간이 얼마나 될지 모르지만 그동안 사역하면서 배우고 경험하고 깨달은 것을 정리하고자 하는 마음이 생겼다. 이대로 하나님 앞에 가더라도 부끄럽지 않는 길은 내가 경험한 선교를 나누는 것이라는 생각을 한 것이다.

그리고 며칠 후 한국에 가서 진찰을 받았다. 감사하게도 별 이상이 없다는 결과가 나왔다. 그 동안 너무 지쳐 있었고 더운 날씨에 적응하느라 몸이 힘들어서 탈진했던 것이다. 선교지에 돌아와서 하나님께 휴가를 요청하였다. 몸이 다시 회복할 때까지 기본적인 사역만 하고 휴식을 취하겠다고 하였다. 휴식을 갖으면서 한의사에게 진찰을 받던 날에 생각했던 책을 쓰는 일에 대해 기도하였다. 기도하는 중에 하나님이 허락해 주셨다는 믿음 가운데 평안한 마음을 갖게 되었다.

그런데 사역을 병행하면서 여유 시간을 이용해 책을 쓴다는 것 자체가 말이 안 되는 생각이었다는 것을 나중에야 깨닫게 되었다. 책을 쓰는 일은 쉬는 일이 아니라 더 큰 노동이라는 것이다. 필자의 입장에서 책을 쓴다는 의미는 죽음 앞에서 하나님 나라를 위해 할 수 있는 마지막 사역이라는 절박한 각오가 들어 있는 것이었다. 그래서 최선을 다해 책을 써내려 갔다. 감사하게도 4개월 만에 책을 완성하면서 건강도 많이 회복되었고 사역도 꾸준히 할 수 있도록 하나님께서 은혜를 주셨다. 그래서 이 책이 필자에게는 감히 생명과 연관된 귀한 작업이었다고 말하고 싶다.

한국교회의 바른 선교를 위한 갈망

해외선교는 현재 한국교회에서 중요한 이슈 중의 하나이다. 많은 교회와 성도들이 선교에 대한 관심을 가지고 있고 실제로 많은 선교사역을 하고 있다. 겉으로는 여러 가지 부분에서 선교가 활성화 되었고 관심이 높아졌다. 교회들의 선교 참여도는 이전보다 눈에 띄게 높아졌다. 전에는 선교의 당위성에 대해서 이야기를 많이 했지만 지금은 이 부분에 이의를 제기하는 사람은 많지 않다. 평신도들의 선교 참여 의식도 높아지고 있다. 교회마다 단기선교(비전 트립)를 보내는 것이 유행처럼 되어 있다.

겉모습은 이렇지만 속으로 조금만 깊숙이 들어가 보면 아직도 한국의 해외선교는 개척 단계 수준이라고 할 수 있다. 선교에 대한 전략과 방향, 그리고 선교에 대한 기본이 있는지에 대해서 의문을 갖게 된다. 협력과 공유 대신에 각자가 각개 전투를 하고 있는 느낌이 든다. 한국교회 내에서의 선교 이해나 선교지에서의 사역을 볼 때 소명과 열심은 있는데 바르게 하고 있는가에 대해서는 자신있게 말하기 어렵다. 발전해야 할 선교가 외형은 커지지만 속으로 보면 실속이 없는 속빈 강정은 아닌지 질문을 하게 된다. 이 책에서는 그렇게 된 이유가 무엇인지 진단을 하면서 해결 방안을 찾아보고자 하였다. 감히 본질과 비본질이 뒤 바뀐 한국선교의 현실을 사실 그대로 드러내 보았다. 이 책으로 한국교회선교가 좀 더 발전되었으면 하는 마음이 앞서 과감한 평가를 감추지 않았다. 선교의 발전은 하나님 나라가 이 땅에 임하는 것이고, 복음이 온 세계에 전파되는 원동력이 되기 때문이다.

필자는 이 책에서 선교의 기본과 상식에 대한 이야기를 썼다. 한국선교에서 이슈로 다루어지고 있는 주제들을 중심으로 글을 풀어나갔다. 때로는 뼈를 깎는 아픔으로 비판을 하기도 하였다. 아플수록 바로 갈 수 있다고 생각해서였다. 그러나 단순히 비판만을 한 것이 아니라 새롭고도 바른 방향을 제시하고자 하였다. 한국선교가 가야 할 새로운 전략을 제시함으로써 한국선교가 계속해서 하나님께 쓰임 받기를 바라는 마음이다.

감사드리면서

사도 바울이 고백한 것처럼 이 책은 전적으로 하나님의 은혜로 쓰여졌다. 필자의 힘으로는 쓰기 어려운 환경이었다. 그러나 하나님은 순간마다 힘을 주시고 용기를 주셨다.

먼저 자신들의 귀한 삶과 사역을 나누어 주시며 도전해 주신 최낙환 선교사님 부부에게 진심으로 감사를 드린다. 언제나 옆에서 동역자로, 격려자로, 함께 하는 가족들의 사랑이 없었다면 이 책을 완성할 수 없었을 것이다. 추천사를 써 주신 선교의 동역자이며 친구인 변진석 목사님께도 감사를 드린다. 이 책을 출판해 주신 예영커뮤니케이션의 김승태 사장님과 모든 편집부 직원들께도 감사를 드린다. 누구보다도 지난 15년 동안 선교를 위해 기도와 후원을 아끼지 않은 모든 분들께 감사를 드린다.

필리핀, 민다나오, 다바오 시에서
이영 선교사

제1장

새로운 시대의 선교의 목표

1. 선교의 목표

한국교회가 추구하는 선교의 목표는 무엇일까? 선교사를 파송하는 교회의 담임목사나 성도들에게 선교사를 파송하고 선교에 동참하는 궁극적인 목적이 무엇이냐고 물어 보면, 대부분의 교회에서는 복음을 전하여 죽어가는 생명을 구원하기 위해서 선교사를 보낸다고 말할 것이다. 가난한 사람들을 구제하고 사회를 변혁시키는 것은 복음을 전하는 이 목적을 위해 사용되는 방법론이라고 말할 것이다. 우리는 이렇게 생각하고 말하면서도 선교의 실제 안으로 들어가 보면 선교의 목표가 복음을 전해 사람들을 구원하는 일이라고 말하기 어려운 부분들이 있다.

그것은 첫 번째로 선교학자들의 이론 때문이다. 선교학자들의 이론과 선교현장에서 일하는 선교사의 현실에 차이가 있음을 볼 수 있다. 예를 들면, 신학교에서 배우는 것과 교회에서 하는 목회와는 다른 것과 같다.

신학교에서는 성경에 대한 많은 설(?)들을 가르치지만 실제로 이것을 교회에서 설교 시간이나 목회에 사용되는 것은 드물다. 신학교에서는 성경에 대한 문서설을 가르치고 논쟁하지만 이 부분을 교회에서 다루는 목회자는 많지 않다. 이 부분을 다루는 교회는 성장하기 어렵기 때문이다. 목회자들은 이런 설(?)을 가지고는 목회를 할 수 없다는 것을 잘 안다. 이런 간격이 선교이론과 실제에서도 나타난다.

선교학자들은 지금 선교의 정의에 대한 이슈로 논쟁을 하고 있다. 많은 선교대회에서 선교전문가들이 선교의 정의와 범위에 대해 토론한다. 크게 두 가지 입장이 주류를 이루고 있다. 하나는 에큐메니칼 입장이고, 또 하나는 복음주의 입장이다. 에큐메니칼 입장은 진보계열에 속한 그룹이고 복음주의 입장은 전통적인 입장이다.

에큐메니칼 입장에서 선교의 목표는 세상의 변화에 있다. 교회보다 세상이 중심에 있다. 이 사회를 변화시키는 사회참여에 우선적인 관심이 있다. 복음전파와 사회의 변화를 별개로 생각한다. 복음전파는 전도에 해당하는 것이고, 선교는 하나님이 만드신 이 세상에 샬롬을 가져오는 것이다. 이 세상에 샬롬을 가져오기 위해서 세상일에 참여해야 한다. 그래서 자연스럽게 그리스도인의 사회적 책임을 강조하는 것이다. 사회적 책임이란 정치적인 일에도 관여하고, 사회의 불합리한 일에도 참여하는 것이다. 그리스도의 인간성을 회복하는 세상을 만들어 가는 것이다. 그래서 오늘날 세상이 필요로 하는 일들을 찾아서 하는 모든 것이 선교다. 이들에게 있어서 선교는 세상의 구조적인 것을 변혁시키는 것이다.

반대로 복음주의 입장에서 선교는 복음전파이다. 전도를 통해서 세계를 복음화 시키는 것이다. 복음 전파를 통해 하나님 나라가 확장되는 것이다. 그래서 선교의 개념을 전도와 동일시한다. 단, 전도는 동일 문화권에서 복음을 전하는 것이고 선교는 타문화 권에서 복음을 전하는 것이다. 이것이 전도와 선교의 차이였을 뿐 복음전파에 대해 이의를 제기하지 않았다. 약 200년 동안 선교는 복음전파라는 생각으로 변함없이 실행되어 왔다.

그러나 1974년 복음주의 선교대회인 로잔 대회를 통해 이 사상이 조금씩 바뀌기 시작하였다. 이 대회(주로 존 스토트의 사상이 골격이 됨)에서 선교는 복음전파와 그리스도인의 사회적 책임, 두 가지를 포함하는 것이라고 했다. 복음전파와 사회적 책임은 서로 동반자 관계로 공동의 목적을 위해 긴밀한 연관을 가져야 한다고 했다. 두 가지가 독립적이면서도 서로 동반자 관계에 있다. 물론 복음전파가 사회참여보다는 우선순위에서는 앞선다. 이 대회를 통한 변화의 핵심은 사회참여 자체만으로도 선교가 될 수 있다는 데에 있다. 그 결과로 평신도 전문인들의 선교 참여가 더 많이 나타나게 되었다. 특별히 존 스토트는 사회참여를 독립적으로 보았기에 복음전파를 위한 수단이나 결과가 될 수 없다고 단호하게 말하였다.

이 두 진영 간에 서로 합의를 찾아 가는 방법은 바로 총체적인 선교에 있다. 총체적인 선교란 선교를 한 가지 차원이 아닌 다양한 방법과 수단에 의해 총체적으로 해야 한다는 것이다. 복음주의 입장에서는 전도가 중심에 있고 다른 사역들이 주변에서 서로 동반자 관계로 사역을 한다는 것이다. 사회참여에 대해 이전보다 좀 더 관심을 갖는 의미에서 총체적인 선교를 지지한다. 반면에 진보 진영에서는 선교의 다양한 방법과 수단이 바로 선교 자체이기에 당연히 총체적인 선교를 해야 한다고 한다. 지금은 진보 진영의 총체적인 선교에 있어서도 복음전파의 중요성을 조금씩 인정하는 추세로 가고 있다.

필자는 이런 선교학자들의 사상이 선교지의 현실과는 동떨어진 면이 있다고 본다. 현재 선교지에서 사역하고 있는 선교사의 입장에서 선교지의 현실을 잘 이해하지 못한 이론에 불과한 논쟁이라는 생각을 지우기가 어렵다. 그래서 필자는 선교의 목표는 복음전파라는 복음주의 진영의 기존 이론이 계속되어져야 한다고 생각한다. 그 이유는 다음과 같다.

1) 한국교회의 입장

이미 언급했지만 교회가 선교사를 파송할 때 사회참여와 정의를 위해 선교사를 파송하는 것이 아니라 복음을 전파하기 위해서 선교사를 파송한다. 교회가 선교를 하는 목표는 전도를 통해 세계를 복음화 시키는 것이다. 이것을 설명하기 위해서 '전도'와 '구제'라는 단어를 구분해 보면, 한국교회에서 전도와 구제는 엄연히 다른 영역이다. 전도는 복음을 전하는 것이다. 구제는 사회참여적인 관점에서 그리스도의 사랑을 나타내는 행위이다. 구제를 하면서 그리스도의 사랑이 전파되기를 바라는 마음을 갖는다. 그 결과로 구제 대상이 복음을 받아들인다면 좋은 일이고 그렇지 않다고 하더라도 교회가 구제(사회참여)의 사명을 감당하는 마음으로 구제를 한다. 구제는 전도를 위한 방편 혹은 결과라고 할 수 있다. 구제와 전도가 분명히 다른 것처럼 선교도 사회참여가 아닌 전도인 것이다. 물론 소수의 교회는 선교를 넓은 차원에서 생각하여 구제를 하는 것도 선교라고 생각하기도 한다.

그러나 대부분의 교회는 선교와 구제를 구분한다. 선교는 복음전파이고 구제는 사회참여이기에, 교회가 선교사를 파송하고 선교에 동참하는 이유는 복음을 전하기 위해서 하는 것이다. 사회참여나 구제는 선교를 위한 방법이라고 생각할 뿐이다. 어떤 교회가 구제만을 위해 선교사를 파송하겠는가? 대부분의 교회는 선교사를 파송 할 때 복음을 전하기 위한 분명한 목표를 가지고 있기 때문에 선교 현실적인 면에서 선교는 복음전파여야 한다.

문제는 선교지를 방문하여 선교하고자 하는 한국교회에 있다. 많은 교회들이 분명한 선교 철학이 없이 선교지의 필요에 따라 지원하려고 한다. 선교지를 방문해 보니 너무 가난해서 아이들이 교육을 받지 못하고 있다. 이 어린이들에게 복음을 전해 주기 위해서는 학교를 설립하면 좋을 것이라고 생각한다. 주변에 적절한 학교도 없고 교육 받을 기회도 많지 않기 때문에 일반 학교를 세운다면 일석이조의 효과를 얻을 수 있을 것이라고 기대한다. 학교를 통해 복음도 전하고 가난한 아이들을 교육시키는 방법이야말로 최상의 선교라고 생각한다. 결국 무리한 투자를 해서 학교를 설립한다. 그러나 이것은 두 마리 토끼를 다 잃을 수 있는 위험이 도사리고 있다. 기독교 학교를 통해 복음을 전하는 분명한 목표가 있지만 기독교 학교가 복음전파의 사명을 얼마나 잘 감당하고 있느냐 하는 것은 쉽게 답할 수 없다. 물론 복음을 전하는 통로는 될 수 있다. 학교를 복음을 전하는 통로로 이 사역을 하는 후원교회의 마음을 이해할 수는 있다.

여기서 두 가지를 문제가 나타난다. 하나는 후원하는 교회가 학교를 세우는 분명한 목표는 복음을 전하는 것이라는 사실이다. 선교학자들이 선교의 목표를 세우면서 사회참여의 중요성에 대해 논쟁을 하더라도 실제 교회의 요구는 선교가 복음을 전파하는 것이어야 한다는 사실이다. 복음 전파 없는 일반 학교만을 세우는 선교는 교회가 원하는 목표가 아니다. 분명히 복음전파가 유일한 목표이다. 또 하나의 문제는 두 마리의 토끼를 잡으려는 방법론적인 면에서 사회참여의 사역이 복음전파로 연결되지 않을 가능성이 있다는 사실이다. 그냥 학교는 학교로, 병원은 병원으로 남을 가능성이 선교 역사를 통해 나타나고 있다. 물론 그것이 복음을 전하는 일과 연관이 되어 교회를 설립하고 사람들을 구원하는 방법이 된다면 좋겠지만 현실은 그렇지 않을 수도 있다. 그럼에도 불구하고 많은 후원하는 교회와 선교사들이 이런 분명한 철학이 부족한 상태에서 선교사역을 하고 있다는 것이다. 한국교회선교는 철학이 선교사역의 기초가 되어야 하는데 감정이나 선교지의 현실적인 필요가 선교의 기초가 되었다. 우리는 선교의 목표가 복음을 전하는 것이라는 사실을 기억할 필요가 있다.

2) 성경의 핵심

성경에서 말하는 선교는 복음전파가 핵심이다. 성경의 핵심은 영혼 구원이다. 하나님이 세상을 사랑하셨다. 그러나 인간은 죄를 지었다. 죄인된 인간을 위해 예수님께서 이 땅에 오셔서 구속사역을 완성하셨다. 예수님의 죽음과 부활을 믿는 사람은 누구나 구원을 받는다. 예수의 구원을 경험한 사람들은 증인이 되어 예수님을 증거 하는 증인이 되어야 한다. 예수를 통해서 이 세상이 구원을 받는 일이 계속 되어져야 한다. 이 핵심적이고도 분명한 내용이 성경의 중심 사상이다. 이것에 이의를 제기할 사람은 아무도 없다. 구약에서도 하나님의 백성이 구원받는 것이 주제이고, 신약에서도 예수님은 이 땅에 구속을 위해 오셨다는 것을 핵심으로 말하고 있다. 사도들은 이 일을 위해 증인이 되었고, 특별히 바울은 예수님이 유일한 구세주라는 사실을 강조하였다. 주님은 복음전파의 지상 대 명령을 유언으로 말씀하시고 승천하셨다.

예수님이 승천할 당시의 사도행전을 보면 제자들의 관심은 이스라엘의 회복에 있었다. 이스라엘은 로마에 속국으로 있었고 제자들은 이스라엘의 해방이 하나님 나라의 회복이라고 생각하였다. 제자들로서는 사회정의와 사회참여가 바로 이스라엘의 회복이었다. 제자들은 승천하시려는 예수님을 붙잡고 이스라엘의 회복이 이 때냐고 물었다(행 1:6). 그러나 예수님은 이스라엘의 회복은 제자들이 알 바가 아니고 제자들이 해야 할 일은 땅 끝까지 이르러 주님의 증인이 되는 것이라고 말씀하셨다(행 1:8).

이처럼 예수님의 분명한 가르침에도 불구하고 오늘날 많은 사람들은 여전히 이스라엘 나라의 회복에 관심이 있다. 선교에 있어서도 이스라엘 나라의 회복에 대한 관심이 주님의 증인이 되는 일보다 앞선다. 그래서 사회참여나 인간화나 샬롬을 주장하는 것이다. 선교에 사회참여도 포함되어져야 한다고 주장한다.

그러나 예수님이 문둥병자들을 고치신 사건을 보면 사회참여가 예수님의 목표가 아니었음을 볼 수 있다. 예수님은 열 명의 문둥병자를 고치셨다. 그들 중 아홉 명은 고침을 받고 예수님께 다시 돌아오지 않았다. 그 중의 한 명만이 예수님께 돌아와 감사의 인사를 했다. 그 때 돌아온 문둥병자를 예수님은 어여삐 여기셨다.

> "열 사람이 다 깨끗함을 받지 아니하였느냐 그 아홉은 어디 있느냐
> 이 이방인 외에는 하나님께 영광을 돌리러 돌아온 자가 없느냐 하시고 그
> 에게 이르시되 일어나 가라 네 믿음이 너를 구원하였느니라 하시더라"(눅
> 17:17-19)

예수님의 목표는 영혼을 구원하는 것이었다. 열 사람을 고쳐 준 것이 전부가 아니었다. 그들에게 구원이 임했다고 하지 않았다. 예수님에게는 문둥병을 고치는 것보다 더 큰 목표가 있었다. 돌아온 한 명의 문둥병자에게 '네 믿음이 너를 구원하였느니라'고 말씀하셨다. 이처럼 영혼을 구원하는 일이 주님의 목표였던 것처럼 선교도 영혼 구원이 목표가 되어야 한다. 다른 문둥병자 아홉은 고침을 받았어도 아무 소용이 없었다. 문둥병의 고침을 받았어도 그 영혼이 구원을 받은 것이 아니다. 별개의 문제이다. 주님은 그들의 육신을 고쳐 주시기는 했지만 그것이 주님의 목표는 아니었다. 주님의 목표는 영혼을 구원하는 일에 있었다. 오늘날 사회참여를 하기는 해야 하지만 그것이 선교의 목표가 될 수 없는 이유가 바로 여기에 있다. 사회참여는 복음을 전하는 수단과 방법이 될 수 있다. 혹은 복음전파의 결과로 사회참여가 가능하다. 그러나 이것이 영혼을 구원시키는 것이 아니다. 그러기에 선교의 목표는 사회참여가 아니라 영혼을 구원하는 것이어야 한다.

3) 선교현장의 한계

선교현지의 현실적인 상황으로 보아 사회참여를 통해서 영혼을 구원하는 것은 쉬운 일이 아니다. 구제를 통해 가난한 자를 도와주고 지역을 개발했어도 복음이 전파되지 않으면 그들을 구원했다고 말할 수 없다. 선

교사들의 복음전파를 통해서 현지인들이 예수님이 구세주라는 것을 인정하고 믿고 받아들일 때 구원을 얻게 되는 것이다.

보통 한국에서 전도할 때 전도의 종류가 크게 두 가지이다. 그것은 말씀을 전함으로 전도하는 것과 삶으로 보여 주는 전도이다. 말씀만을 전하면 사람들이 이해하기 힘들고 거부하기 쉽다. 그래서 요즈음은 생활전도를 통해 복음을 전하려고 한다. 생활전도가 더 효과적이라고 말한다. 그러나 생활전도만으로 사람을 변화시키는 것이 아니다. 결국은 말씀을 통해 복음이 정확히 전파되어야 한다. 사람들은 말씀을 듣고 예수님을 영접하는 것이다. 생활전도는 복음전파를 위한 수단이요, 방법이다. 마찬가지로 선교지에서도 사회참여가 생활전도처럼 복음전파의 수단이 되어야 한다. 물론 복음전파의 결과로 그리스도의 사랑을 나누어 주는 차원에서 사회참여는 가능한 일이지만 사회참여가 선교의 목표는 될 수 없다.

많은 선교사들이 현지인에게 빵을 나누어 주어 그들의 삶을 개선해 준다고 할지라도 복음을 받아들이는 것과는 별개라고 말한다. 즉, 사회참여를 통해 복음을 전해 본 선교사들은 그 방법이 결코 복음전파에 많은 도움이 되지 않았다는 것을 고백한다. 이처럼 현지인들의 삶을 개선해 준다고 할지라도 그들이 구원받지 못한다면 그 개선은 소용없는 개선이 된다. 주님께서 열 명의 문둥병자를 고쳐 주셨지만 그 중의 아홉 명은 구원과는 별개의 고침을 받은 것이고 아홉 명에게 하는 행위가 선교라고 하기에는 무리가 있다. 현지인들을 잘 살게 도와주고 그들의 삶을 개선해 줄지라도 그들의 영혼이 구원받지 못하면 소용없을 뿐 아니라 이것을 선교라고 보기에는 무리가 있다.

극단적인 이야기가 하나 있다. 어떤 사람이 몸에 병이 생겼다. 몸만 낫게 해 준다면 예수를 잘 믿겠다고 하였다. 그 사람을 도와 병원에 데려가고 치료해 주어 낫게 했더니 건강한 사람이 되어 그 건강한 몸으로 더 큰 죄를 짓다가 폐인이 되더라는 이야기이다. 빵으로는 사람을 변화시키기 어렵다는 이야기이다. 선교지에서 선교사들은 이런 사례를 많이 본다.

빵으로는 사람이 변화되지 않는다는 것을 경험을 통해 알고 있다. 그런데도 선교사들이 사회참여의 방법으로 선교를 하고 있다. 직접적인 복음전파보다는 사회참여적인 방법을 우선적으로 사용한다. 물론 복음의 문이 닫힌 지역에서는 방법론으로 사회참여를 시도할 수 있다. 그러나 그것이 선교의 목표가 되기에는 무리가 있다. 사회참여란 사람들의 삶을 개선해 주는 것이다. 복음에 앞서 빵을 제공해 주는 것이다. 혹은 학교나 의료나 스포츠를 통해 하는 선교를 말한다.

그러나 이런 것들이 오히려 복음전파에 방해가 될 때가 있다. 그럼에도 불구하고 많은 선교사들이 이런 방법론적인 사업을 하고 있다. 왜 그럴까? 그것은 사회참여가 선교사역의 본질이라고 생각해서, 또 그것이 옳다고 생각해서 하기도 하고 다른 사역보다 그 사역이 쉬워서 하는 경우도 있다. 눈에 보이는 사역이기에 그것을 통해 선교후원금을 모금하는 통로로 삼기 위해서 하는 경우도 있다. 자기 과시나 혹은 그 보이는 사역을 통해 명예를 얻고자 하는 이유도 있다. 현지 언어를 가지고 가르치거나 사람을 키우는 사역이 어렵기 때문에 이런 사역밖에 못하는 경우도 있다. 그러나 이런 사역을 하는 선교사들은 왜 이런 사역을 해야 하는지 스스로 질문해야 한다. 복음전파를 위해서 분명히 필요한 사역이기에 하는 것인지, 아니면 선교학계의 진보 진영에서 주장하는 것처럼 인간의 구조적인 모순을 사회참여를 통해 해결하고자 하는 마음이 있어서 그렇게 하는지에 대해 자신에게 정직하게 질문해야 한다. 선교가 복음전파라는 목표를 분명히 가졌다면 이런 사회참여적인 사역이 복음전파에 얼마나 도움이 될 수 있는지에 대해 연구하고 평가해야 한다.

4) 복음전파와 은사

선교의 목표가 복음전파이든지 사회참여이든지 간에 그것을 행하는 사람들은 자기의 은사에 따라 자기 영역에서 사역을 해야 한다. 은사를 생각할 때에 한국교회는 복음전파에 우선순위를 두어야 한다. 그것은 한국교회선교사의 대부분이 목회자 선교사이기 때문이다. 요즈음 전문인선교사가 늘어가는 추세에 있기는 하지만 아직은 목회자 선교사가 더 많은 것이 사실이다. 목회자가 선교사가 된다는 의미는 목회라는 전공과 은사를 가지고 선교지에서 사역하는 것을 말한다. 목회자의 은사는 직접적으로 복음전파 사역에 집중하는 것이다. 목회자 선교사가 전도와 목회, 가르치는 사역을 하는 것이 효과적이고 자연스럽다.

목회자가 선교사가 되었다고 해서 그 전공을 바꾸는 것은 아니다. 목회자라는 전공을 바꾸는 것은 효과적이 아니다. 목회가 전공이라면 선교지에서도 목회를 해야 한다. 자신의 은사가 성경을 가르치는 것이라면 성경을 가르침을 통해 선교해야 한다. 자신의 은사가 신학교 교수사역에 있다면 신학교 교수를 해야 한다. 대학생 선교에 은사가 있다면 대학생을 키워 제자훈련을 해야 한다. 문제는 사회참여적인 사역을 하는 사람들의 대부분은 목회자이다. 교육을 전공하지 않은 목회자가 일반 학교를 운영한다. 의료에 문외한인 선교사가 의료사역을 한다. 운동선수 출신이 아닌 선교사가 스포츠 선교를 한다. 신학교에서 공부만 했던 선교사가 사업을 한다. 사회사업을 전공하지 않은 목회자가 고아원이나 양로원을 운영한다. 건축을 전공하지 않는 선교사가 건축을 한다.

필자는 피아노에 대해서 문외한이다. 피아노를 가르치는 것이 현지인들에게 효율적이라고 생각해서 피아노를 가르치는 학원을 연다면 그것은 비효과적이다. 피아노를 새로 배워야 하거나 아니면 피아노 전공자를 구해야 한다. 피아노 전공자를 구해서 학원을 운영하더라도 선교사 자신이 어느 정도 피아노에 대해 알아야 한다. 피아노에 대해서 잘 모르면 피아노를 잘 가르칠 수가 없다. 학원 주인이 피아노에 대해서 잘 모르면 학원을 잘 운영할 수 없다. 큰 음식점을 하는 주인은 직접 요리하지는 않지만 음식을 만들 줄 알아야 한다. 음식을 만드는 법을 요리사에게 가르칠 수 있는 수준에 이를 때에 음식점은 잘 될 수 있다. 전에는 기업에서도 물건을 만드는 사람과 파는 사람이 달랐다. 물건을 만드는 사람은 이공계 출신이었고 파는 사람은 경영계 출신이었다. 그러나 이제는 이공계 출신이 직접 경영자로 나서는 추세이다. 파는 물건을 잘 알아야 팔 수 있기 때문이다. 선교사역에서도 마찬가지이다. 전공을 따라 사역을 해야 한다. 은사에 따라 사역을 해야 한다.

그래서 은사에 따라 사역하지 않는 것은 은사대로 사역하라는 하나님의 말씀에 위배되는 일이다. 선교사가 한국에서 했던 것처럼 선교지에서도 은사와 전공에 따라 가장 잘 할 수 있는 것을 해야 한다. 이것이 하나님의 원하시는 원리이고 사역의 결과적인 측면에서도 효과적이다. 선교지에서도 목사는 목회와 관련된 사역을 하고 전문인선교사는 자신의 전공과 연관된 사역을 하는 것이 당연한 것이다. 당연한 것과 효과적인 것이라면 그대로 하는 것이 기본이다. 기본을 지키지 않는다면 그것은 하나님이 주신 모든 지혜와 은사를 무시하는 것이 된다. 성경은 모든 성도들에게 각각 다른 은사를 주어 다르게 섬기고 봉사하도록 하셨다.

"만일 온 몸이 눈이면 듣는 곳은 어디며 온 몸이 듣는 곳이면 냄새 맡는 곳은 어디뇨 그러나 이제 하나님이 그 원하시는 대로 지체를 각각 몸에 두셨으니"(고전 12:17-18)

목회자 선교사가 스스로 어떤 사역이든지 다 할 수 있다고 생각하는 것은 문제가 있다. 목회자는 어떤 사역이든지 가능하며 목회자가 하는 것은 모두가 효과적이라고 생각하는 것도 잘못된 것이다. 목회자와 목사 선교사가 영적 권위를 가졌기에 다른 분야에서도 권위와 기술을 가졌다고 생각하는 것도 잘못된 것이다. 초대교회에서 교회의 재정 문제로 어려움을 당했을 때 사도들은 자신들이 간섭하기보다는 오히려 자신들의 일인 기도와 말씀 전하는 일에 전무하겠노라고 다짐하였다.

"우리는 오로지 기도하는 일과 말씀 사역에 힘쓰리라 하니"(행 6:4)

선교사도 같은 원리로 사역해야 한다. 만약 그러지 못한다면 그것은 선교사 자신뿐 아니라 선교지 사람들에게도 손해다.

현재 전문인선교사가 많이 배출되지 못하고 있는 이유 중의 하나가 바로 이런 현상 때문이다. 선교지에서 목회자가 목회에 관련된 일을 하는 것이 아니라 전문인선교사가 하는 일을 독차지 하고 있으니 전문인선교사가 발 디딜 틈이 없다. 선교지 선택에서도 언급하겠지만 선교지 중에서 닫힌 지역은 전문인선교사가 더 많이 들어가서 전문인으로서 선교하는 것이 바람직하다. 열린 지역, 즉 추수지역에는 목회자 선교사가 들어가서 교회와 목회에 관련된 사역을 해 나가는 것이 좋다. 물론 예외는 있을 수 있다. 추수지역에서 사업이 필요할 때는 전문인선교사가 목회자 선교사와 협력하여 일을 할 수 있다. 닫힌 지역에서도 목회자 선교사가 전문인선교사들의 사역 결과로 전도한 사람들을 위해 교회를 세워 목회를 할 수도 있다. 이렇게 할 때 어느 지역이든지 협력 사역을 원활하게 할 수 있다.

한국인 선교사들이 선교지에서 협력 사역을 잘 하지 못하는 이유가 이런 사역적인 면에서 전공과 은사에 따라 일하지 않기 때문이다. 숫자적으로 다수를 차지하는 목회자 선교사들이 전문인선교사들이 해야 할 일들을 빼앗아 하고 있기에 전문인선교사들은 점점 길을 잃어가고 있을 뿐 아니라 서로 협력이 안 되는 것이다. 그래서 선교사역을 할 때 자신의 은사에 맞는 사역을 해야 한다. 이것이 하나님이 만드신 원리이고 질서다. 이 질서가 깨지고 있는 것이 한국선교의 현 주소라고 할 수 있다. 하나님의 질서를 깨뜨리면서 하는 선교는 오래 갈 수가 없다. 목회자 선교사는 사회참여적인 사역을 하고 전문인선교사는 신학 공부를 하고 있는 현실을 바꾸는 것이 필요하다. 그래야 얽히고설킨 선교의 매듭을 풀 수 있다.

2. 선교와 사회참여

요즈음 한국교회선교의 흐름은 사회참여적인 부분으로 흐르고 있는 현실이라고 이미 언급하였다. 복음주의 교회에서도 사회참여가 바로 선교인 것처럼 행하고 있다. 사람들은 선교의 목표는 복음전파일지라도 그 방법에 있어서는 사회참여적인 일을 통해서 해야 한다고 생각한다. 이렇게 된 데는 몇 가지 원인이 있다.

1) 선교사들의 역량 부족

선교사들이 자기 역할을 못하기 때문이다. 선교사들이 선교가 무엇이며, 자신의 목표가 무엇인지를 정확히 모르기 때문이다. 선교사로서 분명한 철학과 정체감이 부족한 것이다.

한 선교사는 목사 선교사로서 신학교에서 가르치기도 하고 목회를 할 만한 자격을 갖추고 있었다. 어느 날 구제를 주로 하는 이름만 들어도 알 수 있는 어느 NGO 단체에서 하는 훈련 프로그램에 참여하여 훈련을 받았다. 그 이유는 아이들에게 급식을 하고 구제를 하기 위해 이 단체의 도움을 받기 위해서였다. 이 단체의 후원금이 필요했던 것이다.

목회자 선교사가 자신이 해야 할 일이 성경을 가르치는 것이요, 교회를 세우는 것임에도 불구하고 후원금을 더 받기 위해 다른 단체에서 행하는 선교훈련 프로그램에 참여하고 그 단체의 협력 선교사가 되려고 하는 것은 심각하게 생각해야 할 문제이다. 이 선교사가 창의적 접근지역에서 사역하는 선교사라면 어느 정도 이해가 가지만 현지에 교회가 존재하고 복음의 추수지역에서 사역을 하면서 이처럼 하는 것은 생각과 철학이 부족하다고 할 수 있다.

이런 사례들이 선교지 곳곳에서 일어나기에 안타까운 것이다. 이 NGO에서 훈련 받고 있는 목회자 선교사들이 있다는 것은 우리의 문제이다.

이제 선교사들은 자신의 선교 목표를 분명히 해야 하고 시대의 흐름에 따라서가 아닌 하나님께서 주신 소명과 철학에 따라 사역해야 한다.

2) 한국인들의 열등의식

한국 사람들에게 교만과 열등의식이 공존하기 때문이다. 한국 사람들은 선교지의 가난한 사람들을 보면서 불쌍한 마음으로 무언가 물질적인 도움을 주어야 한다는 생각을 한다. 물론 이런 생각이 잘못된 것만은 아니다. 그러나 이런 생각 이면에 현지인들은 한국 사람인 자신보다 부족하고 못 살기 때문에 뭔가 물질적인 도움을 받아야 할 존재라는 교만한 의식이 선교사에게 자리 잡고 있다.

그러나 사실 가난한 현지인들은 한국선교사가 물질적으로 안 도와주어도 자기 나름대로의 방식대로 살아간다. 그런데도 한국 사람들은 자신이 꼭 도와주어야 한다는 의식이 자리 잡고 있다. 이런 의식의 결과가 현실로 나타나는 것이 바로 사회참여적인 사업을 하게 하는 것이다. 이런 생각을 하는 선교사들은 결국 현지인을 물질로 지배하려고 한다. 한편으로 한국선교사들은 자신의 열등의식을 물질로 덮으려는 생각이 있다. 물론 전부 그런 것은 아니지만 많은 선교사들이 다른 면에 자신감이 부족하다. 현지어에 능숙하지 못하고 그래서 가르치는 사역에 자신이 없기에 물질로 하는 사역을 통해 자신의 열등의식을 감추려 하는 경향이 있다.

3) 한국인들의 감정적인 영향

한국 사람들의 감성적인 요소 때문이다. 한국 사람들이 다른 민족보다 감성이 발달되었다는 것은 하나의 장점이다. 그런데 이 감성적인 발달이 선교사역에서 적용되어질 때는 부정적인 면으로 나타나는 경우가 있다. 감성적인 면은 선교사역에 있어서 이성적이고 합리적이며 전략적인 선교를 하지 못하게 하는 요인이 된다. 그저 감정적인 부분에서 너무 불쌍하기에 물질로 도와주는 것이다. 이것이 보편화되다 보면 선교의 방향이나 목표를 잃어버릴 가능성이 크다. 한국 사람들의 감성적으로 강한 면은 선교사역을 하는데 있어서 계획적이고 조직적이고 장기적인 차원에서의 사역하는 것을 방해하는 요인이 되기도 한다.

4) 결실 위주

눈에 보이는 결실을 기대하기 때문이다. 사회참여적인 사역은 대부분이 눈에 보이는 사역이다. 사역의 결과가 쉽게 나타난다. 그러나 엄밀히 말하면 선교란 사람을 중요시하고 사람을 키우는 사역이다. 사람을 키우는 사역이 눈에 보이는 사역이 될 수 없다. 사람을 키우는 사역은 인내와 시간을 요한다. 한국 사람들은 당장 눈에 보이는 성과를 따지기를 좋아하는 사람들이다. 일본 사람들은 이민을 가서 10년 혹은 20년을 내다보고 사업을 구상하고 시작한다. 반면에 다른 나라에 이민을 간 한국 사람들은 3년 안에 성과를 보아야 한다. 다시 말하면 3년 안에 돈을 벌어 성공을 해야만 하는 절박감에 사로잡혀 있다. 그래서 무리하게 사업을 진행하다가 오히려 실패하는 경우가 많다.

한국선교사들도 마찬가지로 다른 나라 선교사들이 10년 걸려 하는 일을 3-4년에 하고자 한다. 그 열심과 의도는 좋지만 결과는 그렇게 좋지 않은 경우가 많다. 짧은 기간 안에 사역의 열매를 보는 경우도 있기는 하지만 대부분이 실패하게 된다. 성공했다고 했던 사역도 장기적으로 보았을 때는 실패로 나타나는 경우가 많다. 눈에 보이는 열매를 성급하게 기대하는 것은 과욕이라 할 수 있다. 한국에서도 목회는 장기적인 시간이 요하는 사역인데 하물며 선교지에서 문화와 언어를 초월하여 단기간 안에 무엇을 해 보겠다는 것은 욕심일 뿐이다.

한국선교사들은 좀 더 사람 중심의 사역에 초점을 맞출 필요가 있다.

그것이 선교의 목표인 복음전파에 효과적이기 때문이다. 사업 중심의 사역보다는 사람 중심의 사역으로 방향을 돌려야 한다. 사람들에게 관심을 갖되 그들의 육신적인 필요보다는 영적인 필요에 민감해져야 한다. 사회참여보다는 영혼 구원에 초점을 맞추도록 해야 한다. 사람을 중요시 여기면서 효과적인 복음전파를 위해 가장 핵심적인 사역이 무엇인지를 연구하고 실행해야 한다.

3. 선교와 제자훈련

효과적인 복음전파를 위해서 성경적인 방법을 사용할 필요가 있다. 무엇이 정확히 성경적인 방법인가를 말하기는 쉽지 않다. 성경적인 방법론도 해석하기에 따라 다르기 때문이다. 그러나 성경을 해석하는데 차이가 있지만 성경의 원리와 방법을 찾아 나가는 노력을 멈추어서는 안 된다. 성경은 하나님께서 인류를 어떻게 구원하시는지에 대한 과정과 방법을 기록하고 있다. 무엇보다도 주님의 세계 복음화를 위한 방법은 열두 제자를 선택하여 집중적으로 훈련하는 것이었다. 그 때 당시에 예수님께서 세계 복음화를 위해 하실 수 있는 여러 가지 방법이 있었을 것이다. 요즈음 우리 선교사들이 하는 것처럼 일반 학교 사역을 통해 전도의 문을 여실 수 있었다. 혹은 병원을 세우셔서 치료함으로 사람들에게 하나님 나라를 가르치실 수도 있었다. 가난한 사람들을 물질로 도와주고 지역 개발을 통해 사람들의 삶을 개선하는 방법도 사용하실 수 있으셨다. 물론 주님은 병자를 고치셨고 외로운 자를 위로하셨고 가난한 자에게 관심을 가지셨고 많은 군중들을 가르치는 일을 하셨다. 그러나 이것이 복음전파의 주된 주님의 방법은 아니었다.

주님의 주된 사역 방법은 제자를 선택하여 양육하는 방법이었다. 제자들과 함께 다니시면서 하나님 나라의 복음을 전하셨다. 물론 복음전파를 위해서 주님도 사회참여적인 일들을 사용하셨다. 그러나 복음전파의 직접적인 사역 방법은 제자훈련이었다. 제자훈련은 주님의 사역의 핵심이었다. 주님은 제자를 양육하여 그들로 하여금 세계 복음화의 사명을 맡기시는 것에 사역의 초점을 맞추셨다. 여기서 우리는 세계선교에 있어서 제자 삼는 사역의 중요성을 되새길 필요가 있다. 주님은 부활하셔서 승천하시기 전에 제자들에게 온 족속으로 제자를 삼으라고 하셨다. 제자 삼는 사역이 세계 복음화의 방법이라는 것을 보여 주셨다. 그러나 엄밀히 따지면 제자 삼는 것은 단순한 방법론이 아니라 세계 복음화의 원리이다. 제자를 삼는 것 자체가 복음전파의 원리로 이해해야 할 필요가 있다. 온 세상에 제자 삼는 것이 바로 세계 복음화이기 때문이다. 사도 바울도 제자 삼는 사역을 중심으로 복음을 전하였다. 제자 삼는 것은 철저한 훈련으로 되어져야 한다. 제자의 숫자는 상관없다. 숫자가 적으면 오히려 더 효과적일 수 있다. 오늘날 한국교회선교도 선교의 중심에 제자 삼는 것을 원리로 삼아야 한다. 선교사들이 여러 가지 사역을 하지만 제자 삼는 사역을 선교의 핵심으로 삼아야 하고 제자 삼는 것을 가장 효과적인 선교 방법으로 사용해야 한다.

제자를 삼는 것은 주님의 선교 방법을 따라가는 것이다. 제자 삼는 사역은 주님의 세계 복음화의 원리에 순종하는 것이다. 제자 삼는 것은 세계 복음화에 있어서 가장 확실한 길이다. 그런데 왜 한국선교사들은 제자 삼는 사역을 하지 않는가? 왜 선교사들은 주님의 방법과 원리를 선교 사역에 적용하지 않는가? 선교에 제자 삼는 것 보다 더 우선적이고 중요한 사역이 있는가? 세계 복음화를 위해 제자 양육보다 더 효과적인 방법이 있는가?

지금까지 한국교회에서 사람들이 선교를 생각할 때 떠오는 것은 '부족 혹은 오지 사역', '미전도지역', '고생', '돈', '사업', '가난'이라는 생각들이다. 이런 생각들은 선교의 본질이 아니다. '선교'를 하려면 세계 복음화를 위한 제자훈련이 되어야 한다. 최근 한국의 R교회에 대한 이야기다. R교회는 제자훈련을 모태로 탄생한 교회이고 제자훈련으로 성장하였다.

그 교회에서 파송한 선교사들은 한국에서와 같이 제자훈련이 선교지에서도 자연스럽게 정착되도록 사역을 하고 있었다. 선교는 제자훈련이었다. 그런데 어떤 이유에서인지는 모르지만 얼마 전부터 선교 방법이 바뀌었다. 선교사들이 제자훈련을 하는 대신에 선교 센터를 세우고 큰 프로젝트를 중심으로 하는 사역으로 바꾸고 있다. 교회에서는 제자훈련이 교회 본질이고 사역의 중심에 있는데, 선교지에는 제자훈련을 뒤로 하고 사업성 선교로 바꾸고 있다. 이 교회에서는 제자훈련으로 한국교회가 교회의 본질을 찾아가는 귀중한 역할을 하였는데 선교에 있어서는 반대로 나가고 있는 것을 볼 수 있다.

이제라도 한국교회선교는 제자훈련이 바로 주님의 선교원리였고, 유일한 방법이었다는 것을 회복해야 한다. 선교하면 제자훈련이 떠오르고 제자훈련이 중심이 되는 사역이 되도록 체질을 바꾸어 나갈 수 있어야 한다. 선교사는 타문화권에서 제자를 삼는 사람이라는 인식을 갖도록 해야 한다. 선교사는 특별한 존재가 아니라 다른 나라에서 제자훈련을 하는 사람이라고 생각하도록 해야 한다. 선교사를 만나면 "어느 나라에서 제자 양육하십니까?", " 제자 양육의 토양은 잘 되어 있습니까?", "그 나라에서 제자 양육하는데 있어서 고려해야 할 문화적인 요소는 무엇이 있습니까?" 등등의 질문을 하는 풍토가 정착되었으면 한다. 그 때에 비로소 한국교회선교는 바른 길로 들어섰고 선교의 체질이 바꾸어졌으며, 선교의 목표를 회복했다고 말할 수 있을 것이다.

4. 선교와 교회개척

1) 교회개척의 필요성과 중요성

선교에 있어 교회개척은 많은 일들 중의 하나이다. 그러나 선교지에서의 교회개척은 때로 다른 사역보다 매력이 없는 것처럼 보인다. 전문인들이 자신의 전문성을 가지고 선교지에서 사역한다고 하면 위대하다고 하면서 목회자가 교회개척을 한다고 하면 그리 대단한 일이 아닌 것처럼 생각한다. 어떤 의사가 선교사로 오지에 가서 병원을 세워 가난한 사람들에게 의료사역을 한다고 하면 그의 희생에 경의를 표한다. 대학교수가 선교지에서 교수사역을 한다고 하면 그의 헌신을 귀하게 생각한다. 유명한 운동선수가 선교지에서 선교사로 나가 운동으로 선교를 하면 대단한 결단이라고 한다. 이처럼 전문인들이 선교사로서 사역하는 것은 귀한 일이다. 그들은 정말 아름다운 인생을 살고 있다. 여기서 전문인선교사의 사역과 목회자 선교사의 교회개척을 비교해 보고자 한다.

어떤 목사가 교회를 하나 개척했다고 하면 사람들은 당연한 것인 양 받아들인다. 그거 뭐 대단한 일이냐는 식으로 받아들인다. 오히려 요즈음에는 선교사가 교회개척을 한다고 하면 별 관심거리가 아니다. 사람들은 전문인이 선교지에 가서 하는 그 사역을 더 매력적으로 생각한다. 그래서 현재 선교의 스타는 전문 직업을 가지고 가는 사람들이다. 하나님 나라의 관점에서 볼 때 어느 무명의 목회자 선교사가 교회를 하나 개척해서 사람들에게 말씀을 가르치는 것과 어느 유명한 스포츠 선교사가 선교지에서 국가 대표팀을 만들어 지도하는 사역을 하는 것 중 어느 사역이 더 위대한가? 우리는 누가 더 잘하고 위대하다고 평가할 수는 없지만 교회개척하는 선교사의 사역이 스포츠 선교사의 사역보다 부족한 것은 아니라는 것은 분명히 말할 수 있다. 그러나 현실적으로 교회개척에 대해 큰 매력을 갖지 못하다는 것이 사실이다.

교회개척은 선교의 중심에 있다. 그러기에 모든 사역은 교회개척으로 집중되어야 한다. 극단적으로 말해 아무리 많이 전도해도 교회를 세우지 않으면 그 전도는 별 소용없게 된다. 예를 든다면 한국에서 어떤 사람이 예수를 믿기로 작정했는데 교회에 출석하지 않으면 그의 믿음은 자라지 못한다. 신앙을 잃을 가능성이 많다. 이처럼 선교지에서도 병원을 통해

육신의 병을 고치면서 사람들에게 복음을 전한다. 그러나 많은 사람들이 예수를 믿겠다고 했는데 그 사람들이 교회와 연결되지 않는다면 그들의 영혼은 다시 잃어버릴 가능성이 많다. 구제를 통해 가난한 아이들이 배를 채우고 교육을 받을 기회를 얻었는데 교회가 없어 교회에 출석하지 못한다면 그들의 신앙은 유지되기 어렵다. 이런 면에서 교회는 신앙의 중심에 있다. 그래서 교회는 신앙의 어머니라고 말한다. 교회를 통해 신앙을 유지할 뿐 아니라 그리스도인으로서 사명을 감당하면서 살 수 있다. 교회는 그리스도인들이 하나님의 사랑을 표현하며 살도록 격려한다. 교회는 이 세상에서 그리스도인들이 해야 할 일들을 가르치고 양육한다.

선교지에서 교회를 개척한다는 의미는 사람들을 신앙인으로 만들어 신앙인으로 살아가게 하는 가장 중요한 일을 하는 것이다. 선교지에서 교회를 세우는 것은 선교의 가장 기본이고 중심이다. 그리스도의 제자를 삼아 교회를 통해 제자들이 활동하게 하는 역할을 한다. 뿐만 아니라 교회가 확장되고 성장될 때 하나님 나라가 이 땅에 이루어져 가는 것이다. 교회와 하나님 나라는 동일하지는 않지만 하나님 나라는 이 세상에 그냥 세워지는 것이 아니라 교회를 통해서 세워진다. 교회를 통해서 하나님 나라의 확장을 눈으로 확인할 수 있다. 우리는 주님이 가르쳐 주신 기도를 기억한다.

"나라가 임하시오며"

주님은 하나님 나라가 이 땅에 임하기를 기도하라고 가르치셨다. 하나님 나라가 이 땅에 임한다는 의미는 교회가 계속 세워지고 교회가 확장되는 것을 말한다. 일반 학교가 하나 더 세워졌다고 해서 하나님 나라가 확장되었다고 말하기 어렵다. 병원이 하나 세워졌다고 해서 하나님 나라가 확장되었다고도 말하기 어렵다.

그러나 교회가 하나 세워질 때는 하나님 나라가 확장되고 있다고 말할 수 있다. 그래서 선교에 있어서 교회개척은 선교사역의 핵심이다. 교회개척은 선교사역의 일차 목표다. 선교의 목표가 세계에 복음을 전하는 것이라면 이 목표를 이루기 위해 교회를 세움을 통해서 그 목표를 이룰 수 있다. 선교에 있어서 교회개척은 다른 사역보다도 열등한 사역이 아니다. 다른 사역보다도 부족한 사역이 아니다. 모든 사역의 기초요, 중심이다. 우리의 모든 사역들은 교회를 세우는 것을 목표로 삼아야 한다. 구제를 하고 병원을 세우고 선교 센터를 짓는 모든 것이 교회를 세워 확장하기 위한 방법이 되어야 한다. 교회를 세우지 않는 선교는 물거품에 지나지 않는다고 감히 말하고 싶다.

이와 같이 우리가 사회참여적인 일을 해야 하지만 교회를 통해 사람들의 영혼이 구원받을 수 있도록 해야 한다. 교회를 개척하는 선교사를 좀 더 인정해야 한다. 교회개척하는 선교사도 위대하다고 해야 한다. 교회개척을 다른 사역보다 열등하게 생각하지 않아야 한다. 선교에 있어서 교회개척을 쉽게 생각하지 않아야 한다. 교회개척이야 말로 선교의 결정체라는 사실을 인정해야 한다. 선교에 있어서 교회개척의 중요성을 인정하고 더 많은 힘을 기울이는 것이 필요하다.

2) 교회개척을 하는 유익

선교사가 교회개척을 할 때 선교학자들의 논란을 잠재울 수 있다. 선교학자들은 선교가 무엇인가에 대해 논쟁해 왔다. 선교의 목표가 전도냐, 사회참여냐, 두 가지 다냐 하는 논쟁을 해 오고 있다. 이 논쟁은 선교지에서 교회개척을 할 때 분명하게 정리될 수 있다. 선교의 목표는 복음을 전하는 것이고, 그 결과로 교회를 세우는 것이다. 그 교회는 사회의 빛과 소금의 역할을 하는 것이다. 소금과 빛의 역할을 감당한다는 것은 바로 사회참여적인 일을 하는 것이다. 선교사는 사회참여적인 일에 관여할 것이 아니라 전도하고 제자를 삼고 교회를 개척한다. 그리고 그 교회의 현지인 교인들이 스스로 자기 나라의 사회참여적인 일을 할 수 있도록 선교사가 인도하는 것이다.

그러나 선교사들이 사회참여적인 일까지 도맡아 하게 되면 현지인 교회와 교인들이 해야 할 일이 없어지게 된다. 그래서 현지인 그리스도인들에게도 해야 할 일을 맡겨 줄 필요가 있다. 교회가 해야 할 일을 찾아서 하도록 가르치는 것이다. 현지 그리스도인 스스로 사회에 빛과 소금의 역할을 감당할 수 있는 일들을 남겨 놓도록 하는 것이다. 그래야 현지인 교회가 사회에 그리스도의 사랑을 전할 수 있고 그들의 사회적인 문제를 해결할 수 있다. 선교사는 선교지의 정치적인 일에 관여하지 않는 것이 좋다. 외국인으로서 정치문제까지 관여하게 되면 많은 문제가 생긴다. 그래서 복음주의적인 선교단체는 선교사가 현지의 정치적인 일에 참여하지 못하도록 하고 있다. 선교지의 정치적인 일들은 선교지 현지인들이 참여할 수 있다.

사회참여적인 다른 일들도 마찬가지다. 구제도 현지인 교회가 그들 수준에 맞는 구제를 할 수 있도록 기반을 마련해 주는 것이다. 필자는 구제를 하는 NGO 단체들을 부정적으로 비판하고자 하는 의도는 없다. 다만 구제를 할 때 주의해야 할 것은 그들 수준에 맞지 않는 지나친 구제는 현지인들에게 오히려 해를 끼치는 경우가 많다는 것을 지적하고 싶다. 구제단체에서 주는 구제금이 단체 입장에서는 별로 많지는 않을지 모르지만 가난한 나라에서는 그들 수준에서는 많은 금액이다. 그 돈을 구제로 받게 되면 그 일에 관여되어 있는 현지인들이 우선 혜택을 받게 된다. 단순한 경제적인 혜택뿐 아니라 권력까지도 얻게 된다. 자질이 안 되는 현지인이 이 일을 중간에서 감당할 때는 구제금을 제대로 분배하지 않는 경우도 있다. 이 구제금이 현지인들끼리 불신을 조장하는 씨앗이 되기도 한다. 물론 구제단체에서는 철저한 교육과 감찰을 통해서 이 일을 하고 있지만 그 사역을 통한 부작용들을 적잖게 볼 수 있다.

한 예로 어린이 교육을 위해 세계적인 NGO단체인 W단체에서 E국에 구제를 하고 있다. 이 구제 프로그램은 단순히 돈을 주는 것이 아니라 교육 프로그램을 만들어 교회에 위임하여 교회가 어린이들을 가르칠 수 있도록 한다. 교회에서는 구제단체에서 주는 돈으로 교사를 세워 월급을 주고 어린이들을 교육하고 급식을 통해 영양상태를 개선한다. 이 구제단체에서는 매 분기마다 교회 책임자와 회계 담당자, 그리고 교사들을 교육한다. 재정 감사도 철저히 한다. 그러나 현실적으로 교회들이 이 일에 참여할 때 교회 목사나 중직자들의 가족들이 이 일에 관여하고 있다. 교사 자격이 안 되는 가족들도 교사로 세워 월급을 받아 가는 경우도 있다. 물건들을 나누어 주는 것도 이 프로젝트를 운영하는 사람들이 주도권을 가지고 권리를 행사한다. 이 프로그램은 어느 정도 크기가 큰 교회가 감당할 수 있다. 작은 교회는 할 수 있는 여건이 안 된다. 이 프로그램에는 주위의 작은 교회들의 어린이들도 참여하면서 이 프로그램에 참여하기 위해서는 그 교회에 출석해야 한다고 강요를 받게 된다. 작은 교회에 다니던 어린이들과 그 부모들은 이 구제와 교육의 혜택을 받기 위해서 어쩔 수 없이 교회를 옮기게 되었고 작은 교회는 교회의 문을 닫아야 하는 상황까지 가게 되는 경우도 있다. 이 프로그램으로 옆 교회의 어린이들이 동원됨으로 결국은 작은 교회가 문을 닫게 되는 것이다. 이 NGO 단체에서는 이 교육 프로그램으로 어린이들이 교회에 출석하는 것을 목표로 하지만 결과는 강제로 작은 교회에서 큰 교회로 옮기게 만드는 것이다. 이 교회는 이 프로그램으로 교회 주일학교 학생이 늘었다고 보고를 하는 것이다.

이 이야기는 실제로 있었던 일로 단 한 교회의 사례만은 아니다. 더욱 풍요로운 삶과 발전적인 교육을 위해 하는 구제단체의 이 사역이 오히려 이런 모순된 일을 만들고 있다. 그래서 구제와 사회참여는 신중히 해야 한다. 할 수 있으면 선교지 현지인들의 경제적이고 사회적인 문제는 그들 스스로 해결하도록 인도하는 것이 좋다고 본다.

사도행전 4장 24절에 보면, 초대교회에 핍절한 사람이 없었다고 기록

하고 있다. 그들이 자신들의 밭이나 집 같은 재산을 팔아 교회에 가져와 구제를 하여 가난한 사람이 없어졌다고 말한다. 그 시대에는 가난한 사람들이 많이 있었다. 먹고 사는 것도 힘든 사람들이 많았다. 그러나 그들 중에 가난한 사람이 없었다고 표현한다. 서로 나누었기 때문이다. 선교지에서도 마찬가지로 교회가 교인들끼리 서로 나눌 수 있는 장을 마련해 주는 것이다. 선교지가 대부분 가난하지만 그들 가운데 잘 사는 사람도 있다. 그들 가운데 서로 나눈다면 가난을 이길 수 있는 가능성이 많이 있다. 교회가 그런 아름다운 모습을 사회에 보여 줄 수 있다. 자립적이고 독립적인 현지인 교회가 그런 일들을 할 수 있는 것이다.

여기서 생각해 볼 것은 선교사들이 그 일을 하게 되면 현지인 교회가 사회참여적인 일을 하는 것을 방해하는 것이 된다. 만약 선교사들의 손에서, 선교의 범위에서 사회참여적인 일들이 진행된다면 현지교회는 할 일이 없어진다. 그들의 힘은 나약하기에 외부에서 들어오는 힘과 물질을 당할 수가 없다. 결국은 이런 사회참여적인 일들이 외부에서 들어오기에 현지교회들은 자립하기가 어렵고 스스로 해야 할 일을 찾지 못하게 되는 것이다.

결국은 교회가 잘 성장하지 못하는 결과를 가져온다. 선교사들이 선한 뜻을 가지고 현지인들에게 하는 사회참여적인 일들이 결국에는 복음전파에 방해를 가져 올 수 있다. 복음을 전하는 방법으로 사용했던 사회참여적인 일들이 현지교회의 자립과 사명을 가로 막는 일을 하는 것은 안타까운 일이다. 선교사가 사회참여적인 일을 하지 말라는 것이 아니라 이런 부정적인 면이 있다는 것을 알고 해야 한다는 것이다. 선교사는 현지인 교회가 스스로 자립하여 할 수 있는 기회를 제공해야 한다.

교회개척에 초점을 맞추어 선교를 할 때 선교의 목표가 전도와 사회참여라는 논쟁을 잠재울 수 있다. 현지인 교회를 통해서 현지 복음화를 이룰 수 있다. 선교에 있어서 교회개척은 많은 사역 중의 하나가 아니다. 교회개척을 중심으로 할 때 복음화는 이루어지고 어두운 세상은 밝게 변화될 수 있다.

3) 교회개척의 방법

그러면 선교사의 입장에서 교회개척을 어떻게 할 것인가? 선교사는 선교현지의 주인이 아니다. 언제까지나 그들과 함께 사역할 수는 없다. 언젠가는 떠나야 하고 현지인들에게 사역을 물려 주어야 한다. 결국은 현지인들에게 맞는 교회를 세워야 하는 것이다. 현지 문화와 형편에 맞는 교회가 필요하다. 현지인 교회가 자립하고 독립해 나갈 수 있도록 해야 한다. 현지인 교회가 재생산하는 교회가 되도록 선교사가 그 기반을 제공해야 한다. 그러기 위해서 적절한 방법이 필요하다.

교회개척을 하는데 있어서 세 종류의 선교사가 있다. 첫 번째 종류는 교회개척을 많이 하기는 하는데 자신이 직접 하지 않고 현지인 사역자를 세우는 경우다. 이런 종류의 선교사는 교회개척이라기보다는 교회건축을 해 주는 선교사라고 할 수 있다. 혹은 현지교회개척 감독자라고 할 수 있다. 선교사 자신은 가르치거나 목회를 하지 않는다. 현지인들이 교회를 시작하여 운영하게 하고 선교사는 현지인 지도자를 관리 감독한다. 이런 선교사는 결국 많은 교회를 세우게 된다. 어떤 선교사는 50개, 100개의 교회를 개척했다고 말한다. 그러나 진정으로 이것이 선교사가 해야 할 교회개척인가는 한번쯤 돌아보아야 한다. 이런 방법을 통해서 정말 현지교회가 자립하고 성장해 나가는가를 점검할 필요가 있다. 이런 종류의 교회개척은 선교사가 목회를 직접 하지 않기에 그 부작용과 단점을 고려해서 신중하게 해야 한다.

두 번째 종류의 선교사는 첫 번째 선교사와는 정반대의 경우이다. 선교사가 교회를 개척하여 직접 목회를 하는 경우이다. 목회를 하되 현지인에게 이양을 해 주지 않고 계속해서 목회를 한다. 5년, 10년 혹은 그 이상 동안 한 교회를 목회한다. 물론 이 교회만을 하는 것이 아니라 이 교회를 통해서 다른 많은 사역들을 펼친다. 이 경우는 선교사가 교회를 세우고 목회하는 것은 문제가 없지만 현지인 이양이라는 차원에서는 한번쯤 질문을 해 보아야 한다. 결국은 현지인이 목회를 하는 교회를 세우는 것이 목표가 되어야 하는데 그 점에 있어서는 약점을 가질 수 있다.

세 번째 종류의 선교사는 첫 번째와 두 번째 사이에 있는 경우이다. 선교사가 교회를 개척하여 일정한 시간 동안 목회를 하다가 현지인을 세워 현지인 지도자에게 교회를 이양한다. 그리고 또 다른 교회를 세워 그곳에서 일정 기간 목회를 하다가 다시 현지인에게 넘겨주는 것이다. 이 경우 4년 만에 하나씩 교회를 개척하여 물려준다면 적절하다고 본다. 4년 동안 현지인 지도자를 양성하고 안식년 후에 두 번째 교회를 개척한다면 바람직하다고 볼 수 있다.

이런 세 가지 방식이 있는데 어떤 방식이 가장 적절하다고 쉽게 말할 수 없다. 선교지마다 특성이 다르고 각 선교사가 가진 은사도 다르기 때문이다. 선교사가 교회를 통해서 복음을 더 많이 전하고 건강한 교회를 세워나가기 원한다면 세 번째 방법이 효과적이라 생각한다. 다만 첫 번째 방식은 여러가지 문제가 있어서 심각하게 재고해야 한다. 세 번째 방식은 한 교회를 목회하면서 모델 교회를 만들어 갈 수 있고 그 교회를 중심으로 다양한 사역을 할 수 있기에 권장할 수 있는 방법이다.

5. 결론

선교의 목표는 복음을 전하는 것이다. 예수님과 사도들이 말씀하신 것처럼 주님의 죽으심과 부활하심의 증인이 되는 것이 선교다. 여기에 더 다른 것을 첨부하거나 보완할 필요는 없다. 사회참여적인 일은 선교지에 세워진 교회가 하도록 하는 것이 바람직하다. 그것이 이웃을 사랑하라는 주님의 계명을 교회에서 이루는 것이기 때문이다. 제자훈련은 선교에 있어서 원리적인 방법이며, 핵심이다. 전도와 양육을 통합할 수 있는 사역이 바로 제자훈련이다. 제자를 세움으로 세계에 복음이 효과적으로 전파되도록 하는 것이다. 선교의 중심에 있는 사역은 바로 교회개척이다. 교회개척을 통해서 모든 사역을 중심으로 모아야 한다. 모든 사역의 종착점이 교회가 되어야 한다. 교회 없이 하나님 나라의 확장을 우리 눈으로 확인할 수 없기 때문이다. 교회개척은 다른 전략적인 사역을 포괄하고 하나로 집중시킬 수 있는 선교의 중심에 있는 사역이다.

제2장
선교의 본질과 새로운 방향

1. 선교에 대한 새로운 관점

제 1장에서 선교의 목표는 세계 복음화이고 복음 전도라는 것을 언급하였다. 이 정의는 선교를 사회참여적인 사역과 비교해서 말한 것이다. 그러면 세계 복음화를 위해 선교사는 전도만 해야 하는가? 이미 말한 것처럼 선교의 중심에는 제자훈련과 교회개척이 자리 잡고 있다. 제자훈련과 교회개척은 세계 복음화를 위한 가장 중요한 사역이라고 볼 수 있다. 여기서는 좁은 의미의 전도를 양육이라는 차원과 비교하고자 한다. 좁은 의미의 전도는 사람들에게 예수를 믿도록 전파하는 것이고, 양육은 예수 믿는 사람을 신앙인으로 살아가도록 교육하고 지도하는 것이다. 제자훈련과 교회개척은 전도와 양육이라는 두 가지 측면을 포함하고 있다. 세계 복음화의 의미는 전도와 양육을 통해 하나님의 나라가 이 땅에 이루어지도록 하는 것이다. 선교사는 세계 복음화를 위해 전도와 양육을 동시에

사용하여 사역을 하는 것이다.

보통 사람들은 선교사를 생각할 때 선교사는 전도만 하는 사람이라고 오해하는 경우가 있다. 그러나 선교사는 전도만 하는 것이 아니라 동시에 양육을 하는 사람이다. 전도를 하기 위해 방법론적으로 전문인선교사가 자기의 직업을 사용할 수 있다. 양육을 위해 선교사가 자신이 가진 가르치는 은사를 가지고 신학교에서 가르칠 수도 있다. 컴퓨터 기술자가 선교사가 되어 전도를 위해 영화나 동영상을 만들어 사용할 수 있다. 글이 없는 부족이 성경을 읽을 수 있도록 하기 위해 부족어로 성경을 번역하는 선교사가 있다. 그 성경 번역 선교사가 오지에서 생활할 수 있도록 매일 경비행기를 조종하여 생활 용품을 전달하는 선교사도 있다. 다른 선교사들이 사역을 잘 할 수 있도록 사무실에서 하루 종일 선교사들의 필요를 점검하고 행정적인 일로 사역을 하는 선교사도 있다. 선교사들이 자신의 사역을 잘 감당할 수 있도록 선교사 자녀들을 돌보고 교육을 담당하는 선교사도 있다. 전도와 양육을 위해 문서를 만드는 선교사도 있다.

이런 모든 종류의 선교사가 서로 협력하여 세계 복음화를 위해 사역을 한다. 선교사를 보면서 현지인들에게 몇 명이나 전도했느냐는 질문보다는 선교사의 전공이 무엇이며, 선교지에서 그 전공을 잘 활용하여 복음전파에 기여하고 있는가에 대해 질문해야 한다. 모슬렘 지역에서는 선교사가 몇 십 년을 살아도 한 사람을 전도하기 어려울 수 있다. 그래서 선교사의 삶이 궁극적으로 세계 복음화를 위해 현재의 위치에서 최선을 다하고 있는가를 물어보아야 한다. 한 사람을 키우고 양육하기 위해 10년이 걸릴 수도 있다. 10년 동안 한 사람을 키웠는데 그 사람이 빌리 그래함 같은 전도자가 된다면 그 선교사의 노력과 사역은 그 어떤 다른 선교사보다 위대하다고 할 수 있다.

그런 차원에서 선교사의 사역의 열매를 쉽게 평가해서는 안 된다. 한국 사람은 성격이 급하다. 선교에 있어서도 어떤 열매를 얻었는가를 먼저 질문한다. 그래서 당장 열매가 없어 보이면 그 자리에서 후원을 포기하기도 한다. 그러나 교회가 선교사를 선택할 때 선교의 열매보다는 그 선교사의 인격과 영성과 자질을 보고 성실하게 일할 것을 믿어야 한다. 그 선교사의 사역의 결과가 단기간에 좋을 것만을 기대하여 선택해서는 안 된다. 일반 사업도 실패 없이 성공을 거둘 수 없다. 선교사도 실패할 수 있다. 파송교회는 선교사의 실패도 참아줄 수 있는 여유를 가져야 한다.

선교사들은 선교지에 도착하여 먼저 언어를 배워야 한다. 한국선교사들은 영어와 현지어를 배워야 한다. 그러기에 선교사가 1-2년 공부한다고 해서 언어를 유창하게 할 수 있는 것이 아니다. 첫 4년은 언어를 배우고 사역의 기반을 마련하는 시간이 되어야 한다. 초임 선교사에게 무슨 사역을 하느냐고 다그쳐 묻는 것은 너무 성급한 요구이다. 대신에 문화 적응을 잘 하고 있는가를 살펴보아야 한다. 첫 텀 때는 파송교회가 이런 저런 사역을 해 달라고 선교사에게 요청하는 것을 주의해야 한다.

한국 사람들은 너무 급한 것이 문제다. 자주 바꾸는 것도 문제요, 끝까지 신뢰하지 못하는 것도 문제다. 한국인인 H선교사는 미국에서 공부를 마치고 파송을 받았다. 한 미국인 교회와 연결이 되어 후원을 받게 되었다. 그 교회를 방문했을 때 교회에서 H선교사에게 언제까지 후원해 주길 원하는가 물었다. H선교사는 한 텀 혹은 두 텀 정도 후원해 주면 좋겠다고 대답을 하였다. 그런데 이 교회는 선교사가 은퇴하고 나서 죽을 때까지 후원하겠다는 약속을 하였다. 한국교회에서 어떤 교회가 선교사를 믿고 그 선교사가 은퇴 후에 죽을 때까지 후원하겠다고 약속하겠는가?

한국교회는 선교사의 사역의 다양성을 인정하고 좁은 의미로 선교사를 바라보지 말아야 한다. 파송교회 입장으로만 선교사를 판단하는 것을 주의해야 한다. 선교사는 다양한 사역을 하면서 그 사역들이 전체 선교에 선을 이루는 것임을 이해해야 한다. 선교사를 믿고 세워주고 끝가지 기다려 주어야 한다. 만약 선교사가 실수했을 때에도 질책하기에 앞서서 그렇게 된 이유가 무엇인지를 알아보고 도울 수 있어야 한다.

G선교사는 선교지에서 순간의 실수를 하였다. 선교사에게 일어날 수

없는 실수였다. 파송교회는 그 선교사를 철수시켰고 그 뒤로 그 선교사는 사람들 앞에서 죄인이 되어 있었다. 그 선교사가 한국에 돌아왔을 때 아무도 돌보는 교회가 없었다. 있을 거처도 당장 먹고 살아야 할 생활비도 없었다. 다행히 소속 선교단체에서 1년 동안 상담을 하며 치유와 회복을 할 수 있도록 도와주었다. 나중에 이 선교사는 선교에 좋은 영향력을 끼치며 훌륭하게 사역하는 선교사가 되었다.

이처럼 실수나 실패한 선교사가 나올 때 교회는 너그럽게 맞아주어야 한다. 용서하고 참아주고 도와주는 분위기가 되어야 한다. 선교사의 다양성을 인정하는 열린 마음으로 선교사를 보아야 한다. 선교사가 아무리 작은 일을 하고 눈으로 볼 때 보잘 것 없는 일을 할지라도 그 선교사는 하나님 나라의 관점에서 하나의 톱니바퀴처럼, 작은 나사처럼 일을 하고 있는 것이다. 하나님이 선교사를 선택하여 선교지에 보내셨고 하나님이 참고 그를 인도하고 사용하고 계신다. 열린 마음으로 선교사와 그의 사역을 바라보고 그들이 하나님 나라에서 소중한 존재임을 인정해야 한다.

가끔 선교사를 무조건 비판하는 사람들을 보면서 속으로 이런 질문을 하고 싶을 때가 있다. "당신이라면 그 선교지에 나가 사역을 할 수 있습니까?" 물론 격려성 비판은 좋지만 비판을 위한 비판은 선교사를 낙심되게 할 뿐 아니라 하나님 나라의 확장에 방해가 된다.

2. 전략의 시대

어떤 일을 할 때 하던 일을 잠시 멈추고 가끔씩 전후좌우를 보아야 할 때가 있다. 운동 경기를 할 때도 자신만 열심히 하는 것이 아니라 상대의 움직임도 함께 파악해야 좋은 결과를 얻을 수 있다.

한국교회선교도 마찬가지로 현재 한국선교가 어느 위치에 서 있으며, 선교지 상황은 어떠하며, 세계선교동향은 어떤지를 돌아보아야 한다. 한국선교는 지금 중요한 기로에 서 있다. 서구 선교 시대가 서서히 후퇴하는 길목에 제 3세계로 선교의 바톤이 넘어가는 시대에 있다. 한국교회선교는 제 3세계선교의 선두주자로 나서고 있다. 세계는 모든 방면에서 갈수록 다양해지고 복잡해져 가고 빈부의 격차는 더욱 심화되어 가고 있다. 정치적으로 불안한 나라들이 갈수록 많아진다. 매스 미디어는 더욱 발달되어 가고 있고 각 나라는 더욱 가까워졌다. 종교적으로는 모슬렘이 더욱 확장되어 가고 있으며, 뉴 에이지 사상은 모든 나라에 깊숙이 들어가 있다.

한국 국내적으로는 교회가 정체 혹은 쇠퇴의 길로 들어서고 있고, 젊은이들의 주님에 대한 헌신은 점점 줄어들고 있는 형편이다. 한국교회의 본격적인 선교 역사는 이제 20년을 넘어선 청년의 시대에 들어섰다(1988년 올림픽을 기점으로 해외여행이 자유로워짐으로 그 때부터 한국선교가 본격적으로 시작된 것으로 봄). 이제는 한국교회선교가 어디로 가야 하는지에 대해서 심각하게 진단해 보아야 할 때가 되었다.

한국은 정치, 경제, 스포츠, 문화적인 면에서 세계 어디에서나 인정을 받는 나라가 되었다. 특별히 경제적인 면에서 국민 소득 연간 일인당 2만 불 시대에 이르렀다. 반면에 대부분의 선교지는 아주 가난하다. 국민 소득 2만 불이 되는 나라 사람이 1,000불 정도 되는 나라에 가는 것은 엄청난 경제적인 차이를 안고 가는 것이다. 이제 한국선교사가 가난한 나라에 현지인과 같은 생활을 하려면 생활비를 20배 정도 줄여야 같은 수준으로 살게 된다. 교육적으로도 한국 교육은 세계 어느 나라에 내놓더라도 뒤떨어지지 않는다. 가난한 선교지에서 한국선교사들의 교육 수준은 최상위에 속한다. 경제적으로나 교육적으로 한국선교사들은 현지인들과 너무나 큰 간격의 차이를 가지고 있다. 성육신적인 차원에서 본다면 한국선교사는 이미 선교사로서의 자격이 부족하다고 말할 수 있다. 현지인과 경제적으로 많은 차이를 가지고 있으면서 그들과 함께 공존하며 같은 수준에서 사는 선교사가 되는 것은 어려운 일이다. 그래서 이제는 선교사가 직접 발로 뛰고 선교지 사람들과 함께 동화되어 선교하기는 어려운 시대가 되었다.

현지인들은 선교사에게 자기들과 같은 수준에서 살아 주기를 바란다. 만약 선교사가 그들과 같은 수준으로 살지 않으면 현지인들은 마음의 문을 열려고 하지 않을 것이다. 선교사가 경제적인 수준을 낮추어 현지인들과 같은 수준에서 최대한으로 노력해서 산다고 해도 현지인들은 선교사에게 60% 정도의 마음의 문을 연다고 한다. 만약 그들과 같아지지 않고 많은 경제적인 수준 차이가 있다면 그보다 훨씬 더 적게 마음을 열 것이다. 이런 이유로 현지인의 마음을 얻지 못한다면 효과적인 선교를 하기 어렵다.

그러면 한국선교를 멈추어야 하는가? 그럴 수는 없다. 하나님이 명령하신 선교를 멈출 수는 없다면 다른 대안을 찾아야 한다. 현지인과 함께 살면서 그들의 삶속에서 복음을 전할 수 없다면 다른 방안을 찾아야 한다. 다른 방안은 무엇이 있는가? 바로 전략적인 선교를 하는 것이다. 이제는 무조건 교회개척을 하거나 무조건 가난한 사람들을 돕는 사역을 할 수는 없다. 지금까지는 현지인들과 함께 살면서 발로 뛰면서 선교를 해왔지만 이제는 전략적인 선교를 해야 한다. 전략적인 선교란 은사와 상황에 맞는 선교를 말한다. 계획과 연구를 통해 하는 선교를 말한다. 현지인들이 스스로 복음을 전하고 교회를 개척할 수 있도록 계획을 짜고 옆에서 도움을 주는 선교를 말한다. 어떻게 하는 것이 현지교회가 성장할 수 있는지에 대해 전략을 세우는 사역을 하는 것이다. 현지 지도자들을 중심으로 가르치고 훈련하는 사역을 말한다. 현지 지도자 교육에 초점을 두고 사역을 할 수 있도록 다른 나라 선교사들과도 긴밀한 협력을 하는 것을 말한다.

그래서 이제 선교사는 무조건 현장에서 몸과 발로 복음을 전하는 사람이라는 인식을 고칠 필요가 있다. 몸으로 보여 주는 선교가 가장 바람직하지만 그렇게 하기는 이미 선교지 상황과 선교사간의 간격이 크다. 선교사들의 은사도 이제는 연구와 가르침에 더 가깝다. 현재는 정보와 전략이 효과적인 사역이 된다. 전쟁을 할 때 무기가 없는 옛날에는 몸으로 싸움을 잘하는 군대가 이겼다. 총과 대포를 쏘는 시대에는 그런 무기를 잘 활용하는 것이 필요했다. 그러나 지금은 로켓이나 최첨단 컴퓨터로 연구해서 앉아서 전쟁을 하는 시대이다. 선교도 전략적으로 해야 한다. 물론 성육신의 원리는 사라지지 않지만 주님이 주신 은사와 자연 은총을 최대한 활용하는 것도 지혜로운 방법이다. 선교도 새로운 시대에 맞는 전략을 개발해야 한다.

그런 차원에서 한국선교사는 리더 선교사가 필요하다. 전체를 어우르고 통합할 수 있는 지도자가 요청된다. 지금까지는 자기 선교지에서 사역하고 자기 지역에서 영향력을 행사하는 선교사가 대부분이었다. 그러나 이제는 선교사들 중에서 세계선교의 지도자들이 나오는 시대가 되어야 한다. 군대 시스템은 피라미드 형태의 시스템이다. 군대 뿐 아니라 모든 조직체가 다 마찬가지다. 일반 병사가 많고 위관급 장교와 영관급 장교, 스타급으로 올라 갈수록 그 숫자는 줄어든다. 선교도 마찬가지이다. 지금까지는 일반 병사와 같은 선교사가 너무 많았다. 이미 언급한 것처럼 일반 병사와 같은 선교사로 선교지에서 살기에는 한국선교사들이 교육이나 경제적인 면에서 그 수준이 많이 올라갔다. 군대에서의 위관급, 영관급과 같은 더 많은 중간 리더가 생기는 구조가 되어야 한다. 또한 리더가 되어 조직을 이끌고 비전을 제시할 지도자들도 나와야 한다. 일반 회사가 구조조정을 하는 것처럼 선교도 구조조정이 필요하다. 다양하게 밀려오는 요구들과 변화 속에서 계속해서 발전하고 하나님 나라를 위한 복음을 효과적으로 전하기 위해서 기존의 방식을 바꿀 필요가 있다. 200년 전의 선교 형태를 그대로 답습하는 시대는 지났다. 효과적인 대안을 찾고 전략을 구상해 나가지 않으면 안 되는 시대에 와 있다.

3. 한국선교에 요구되는 세 가지 영역

1) 다양성

한국교회선교는 그 동안 여러 영역에서 한 쪽으로 치우쳐 온 것이 사실이다. 지나친 평가일지는 모르지만 다양성을 인정하지 않은 경향이 있었다. 내가 아니면 다른 사람도 아니어야 하고 나의 방법이 아니면 다른 사람의 방법은 잘못 되었다는 사상을 가지고 있다. 내가 주도권을 가지고 해야 하고 내가 하는 것이 최고였다. 이것 아니면 저것이라는 식의 사고로 자신의 것만을 옳다고 주장하는 것이 강했다. 어떤 사역을 위해서 자기 단체는 꼭 이 지역만을 해야 하고 이 지역 선교는 자기 단체가 최고라고 주장해 왔다. 각자가 각개전투식으로 자기만이 최고라는 생각으로 선교를 해 온 것을 부정하기 어렵다.

우리가 전략적인 선교를 하기 위해서는 선교의 다양성을 인정하면서부터 시작해야 한다. 선교의 방법은 다양하고 하나님이 주신 은사도 다양하다. 나의 영역과 방법이 아니라고 하더라도 가능하고 필요한 영역과 방법이 많이 있다는 것을 인정하는 것이 필요하다. 나와 다름을 인정하는 열린 마음에서부터 새롭게 출발해야 한다. 다양성을 인정하는 것이 다른 은사를 가진 사람들과 협력할 수 있는 기본이 된다. 다양성을 인정할 때 효과적인 선교의 열매를 거둘 수 있다. 다양성이 살아날 때 발전의 속도가 빨라진다. 우리 교회는 이것에 집중하겠지만 그러나 다른 교회의 사역도 가치가 있다는 것을 인정하는 풍토가 일어날 때 효과적인 선교를 할 수 있다.

다양성을 키우는 방법은 배우는 자세를 갖는 것이다. 다른 방법이나 다른 사람들의 것을 배우려고 할 때 다름을 인정하게 되고 그것은 자신의 사역에도 도움이 된다. 선교사도 다양하고 세상도 다양하고 선교방법과 전략도 다양하고 하나님이 주신 은사도 다양하다는 것을 인정하는 것이다. 다양성을 인정하는 가운데 서로 협력해 나가는 풍토가 필요하다. 다양성을 인정하는 것이 깨지면 협력이 깨지게 된다. 협력이 깨지게 되면 하나님 나라의 확장은 더디게 된다. 사역하는데 있어서 협력은 하나님의 방법이다. 다양성을 인정하면 시너지 효과가 일어난다.

2) 전문성

다양성 속에 전문성을 키워 나가는 것도 중요하다. 한국교회는 다양성을 인정하는데 부족했을 뿐 아니라 전문성을 키우는데 있어서도 소홀했다고 볼 수 있다. 특별히 선교사들의 사역 영역이나 선교사 자기 계발 분야에서 전문성이 부족했다. 선교사 각 개인이 이것만큼은 자신이 최고라는 영역을 만들어 가는 것이 전문성이다. 선교단체도 이 분야만은 세계 어떤 단체에 내 놓아도 최고의 수준이 되는 것이 전문성이다. 전 세계에 있는 선교 지도자들이 한 분야를 배우기 위해 찾아 갈 수 있는 그런 선교단체의 전문성을 갖는 것이 필요하다. 이를 위해 선교사의 입장에서는 배우는 자세가 있어야 한다. 사역만 하는 것이 아니라 더 배우고 발전해 나갈 수 있도록 노력하는 것이다. 선교사가 선교지에서도 전문성이 없이는 환영받지 못한다.

선교 모라토리움(A Moratorium on Missionaries: 선교 유예)을 주장하는 선교지가 늘어나고 있다. 선교 모라토리움은 선교를 잠시 중단하고 철수해 달라는 선교현지인들의 요구이다. 이런 요구가 왜 나오는가? 선교사들의 전문성의 결여가 한 요인이다. 이 분야에서는 자신의 나라에 꼭 필요하다고 선교사를 붙잡을 만큼 선교사에게 전문성이 있어야 하는데 그렇지 않기에 철수해 달라는 것이다. 전문인선교사 뿐 아니라 목회자 선교사도 전문성이 요구된다. 필자가 현재 사역하고 있는 필리핀에서도 한국선교사들에게 가끔씩 철수할 것을 요구하는 목소리가 있다. 심지어는 만약 필리핀에 머물고 싶으면 돈을 내라는 요구를 하기도 한다. 필리핀 교회 스스로 할 수 있고 한국선교사에게 도움을 받을 것은 재정뿐이라고 노골적(?)인 말을 한다. 이들의 요구가 한국선교사들에게는 가슴 아픈 말이지만 새겨들을 필요가 있다. 이런 말을 듣지 않기 위해서는 선교사들이 전문성을 키워나가야 한다.

군대에서는 영관급의 장교들에게 외국에 유학을 가서 공부할 기회를 준다. 외국에서 공부하지 않으면 장군의 자리에 진급하기 어렵다. 전쟁을 위해 준비하는 군인 리더들의 모습을 보면서 한국교회선교사들이 배울 것은 전문성을 키우는 것이다. 선교사들도 계속 공부해서 전문성을 가져야 한다. 한 선교사가 여러 가지를 다 할 수는 없지만 한 가지는 탁월하게 할 수 있어야 한다. 그러기에 단 한 가지라도 탁월하게 할 수 있는 전문성이 없다면 처음부터 선교사가 되는 것을 고려해 보아야 한다. 선교사가 특별한 전문성이 없기 때문에 선교지에서 무시를 당할 뿐 아니라 선교사 간에 서로 필요 없는 경쟁과 싸움을 하게 된다. 그래서 한국교회는 선교사가 전문성을 키울 수 있도록 지원해야 한다. 할 수만 있다면 처음부터 전문성이 탁월한 선교사를 선교지에 파송하도록 하는 것이 좋다. 시대와 상황이 변해도 선교사에게 요구되는 것은 전문성이다.

선교단체도 선교단체만의 전문성을 가져야 한다. 선교연구, 선교훈련, 선교동원, 멤버 케어 분야에서 전문성이 필요하다. 선교단체가 전문성을 가져야 선교를 모르는 사람들이 선교의 주인인 양 앞서서 하는 것을 막을 수 있다. 선교 전문가가 아닌 사람들이 선교는 아무나 할 수 있다고 말하는 것을 잠재울 수 있는 것은 전문성을 가질 때 가능하다. 선교단체는 선교는 모두가 할 수 있다는 전제 하에 선교의 수준을 낮추려고 하는 사람들을 깨우칠 수 있는 전문성이 필요하다. 전문성을 가진 사람만이 선교사가 될 수 있다는 것을 보여 주는 선교단체가 되도록 해야 한다. 선교단체는 전문성 없이 선교하려는 한국교회의 분위기를 바꿀 책임이 있다. 선교단체는 선교가 전문 분야라는 것을 한국교회에 가르쳐 주어야 한다. 분명한 사명감과 탁월한 전문성을 가진 사람들만이 직접 선교에 참여할 수 있는 분위기를 만들어야 한다. 세상을 살아가는 데도 전문성이 없이 살아남기 힘든 시대이다. 선교의 전문성을 갖지 않는 사람들이 선교에 무작정 참여하는 무질서한 한국선교의 체질을 바꿀 필요가 있다. 선교는 전문성을 요하는 일로서 21세기에 하나님이 선교 지도자들에 주신 사명이 바로 전문성이다. 한국교회가 전문성을 키우는 것만이 변화하는 시대를 대처해 나가는 방법이다.

3) 통합성

한국선교에 요구되는 또 하나의 영역은 통합성이다. 통합성이란 어떤 사건이나 사물을 볼 때 한 가지 시각에서만이 아니라 전체적인 시각에서 평가하고 융합하는 성격을 말한다. 퍼즐을 맞추는 것과 같이 서로 다른 것들을 조화롭고 균형 있게 짜 맞추는 것이 통합성이다. 예를 들어 통합 능력이 있는 선교(사) 지도자라면 미래를 볼 줄 아는 사람을 말한다. 미래를 볼 뿐 아니라 창조적인 능력을 가져야 한다. 균형을 잡을 줄 알고 좌우를 분별할 줄 아는 지도자가 통합성이 있는 지도자다. 통합성을 가진 지도자는 원칙과 상황을 잘 적용하는 능력이 있다. 통합성을 갖기 위해서는 선교동향을 알아야 한다. 한국교회 후원자들과 선교지 현지인들의 요구와 필요를 읽을 줄 알아야 한다. 감성과 이성의 조화를 이루는 능력이 있어야 한다. 다변화되는 시대를 대처하는 선교전략을 만들 수 있어야 한다. 민첩성과 유동성이 있어야 한다. 원인을 파악하고 해결하는 방법을 제시할 수 있어야 한다. 일의 경중을 알아야 한다. 사람을 세우는 것과 사역을 하는 것 사이의 조화를 이룰 줄 알아야 한다. 본질과 비본질을 구분할 줄 알아야 한다. 복음과 문화를 구별할 줄 알아야 한다.

그러나 안타깝게도 이런 것을 모두 갖춘 선교 지도자는 많지 않다. 완벽한 지도자는 드물지만 최소한 통합 능력을 키워나가도록 노력하는 모습은 있어야 한다. 통합 능력이 뛰어난 선교 지도자가 많을 때 한국교회

선교는 소망이 있다. 특별히 선교본부에서 사역하는 선교사들에게 요구되는 능력은 바로 통합 능력이다. 선교사를 관리 감독할 때 선교부 정책의 원칙을 잃지 않으면서도 각 선교사의 상황을 고려하는 것이다. 잘못하면 원칙을 강조하다 사람을 잃게 되고 사람을 얻으려다 선교부의 원칙을 무너뜨리는 결과를 가져올 수도 있다. 이런 상황에서 선교부를 이끌어 나가는 능력이 바로 통합 능력이다. 통합 능력을 키워 나가는 것이 선교사와 한국선교의 과제 중의 하나이다.

다양성 속에 전문성을 키워 나가는 것도 통합 능력이 있을 때 가능하다. 다양성만 강조하다 보면 전문성에서 약해질 수 있고 전문성만을 강조하다 보면 다양성을 해칠 수 있다. 다양성 속에 전문성을 키워 나갈 수 있는 능력은 통합 능력에서 나온다. 한국교회선교는 다양성 속에서 전문성을 적절하게 키워 나가야 할 때다.

요즈음 한국에서 살아남는 기업은 대기업이다. 대기업은 다양한 분야에서 사업을 한다. 다양하지만 전문성이 뒤떨어지지 않는다. 대기업은 다양성과 전문성을 동시에 갖춘 집단이다. 그래서 대기업이 될 수 있다. 동네의 조그만 슈퍼는 점점 문을 닫고 있다. 대기업의 백화점이나 대형 마트 때문이다. 백화점이나 대형 마트는 각 상품마다 최고의 질(전문성)을 자랑하는 다양한 상품(다양성)을 가지고 물건을 팔기 때문에 동네 슈퍼를 이길 수 있다. 여기서 필자는 기업의 도덕성을 언급하는 것이 아니라 세상의 경쟁에서 살아남고 이겨 나가기 위한 측면에서 말하고 있다.

선교도 마찬가지다. 우선 선교가 살아남아야 뭔가 할 수 있다. 필자의 주장은 한국교회선교가 지속되고 살아남기 위한 최소한의 조건이다. 살아남아야 과업을 완수할 수 있다. 살아남기 위해서는 새로운 변화에 대처해 나가는 통합 능력을 키워야 한다는 것이다. 우물 안 개구리 식의 생각에서 벗어나 세계를 볼 줄 알고 하나님의 핵심적인 뜻을 알 수 있는 통합 능력이 요구된다. 통합 능력이 부족하면 협력이 안 된다. 통합 능력이 안 되면 선교단체와 선교사들이 힘을 합하지 못한다. 통합 능력이 안 되면 선교는 점점 힘을 잃어갈 것이다. 누구도 혼자서는 안 된다. 한 사람만이 위대한 사람이 되어서도 안 된다. 이 모든 것을 어우를 수 있는 통합 능력을 가진 사람들이 힘을 합해야 한다.

4. 선교의 본질: 가는 것과 사는 것

다변화되는 세상을 대처해 나가기 위해서 역동적인 변화를 추구하는 것이 필요하다. 역동적인 변화 없이는 새로운 세상에서 살아남기도 힘들다. 한국교회선교에 있어서도 마찬가지로 이제는 생존 경쟁 시대라고 해도 과언이 아니다. 선교가 언제까지 상승 곡선을 타고 갈 것인가에 대해서는 아무도 모른다. 예측할 수 있는 미래의 상황은 긍정적인 면보다는 부정적인 면이 많다. 한국교회의 성장이 멈추는 분위기이고 젊은 헌신자들이 줄어가고 있는 현실이다. 이런 현실에서 살아남기 위해서는 각 선교단체마다, 각 선교사마다 역동적인 변화를 감수해야 한다. 민감하고도 창의적으로 대처해 나가지 않으면 안 되는 시대다.

그런데 문제는 이런 대처 방안들이 선교의 본질적인 부분까지 변하게 하는 데에 있다. 아무리 세상이 변해도 변하지 않아야 할 본질적인 부분이 있다. 전략이 아무리 중요하다고 해도 본질을 바꾸는 전략은 안 된다. 전략은 시대와 상황과 지역에 맞게 효과적으로 선교를 하기 위해 만든 방법론적인 것일 뿐이다. 그런데 전략이 선교의 본질을 흐리게 만들고 있는 부분이 있다. 방법이 목표를 뒤흔드는 것이다. 그러나 상황과 전략은 바뀌어도 중심은 지켜나가야 하는 것이 우리의 사명이다.

1) 선교는 가는 것이다.

선교에 있어서 혼동하지 말아야 할 부분이 선교는 '가는 것'이라는 사실이다. 주님은 이 세상에 사람의 몸으로 오셨다. 주님이 이 세상에 오심으로 인해 하나님의 구원 사역은 시작되었다. 예수님은 승천하시기 전에 모든 족속을 향해 "가라"고 하셨다(마 28:18). 이 구절은 주님의 비유적인 명령이 아니라 직접적인 명령이다. 문자적으로 해석하여 적용해야 할 구절인 것이다. 예수님의 공생애 기간 동안 전도를 위해 예수님은 제자들을 각 성에 둘씩 짝을 지어 보내셨다. 보내시고 가서 해야 할 일을 가르치셨다. 그리고 갔던 무리들을 다시 모아 보고를 들으셨다. 사도 바울은 세계 곳곳을 다니면서 말씀을 가르치는 사역을 하였다. 선교는 직접 가는 것에서부터 출발한다.

지금은 안방에서 세계에서 일어나는 일들을 순간마다 다 알 수 있는 시대이다. 영국에서 벌어지는 축구 경기를 직접 TV를 통해 볼 수 있는 것은 사실 따지고 보면 엄청난 일이지만 그것은 이제 우리 삶 가운데 전혀 특별한 것이 아니다. 요즘 시대는 집에 앉아서 인터넷을 통해 자기가 사려는 집과 온 동네를 구경할 수 있다. 직접 가서 보는 것보다 더 자세히 동네의 구조나 가게나 집의 위치나 모양을 알 수 있는 시대다. 심지어는 예배도 교회에 가지 않고 인터넷으로 드리는 시대이다. 이런 시대에 혹자는 선교도 꼭 사람이 가서 해야 하느냐고 반문한다. 선교를 위한 좋은 방법들이 많이 있는데 굳이 많은 돈을 들여 선교사를 보낼 필요가 있느냐고 질문한다.

라디오 방송으로 선교를 하는 분은 방송 선교의 중요성을 알리기 위해 이제는 방송으로 모든 지역에 선교가 가능하기에 방송으로 선교가 충분하다고 한다. 북한과 같이 선교사가 직접 들어갈 수 없는 지역은 방송을 통해 선교할 수 있는 장점이 있다. 그러나 방송으로 할 수 없는 사역이 있다. 제자를 양육하고 교회를 개척하는 것은 할 수 없다. 중국의 문이 열리기 전에 방송으로 선교를 하면서 그 열매가 많이 있었다. 그러나 이제는 중국에도 선교사가 들어가서 그동안 하지 못했던 일들을 해야 하고 그 일들은 선교사들이 직접 가서 할 수 있는 일들이다.

문서 선교하는 사람들은 문서의 필요성을 언급하면서 문서로 모든 선교가 가능하다고 말한다. 그러나 문서 선교는 방법론적으로 필요한 사역이지만 그것이 가는 선교를 막을 수는 없다. 요즈음 소수의 한국교회에서 현지인 지도자들을 직접 지원함으로 선교사역을 하고 있다. 선교사를 한 사람 파송할 때 매달 수천 불씩의 재정이 소모되는데 그 금액이면 현지인 목회자들 10-20명의 월급을 줄 수 있고 그들로 하여금 선교를 하게 하면 된다는 생각이다. 선교사를 파송하는 것을 중단하고 현지인 목회자에게 직접 돈을 보내는 교회가 생기고 있다. 이것은 몇 가지 면에서 문제가 있다.

　　첫째는 선교는 가는 것이고 보내는 것이라는 기본을 무시한 전략이다. 두 번째는 현지인 목회자들의 자립 의지를 꺾는 행위이다. 현지인 목회자의 자립 의지를 꺾을 때 현지교회 독립과 성장에 방해가 된다. 세 번째는 직접 지원을 받는 현지인 목회자와 그렇지 못한 목회자 사이에 문제가 생긴다. 결국은 현지 목회자들 간에 서로 협력하는 것이 아니라 적대 관계를 만드는 요인이 된다. 네 번째는 돈이 사람보다 중요하다는 사상이 내면이 들어 있다. 돈이면 다 된다는 생각으로 선교할 때 그 결과는 보지 않아도 알 수 있다. 선교는 돈으로 하는 것이 아니라 선교사의 삶을 나누는 것으로 하는 것이다.

　　한국에서 지인이나 그 가족의 결혼식이 있을 때 직접 가서 축하하는 것과 전화로 축하하는 것은 다르다. 은행으로 부조금을 보내는 것과 직접 가서 얼굴을 보고 결혼 예식에 참여하는 것과는 다르다. 결혼식에 직접 가지 않는 것은 피치 못할 사정이 있는 경우나 서로 관계가 가지 않아도 될 만한 관계일 때만 가능하다. 가까운 사람은 특별한 일이 없는 한 직접 가서 참석하는 것이 당연하다. 그것이 예의요, 도리이고 관계를 형성하는 기본이다. 선교도 마찬가지다. 그저 돈만 주고 사람이 가지 않는 것은 선교의 중요성을 모르고 하는 방법이다. 선교가 중요할수록, 선교가 인격적인 관계에서 이루어지는 것일수록 선교사가 직접 가야 한다. 가서 사람들과 함께 생활하면서 복음을 전하는 것이 선교의 기본이요, 본질이다. 다양한 전략으로 선교하는 것은 좋지만 선교사를 직접 파송하는 본질적인 것까지 무시해서는 안 된다.

집에 앉아서 모든 것을 다 할 수 있다고 생각하는 것은 무리다. 인터넷이 아무리 발달된다 하더라도 모두가 재택근무를 할 수는 없다. 함께 만나서 이야기하고 직접 일을 같이 해야 더 효과적이다. 선교에 있어서도 재택근무와 같이 특수한 경우도 있을 수 있지만 이것을 일반화 시킬 수 있는 것은 아니다. 전략은 부분적인 것이고 한시적인 것이다.

요즈음 인터넷을 통해 물건을 판매한다. 그래서 매장이 차츰 사라질 것이라는 예견을 한다. 그러나 인터넷을 통한 매매가 활발해지긴 하겠지만 전문가들이 볼 때는 매장이 계속해서 필요하고 증가하리라 본다. 소비자들이 인터넷을 통해 물건을 사더라도 매장에 가서 직접 확인해 보고 난 후 인터넷으로 산다고 하지 않는가. 이와 같이 시대가 아무리 변해도 선교사는 직접 가야 한다. 교회는 직접 선교사를 파송해야 한다.

2) 선교는 삶이다.

선교는 현지인들과 함께 살면서 복음을 전하는 것이다. 단지 말씀만을 전하는 것이 아니라 삶을 통해서 그리스도의 사랑을 나타내는 것이다. 삶을 통한 선교는 장기적으로 거주하면서 하는 것이다. 장기적이란 적어도 4년의 한 기간(term)을 말한다. 어떤 사역을 하더라도 장기 계획을 가지고 해야 효과를 거둘 수 있다. 단기적으로는 많은 효과를 거두기 어렵다. 그래서 선교는 장기선교사를 중심으로 이루어져야 한다. 현지에 체류하면서 현지인들과 함께 사는 장기선교사가 선교의 중심이 되어야 한다. 그리고 나서 다른 전략들을 구상하고 사용할 수 있다. 장기선교사를 무시하는 전략들은 위험하다. 장기 선교가 아니라도 선교할 수 있다고 해서는 안 된다. 장기선교사가 아닌 대안이 될 만한 전략이 있다고 말해서도 안 된다. 거듭 말하지만 전략은 전략이지 본질이 아니다. 장기선교사가 거주하면서 하는 사역은 본질적인 부분이지 전략이 아니다.

오래 전부터 비거주 선교전략이 있어 왔다. 직접 거주하지 않고 주기적으로 혹은 필요할 때 방문하여 단기적으로 선교하는 것을 비거주 선교라고 한다. 분명히 비거주 선교가 필요한 시기가 있다. 비거주 선교가 필요한 곳도 있다. 비거주 선교를 통해 좋은 열매를 거둘 수도 있다. 그러나 비거주 선교가 장기선교사를 대치하는 대안적인 전략은 아니다. 비거주 선교는 특수한 경우에 사용하는 하나의 전략일 뿐이다. 장기선교사가 들어갈 수 없는 지역에서는 비거주로 사역하는 것은 바람직한 일이다. 그런 지역일지라도 장기선교사가 들어가서 할 수 있다면 그것이 더 효과적이다.

단기선교(6개월에서 3년 정도의 기간으로 선교지에 머물면서 사역을 하는 선교)도 마찬가지이다. 요즈음은 장기선교사 지망생들이 점점 줄어들고 있기에 단기선교를 대안으로 제시하기도 한다. 그러나 단기는 장기선교사를 대치하는 대안이 아니다. 단기선교를 할 때도 장기선교사를 중심으로 해야 한다. 단기가 선교의 중심에 있는 것이 아니라 단기선교사는 장기선교사를 돕는 위치에서 사역하는 것일 뿐이다. 일주일이나 열흘 정도의 비전 트립(단기 봉사 혹은 단기선교)도 마찬가지로 장기선교사의 사역을 돕는 차원에서 이루어져야 한다. 비전 트립을 장기선교사를 대치할 수 있는 대안으로 생각해서는 안 된다.

요즈음 한국교회에서 전략적인 몇 가지 방법들이 시도되고 있다. 그것은 비즈니스 선교, 실버선교, 디아스포라 선교이다. 이 시대에 이런 선교 방법들은 좋은 전략들이다. 장기선교사가 줄어드는 상황에서 실버선교사를 보내는 것도 하나의 방법이다. 경제적으로 여유가 있고 남은 생을 의미 있게 살기 위해 선교사로 나가는 것은 선교적인 측면에서 좋은 전략이다. 그리스도인이 비즈니스를 하기 위해 세계로 많은 진출을 한다. 그들이 단지 사업만 하는 것이 아니라 사업을 통해 선교를 하는 것도 효과적인 전략이다. 디아스포라 선교도 선교현지에서 살고 있는 그리스도인들을 활용하여 선교를 한다면 좋은 전략이 될 것이다. 한국교회는 지금 100만 명 자비량 선교사를 파송하자고 부르짖는다. 100만 명을 파송한다는 것은 바로 평신도가 해외에 갈 때 선교의 사명을 불어 넣겠다는 것이다. 그리고 그들을 선교사로 임명하겠다는 것이다. 해외에만 나가면 누구나 선교사가 될 수 있다는 것이다.

그러나 이런 여러 가지 전략들은 하나의 전략이지 장기선교사를 대치할 수 있는 대안은 아니다. 아무리 시대가 요구하더라도 선교는 장기선교사를 중심으로 이루어져야 하고 장기 선교는 계속 되어져야 한다. 필자가 염려하는 것은 이런 전략들을 가지고 장기적으로 선교하는 장기 선교를 방해하거나 무시할 수 있다는 것이다. 아무리 좋은 것일지라도 너무 강조하다 보면 다른 것을 무시하게 된다. 이런 전략들의 장점을 강조하다가 장기선교사 중심이라는 선교의 본질을 변질시킬 위험이 있다. 필자는 이런 모든 전략들이 장기선교사를 돕고 함께 협력해서 사역하는 것에 사용되기를 바란다. 주된 것과 부수적인 것이 서로 뒤바뀌지 않았으면 한다. 그렇지 않으면 선교의 본질적인 부분까지 해치는 결과를 가져 오기 때문이다. 아무리 유행을 따라 옷을 잘 입어도 그 사람의 원래 모습은 변하는 것이 아니다. 이처럼 전략은 전략이지 본질을 대치하는 것이 아니다. 장기선교사 중심으로 선교는 계속 되어져야 한다.

3) 선교는 집중력을 가지고 지속하는 것이다.

선교는 장기선교사를 중심으로 해야 한다고 해서 장기선교사만 되면 모든 것이 용납된다는 말은 아니다. 장기선교사가 선교에 있어서 중심을 지켜주는 역할을 하는 것은 분명하지만 그것은 자기 사명을 잘 감당할 때 하는 이야기다. 장기선교사가 자기 자리 없이 겉모양으로만 장기 선교를 하는 것은 별 효과가 없다. 자기 자리를 찾아 하는 선교란 자기가 해야 할 일을 집중적으로 지속성을 가지고 해 나가는 것을 말한다.

장기선교사들 중에는 자기 자리를 지키지 않는 선교사들이 있다. 이런 선교사는 자신의 안정된 사역이 없다. 대신에 선교 브로커처럼 여기저기 간섭하고 돌아다닌다. 한국에서 단기선교팀이 많이 오지만 정작 그 선교사의 자기 사역은 변변치 않다. 이런 선교사들의 사역은 바로 사람들을 안내하고 사람들 사이에 간섭하는 것이 주된 것이다. 두 텀이 지났는데도 자기가 양육한 사람이 별로 없다. 이들에게 있어서의 사람 관계란 돈과 계약에 의해 이루어진다. 이런 선교사일수록 바쁘고 선교에 대해 할 말도 많다. 이런 선교사들은 주변에 알고 지내는 사람들이 많다. 자신이 많은 사람들을 움직이는 것처럼 생각한다. 어느 장소에나 어느 모임이나 얼굴을 내미는 약방의 감초와 같은 선교사다.

자기 사역이 있다면 그 사역에 집중하기 위해서 다른 사람을 만날 시간이 없다. 자기 일 하기도 바쁜데 다른 사람 일까지 참견하는 사람은 뭔가 문제가 있는 사람이다. 선교사가 너무 유명하거나 너무 많은 사람을 많이 알고 지낸다면 자신의 사역을 잘 감당하지 못할 가능성이 많다. 겉으로는 위대한 선교사처럼 보이지만 내면으로는 별 것 없고 한 가지라도 충실하게 하는 사역이 없을 가능성이 높다. 사역을 시작하기는 하지만 끝맺는 것이 별로 없다. 우리는 이런 선교사를 경계해야 한다. 인간관계의 폭이 깊지 않으면서 넓은 선교사, 여러 가지 일 때문에 늘 분주한 선교사, 선교는 자기 혼자 다 하는 것처럼 선교에 대해 할 말이 많은 사람, 사역이 자꾸 바뀌는 선교사는 위험한 선교사다. 이런 선교사는 장기선교사라고 할지라도 선교의 중심 역할을 하는 존재가 되어서는 안 된다.

선교사가 집중성과 지속성을 이루어 나가기 위해서는 장기적인 계획이 전제되어야 한다. 장기적인 계획 없이 어떤 일을 지속해 나갈 수 없다. 시스템을 구축하고 계획을 세워야 한다. 계획을 하되 장기적인 안목을 가지고 세워야 한다. 최소한 10년 앞은 예상하며 계획을 세우는 것이다. 계획할 줄 모르는 선교사는 장기적으로 사역하기 어렵다. 이런 선교사가 하는 일은 주먹구구식이다. 하는 일이 수시로 바뀐다. 선교사역에 안정감이 없다. 지속성이 없다. 한 가지도 제대로 하는 것이 없다. 우리는 이런 선교사가 되지 말아야 한다. 장기적인 계획을 세울 줄 알아야 하고 미래를 예견하는 능력을 키우는 선교사가 되어야 한다.

한국선교사들은 순발력은 뛰어나지만 시스템을 구축하고 계획을 세우는 것은 약하다. 일의 추진력은 있는데 집중하고 지속하는 것에는 약하다. 그래서 한국선교사는 집중성과 지속성을 키워나가도록 노력해야 한다. 선교사 각자는 먼저 자신에게 집중성과 지속성이 있는가를 질문해 보아야 한다. 쉽게 포기하는지 아니면 끝까지 참고 나가는지를 살펴보아야 한다. 그래서 한 가지라도 해 보겠다는 결심 가운데 한 가지 일에 집중해서 지속한다면 그 결과로 당연히 좋은 열매를 맺을 수 있다. 집중성과 지속성 가운데서 장인(匠人)이 나온다. 집중성과 지속성 가운데서 전문성이 나온다. 선교사가 전문성이 떨어지면 선교를 지속할 수 없다. 이전 선교사들은 선교지에 가는 것만으로 현지인들에게 영향력을 끼칠 수 있는 위치에 있었지만 지금은 전문성이 없이는 선교지에서 살아남기조차도 힘들다. 전문성을 기르기 위해 한 가지 일이라도 지속하고 집중하는 데 투자해야 한다. 한국선교사들의 기본 장점인 순발력에 집중성과 지속성을 보충한다면 한국선교사는 계속해서 세계선교를 이끌어가는 주인공이 될 수 있을 것이다.

5. 결론

선교는 다양하다. 넓은 시각으로 선교사와 선교를 이해하려는 자세가 요구된다. 또한 이제는 전략적인 선교를 해야 한다. 이전의 방법들이 새로운 시대에 맞지 않는다면 과감한 체질 개선이 필요하다. 새로운 시대에 요청되는 선교의 패러다임은 다양성과 전문성과 통합성이다. 다양성은 다변화되는 세상을 대처하는데 필요하다. 전문성은 선교를 계속할 수 있는 기본이다. 통합성은 과거와 미래 속에서 전체를 종합할 수 있는 이 시대에 꼭 필요한 요소이다. 그러나 시대는 변해도 선교의 중심은 지켜야 한다. 이 시대에 한국인 장기선교사들에게 요청되는 것은 지속성과 집중성이다. 한국인에게 부족한 지속성과 집중성을 키워나갈 때 한국선교는 튼튼한 기초 위에 발전되어 나갈 것이다.

제3장
선교동원의 문제와 대안

　한국 사람들은 유행에 민감한 민족이다. 아마도 세계에서 가장 유행이 빠른 나라는 한국일 것이다. 세계 어느 나라 기업이든지 IT 분야에서 새로운 아이템을 만들면 한국의 용산전자상가에 시제품을 내놓고 반응을 본다고 한다. 용산전자상가에서 잘 팔리면 그 아이템은 세계적으로도 성공할 수 있다는 것이다. 한국 사람들의 새로운 물건에 대한 관심과 유행에 대한 풍속을 바로 볼 수 있는 이야기다. 현재 선교동원에 있어서도 유행에 민감한 한국 사람들의 모습을 볼 수 있다. 한국선교의 동원을 생각할 때 제일 먼저 유행이 떠오르는 것은 아마 선교동원이 유행에 따라 이루어지고 있는 이유가 아닌가 생각한다.

　유행에 따라 선교동원이 이루어진다는 것은 긍정적인 요소와 부정적인 요소가 있다. 긍정적인 요소는 유행에 민감한 한국 사람들의 구미에 맞춰 선교동원의 콘텐츠도 잘 바꾸어지고 있다는 점이다. 한국 그리스도인들의 마음을 잘 파악하고 사람들의 요구에 잘 대응해 온 것이다. 부정적인 요소는 선교동원의 콘텐츠가 너무 자주 바뀌다 보니 중심이 없고 유행에 따라 가고 있다는 점이다. 선교동원에 있어서 콘텐츠란 선교동향과 전략을 말한다. 한국교회선교는 선교동향이 자주 바뀌고 그에 따른 전략이 유행처럼 새로이 생겼다가 쉽게 없어지는 것이 사실이다.

1. 한국선교동원의 문제점들

어떤 일을 새롭게 개선하고 발전하기 위해 그 원인을 찾다 보면 문제점이 눈에 띄게 된다. 그 문제점에 초점을 맞추게 되면 전체를 보는 입장과 긍정적인 면에 소홀해질 수 있다. 문제점을 발견하여 새롭게 발전하고 개선하려 하려는 마음보다는 오히려 사람들 속에 부정적인 마음을 키울 때가 많이 있다. 이런 문제점이 발견되었으니 '이렇게 해결해 나가자'는 방식이 아니라 문제가 이렇게 많으면 '차라리 손을 놓자'라는 생각을 하게 된다. 그리고 문제 안에 있는 당사자들은 그것에 대해 변명하려는 경향이 생기게 된다. 선교동원의 문제를 거론하려고 하면서 이런 부정적인 결과가 나오지는 않을까 하는 염려가 있다. 필자는 선교동원에 책임이 있는 선교사지만 선교동원의 전문가는 아니다. 선교동원 전문가가 아닌 사람이 선교동원의 문제점들을 말할 때 전문가들을 비난하는 결과가 될까 염려스럽다. 그러나 필자는 선교동원에 대한 같은 책임을 가진 선교지 현장에 있는 선교사라는 것을 먼저 밝히고 싶다. 모든 책임은 바로 나와 우리의 책임이지 한 사람, 한 동원가의 책임만은 아니라는 것이다. 그래서 현장 선교사가 보는 선교동원의 문제점을 정리하고자 한다.

1) 한국교회와 헌신자 동원의 불균형

선교동원은 사람들이 선교사가 되도록 인도하는 것이며, 그리스도인들이 선교에 동참할 수 있도록 관심을 증가시키는 두 가지 측면이 있다. 많은 그리스도인들이 더 많은 선교에 대한 관심을 가질 때 그 과정 가운데 선교사가 나오는 것은 자연스런 현상이다. 그러나 한국선교동원은 주로 젊은이들을 중심으로 이루어지고 있으며, 선교사를 만드는 측면에 치중했다고 볼 수 있다. 하지만 선교동원은 교회를 중심으로 이루어져야 한다. 지금까지는 선교동원이 선교단체나 젊은이들을 중심으로 이루어졌기 때문에 선교동원은 오직 선교사를 만드는 일이라는 개념으로 자리 잡아 가고 있다. 만약 교회를 중심으로 선교동원이 총체적으로 이루어졌다면 선교사를 만드는 것과 그 선교사를 후원하는 교회와의 균형을 유지했을 것이다. 그것이 부족했기에 선교사와 교회간의 선교 불균형을 이루는 결과를 낳았다.

사람은 많은데 그들을 후원하는 교회가 적어 선교에 헌신한 사람들이 중도에 선교를 포기하는 면이 있었다. 한 사람의 선교 헌신자는 그 사람만의 일이 아니라 교회의 일이다. 교회를 중심으로 선교동원이 일어나야 하는데 한국선교는 그것이 부족했다. 그런 결과로 한국선교는 선교사로 나가는 사람의 열정이 지원하는 교회보다 더 컸다. 그래서 한국교회선교가 선교 헌신자와 교회 사이에서 별개로 일어나게 된 것이다. 교회가 충분히 선교에 대해 이해하지 못하기에 선교 헌신자들의 헌신을 끝까지 받쳐 주지 못하는 것이다. 만약 교회가 선교의 중심으로 자리 잡았다면 한 사람의 헌신자가 나왔을 때 그 헌신자가 선교사가 될 때까지 격려하고 인도해 주었을 것이다. 선교사가 된 이후로도 교회는 선교사가 바른 사역을 할 수 있도록 도움을 주었을 것이다. 그러나 한국선교는 그것이 부족했다고 볼 수 있다.

2) 선교동원단체(동원가) 중심의 동원

선교사 동원이 선교사 파송단체 중심이 아니라 선교동원가 혹은 선교동원단체 중심으로 이루어졌다는 점이 또 다른 문제점이다. 파송단체와 선교동원단체가 서로 연관을 맺는데 있어서 부족한 부분이 있었다. 예를 들면 파송선교단체가 해야 할 일을 선교동원단체가 하는 경우가 그것이다. 선교훈련은 선교훈련기관 혹은 파송단체가 감당하는 것이 효과적인데 선교동원단체가 훈련까지 하게 된 것이다. 선교동원단체에서 훈련을 해서 파송단체로 연결이 잘 되면 그것은 별 문제가 없다. 그러나 대부분은 파송단체와 연결이 부족했다. 파송단체와 연결이 안 되는 동원단체만의 선교훈련이 헌신자를 선교사가 되게 하는 것을 막는 요인이 되었다.

3) 동원 협력 부족

선교동원이 교회가 아닌 청년들을 중심으로 이루어진 점과 동원단체와 파송단체와의 협력의 부족이 한국교회선교의 문제점이라고 이미 지적하였다. 이것을 좀 더 깊이 들어가서 선교동원가와 훈련가, 파송기관 그리고 선교학자들의 연합의 부족이 또 하나의 문제점이다. 주로 동원가들은 동원가들끼리, 파송단체는 파송단체끼리, 선교학자들은 선교학자들끼리 사역을 하는 경향이 있었다. 이런 구분이 지금까지 선교동원현장에서 드러나고 있다. 선교 전체를 어우를 수 있도록 협의회가 탄생하였기는 하지만 이 협의회도 선교동원운동가의 역할에 국한된 면이 있다. 필자는 선교현장에 있는 선교사로서 선교학자들의 이론은 선교지와 선교사의 현실과는 상당히 동떨어진 이론이라는 느낌을 가지고 있다. 선교동원가들에 대해서는 한 쪽으로 치우친 전략을 가지고 동원을 하고 있다는 생각이 든다. 선교현장에 있는 선교사들은 선교학자들의 이론이나 동원가들의 전략과는 동떨어진 생각 가운데 사역을 하고 있는 경향이 있다. 각자가 개별적으로 사역을 한다는 것이다. 서로가 서로를 잘 모르는채 사역을 하는 것 같다. 서로의 주장들에 대해서는 자신의 영역이 아니기에 관심이 없는 것처럼 보여진다.

서로 동역하고 협력해야만 이룰 수 있는 일을 각자가 따로 하기 때문에 오는 부조화가 한국교회선교의 일면이라 할 수 있다. 이 논지는 단순히 필자의 생각일 수도 있다. 그러나 엄격히 따져 보면 협력이 아닌 개별적으로 선교하는 것이 한국선교의 현실이다. 일부에서 선교 협력을 위해 선교 포럼들이 진행되고 있는 것이 사실이지만 각자의 포럼들을 보면 같은 영역에서 일하는 사람들이 중심이 되어 진행하는 것을 볼 수 있다. 각종 선교대회도 함께 연합으로 하는 것이 아니라 한 단체 중심으로 이루어지고 있다. 다른 영역의 사람들은 게스트로 참여를 할 뿐이다. 같은 위치에서 열린 마음으로 대화를 하거나 선교대회 혹은 선교 포럼을 개최하는 것이 부족한 것이다. 그러나 이제는 모두를 함께 아우르는 선교대회가 이루어질 필요가 있다. 이것이 바로 한국교회가 필요로 하는 조화와 연합과 협력과 통합의 원리이다.

4) 전략의 편중성

선교동원에 있어서 선교전략의 지나친 편중 현상이 나타난다. 서두에서도 언급하였지만 선교동원이 한국 사람의 감정과 유행을 쫓아가는 방향으로 되어져 왔다. 한국 사람들은 계속해서 새로운 것을 추구하는 성향이 있다. 예를 들면 미전도종족선교나 전방개척선교는 하나의 선교전략이다. 이런 전략은 한국인의 감정을 두드리는데 좋은 전략이다. 아직도 전방개척선교가 선교전략에서 주류를 차지하는 이유는 전방개척선교가 사람들의 감정에 호소하는 전략이기 때문이다.

"전방개척선교는 우리 그리스도인에게 이제 마지막 남은 과업이다. 아직도 복음을 들어보지 못하고 죽어가는 몇 족속 안 되는 사람들에게 선교해야 한다. 이것이 주님 오실 때까지 우리가 해야 할 마지막 사명이다"

한국 그리스도인들은 이런 감정적인 호소에 호응하였다. 그리고 선교에 동참하게 되었다. 이 선교전략이 전체 한국교회를 선교에 동참하게 한 것은 사실이다.

또 다른 예는 미전도종족입양운동이다. 선교동원가들은 교회가 미전도종족을 입양하면 세계선교는 완성되는 것처럼 광고하였다. 미전도종족이 몇 종족인데 세계 교회는 몇 개다. 몇 교회가 합해 한 종족씩만 입양하면 세계선교는 완성된다. 이런 논리로 전략을 세운 것이 미전도종족입양운동이다. 이 전략을 사용한 선교동원운동은 많은 교회들로 하여금 선교에 눈을 뜨게 하는 긍정적인 면이 있었다. 선교지의 상황의 필요를 감정에 호소함으로써 많은 그리스도인들이 선교에 참여하게 되었다.

또 다른 전략은 한국 그리스도인들을 선교에 동원하기 위해서 전문인선교전략을 사용하였다. 이제는 전문인선교시대라고 외쳤다. 이 외침이 너무 강해서 전문인선교가 아니면 다른 것은 선교가 아닌 것처럼 여겨질 정도였다. 목회자 선교사 시대는 막을 내리는 것처럼 말했다. 이 동원 전략으로 인해 많은 평신도들이 선교에 동참할 수 있다는 자신감을 갖게 되었다. 평신도들을 선교에 동원시키는 데에 귀한 역할을 감당한 것은 전문인선교전략임에 부인할 수 없다.

현재 한국교회에 선교에 있어서 가장 이슈가 되고 있는 몇 가지 전략들이 있다. 조금 오래된 전략이기는 하지만 비거주 선교전략이 있었고 최근에는 실버선교, 비즈니스 선교, 디아스포라 선교가 선교동원에 주 전략이다. 이런 전략들을 가지고 선교동원이 이루어지고 있다. 은퇴한 그리스도인들을 선교에 동원하기 위해 실버선교대회도 개최하고 해외에 비즈니스로 나가는 그리스도인들에게 비즈니스 선교에 대해 가르쳐 주고 있다. 일부 크리스천 대학에서는 비즈니스 선교학과를 개설한 곳도 있다. 디아스포라 선교를 위해 한인교회사역자들이 함께 모이는 일들이 일어나고 있다.

이런 전략들 자체에 문제가 있는 것은 아니다. 문제는 한국 사람들의 성향상 이런 전략들이 유행처럼 일어날 때 균형을 잡는데 혼동이 일어난다는 것이다. 오히려 다른 중요한 전략들이 일부 전략들로 인해 고려되지 않을 수 있다는 점이다. 그러나 이런 전략들은 하나의 선교전략일 뿐임을 인식할 필요가 있다. 미전도종족선교나 전방개척선교도 중요한 전략 중의 하나임은 분명하지만 그것이 선교의 주류를 형성하는 전략이 아니라는 것을 알아야 한다. 실버, 비즈니스, 디아스포라, 단기선교전략은 이 시대에 사용할 수 있는 효과적인 전략이지 선교 전체를 포함하는 본질 혹은 유일한 전략은 아니다. 그럼에도 불구하고 한국에서는 그런 전략이 선교의 중심에 있다. 만약 이 전략을 말하지 않으면 선교를 모르는 사람처럼 여기고 이 전략이 아니면 선교를 하지 않는 것처럼 말하는 분위기가 된 것이 문제이다. 그러면 이런 전략들이 선교 전체를 대치할 수 있는 전략이 될 수 없는 이유는 무엇인가?

미전도종족선교나 전방개척선교는 지나친 선교 대상에 대한 지역 편중 현상을 만들었다. 선교지를 구분할 때 크게 미전도지역과 추수지역으로 구분할 수 있다. 그 동안 선교지는 미전도종족보다는 추수지역에 편중되어 왔다. 70%의 이상의 선교사가 열린 지역인 추수지역에서 사역해 오고 있다.

전방개척선교전략은 추수지역에서 미전도종족 중심으로 사역지를 재개편하자는 전략이다. 이는 선교지의 불균형을 잡는 데는 의미가 있다. 문제는 그 전략이 적용되는 과정에서 일어나는 부작용이다. 전방개척선교전략의 강조는 미전도지역이 아닌 다른 지역에 대한 관심을 상대적으로 약화시켰다. 전방개척선교를 주장한 랄프 윈터 박사가 살았던 미국이나 다른 나라도 똑같이 이 전략이 사용되었지만 한국처럼 강력하게 적용되는 나라를 드물다. 그 전략의 적용점과 유행이 한국에서는 너무 강력하여 미전도지역이 아닌 곳에 대해서는 선교가 필요 없을 것 같은 인상을 받았다.

앞으로 남은 미전도지역 선교만이 마지막 우리의 과업으로 내세우고 있는 것은 일방적인 주장이다. 마지막 과업인 635개의 10만이 넘는 미전도종족에서 복음이 전파되면 주님이 오시고 선교도 끝나게 되는 것처럼 강조를 한다. 그래서 미전도지역 아닌 곳에서 사역하는 선교사와 교회들은 무엇인가 잘못 하고 있는 것처럼 여겨지는 분위기다. 전방개척선교를 다루는 동원가들은 계속해서 선교지 불균형을 바로 잡아야 한다고 주장하지만 오히려 또 다른 문제점을 야기 시키고 있다.

2. 전방 개척선교의 문제점

1) 선교에 대한 하나님의 관점

과연 미전도종족선교만이 주님이 원하시는 선교인가? 이미 복음이 들어간 지역에는 선교사가 필요하지 않는가? 그들이 주장하는 것처럼 미전도종족에 모두 복음이 들어갔을 때 주님이 오실 것인가? 세계 복음화의 개념이 미전도지역에 복음이 들어가는 것이 기준인가, 아니면 복음을 믿는 사람들이 더 많아진다는 것이 기준인가? 이집트는 기독교 초기에 이미 복음이 들어갔지만 지금은 다시 미전도종족이 된 지역이다. 그럼에도 불구하고 전방개척선교를 주장하는 사람들 중에는 이집트는 이천 년 전에 이미 복음을 들어본 지역이어서 미전도지역에서 제외시켜야 된다고 주장한다.

그러나 이는 전방개척선교전략을 주장하기 위한 하나의 논리일 뿐이다. 그들은 전방개척선교를 주장하기 위해서 성경 해석을 지나치게 하는 부분이 있다. 무엇보다도 성경은 종족 개념을 말하고 있지만 동시에 이방인(사람)과 개인 중심의 복음전파에 대해서도 말하고 있다. 하나님은 미전도종족만이 아니라 미전도 된 사람 개인에 대해서도 동일하게 관심을 가지고 계신다. 열린 지역과 이미 복음이 들어간 지역의 믿지 않는 한 사

람도 아직도 선교해야 할 대상이다. 이것을 간과하고 있는 것이 전방개
척선교전략이다.

2) 열린 지역의 전도 약화

이 전략의 주장이 사실이라면 현재 복음이 들어간 지역 혹은 선교사
를 파송한 지역의 전도는 별 의미가 없게 된다. 추수지역에서 일하는 목
회자들은 빨리 미전도지역으로 가야 한다. 그래야 주님이 빨리 오신다.
그러나 이 이론의 논리가 맞지 않는 것은 분명하다. 목회자들은 목회하고
열린 지역 선교사들은 열린 지역에서 그리스도인을 만들기 위해 복음 전
도 사역을 계속해야 한다. 선교사의 은사가 미전도지역이라면 미전도지
역에서 사역해야 하고 열린 지역이라면 열린 지역에서 사역하는 것이 자
연스러운 일이다.

3) 추수 지역에 대한 역차별

전방개척선교전략의 지나친 주장은 추수지역에 대한 또 다른 역차별
을 가져온다. 전방개척선교전략의 영향으로 현재 한국교회선교에서 추수
지역 혹은 열린 지역 선교는 무관심한 상태에 있다. 전방개척선교전략을
말하는 사람들은 미전도지역에 대해서는 말하지만 추수지역의 선교에 대
해서는 전략에서 제외시키고 있는 것이 현실이다. 이 전략을 주장하는 사
람들의 논리를 자세히 따지고 들어가 보면 똑같이 예수를 믿지 않는 사
람일지라도 전도 대상에 있어서는 서로 다른 우선권이 주어진다. 열린 지
역 사람들이 믿지 않는 것은 그들의 책임이요, 닫힌 지역 사람들이 믿지
않는 것은 먼저 믿는 그리스도인의 책임이라는 것이다.

그러나 미전도종족에서의 믿지 않은 사람들보다 열린 지역에서 믿지
않는 사람들이 더 많다는 사실을 간과해서는 안 된다. 우리의 선교 대상

은 믿지 않는 사람이라면 모두가 대상이지 종족에 따라 차별이 있는 것이 아니다. 성경에서는 믿지 않은 사람은 유대인이나 이방인이나 동일하게 믿지 않는 사람일 뿐이다. 미전도종족선교를 지나치게 강조하다 보면 열린 지역에 대한 선교를 약화시키게 되는 또 다른 오류를 범하는 것이다.

4) 선교의 보편성에 대한 역행

전방개척선교의 성경적인 근거를 찾아보면 선교의 보편성이 그들의 성경적인 근거이다. 그리스도인은 온 세상에 관심을 가져야 하고 온 세계가 선교 대상이라는 성경의 요구가 전방개척선교의 성경적인 근거이다. 그러나 그들은 선교의 보편성 속에 열린 지역도 포함된다는 사실에 대해서는 침묵하고 있다. 선교의 보편성을 말하면서 편협적으로 선교지를 구분하고 있다. 그들의 주장과는 달리 성경은 미전도지역과 전도지역의 구분을 하지 않는다. 복음을 증거 하는 것이 우리의 책임일 뿐 그 지역이 정해져 있는 것이 아니라 온 세계가 다 하나님의 관심이라는 것이 선교에 대한 성경의 주장이다. 우리는 성경에서 말한 분명한 것이 아니라면 너무 강력한 주장을 해서는 안 된다. 성경에서 말하는 것 이상을 지나치게 해석할 경우 또 다른 모순을 가져오고 성경 해석에도 문제가 생기게 된다. 그러기에 전방개척선교전략은 전략으로 사용되어야지 선교의 흐름을 바꾸는 유일한 방법으로 사용되어서는 안 된다. 이 전략이 선교를 이끄는 선교 철학이나 본질이 되어서도 안 된다. 그러나 안타깝게도 지금 한국선교동향은 이 전략이 선교의 본질이나 철학으로 자리매김하고 있는 것이 현실이다.

5) 사역의 한계

전방개척선교는 아직 이 지역 선교지를 위한 실제적인 사역이 충분히 준비되지 않았다. 닫힌 지역에서는 전도가 어렵고 교회개척도 쉽지 않다.

미전도지역의 대부분은 직접 전도를 할 수 없는 지역이다. 이들은 무조건 선교사 재배치를 강조하지만 목회자 선교사가 이런 지역에서 사역하는 것은 쉬운 일이 아니다. 필자는 모슬렘 국가인 U국을 방문한 경험이 있다. 그곳에 목회자 선교사들이 많이 있었다. 안타깝게도 많은 목회자 선교사들이 주일날 예배드릴 처소가 없어서 집에서 가정 예배를 드리고 있었다. 교회를 개척하기 어려운 지역이서 교회가 많지 않기 때문이다. 얼마 안 되는 교회들은 선교사가 자기 교회에 참석하는 것을 달갑게 여기지 않는다고 한다. 선교사들은 마땅히 예배를 드릴 곳이 없다. 주중에 목사 선교사들은 무엇을 하는가? 사업을 하든지, 여행 가이드를 한다. 아니면 직업을 가지고 일하는 경우가 있다. 그렇지 않은 경우에는 이슬람 선교에 대한 연구를 한다. 이곳 많은 선교사들은 현지인을 사귀는 수준의 선교를 하고 있다. 복음을 전하기 위한 터를 닦고 씨를 뿌리는 작업을 한다. 드러내놓고 사역하거나 말씀을 가르친 대상이 많지 않기 때문이다.

그들의 주된 사역 중 하나는 땅 밟기 기도이다. 이곳저곳 다니면서 땅 밟기 기도를 한다. 선교에 있어서 기도는 기본이다. 기도 없이 선교를 할 수 없다. 그러나 기도만 하는 것은 문제가 있다. 필자는 기도의 능력을 축소하려는 의도는 없다. 사역을 하면서 동시에 기도를 해야 한다. 그러나 선교사가 기도밖에 할 수 없다는 것은 문제다.

선교사들이 많이 하는 땅 밟기 기도는 한번쯤 깊이 생각해 보아야 한다. 신학적인 점검이 필요한 영역이다. 여기서 신학적인 문제를 제기하고자 하는 것은 아니다. 문제는 사역이 안 되거나 마땅한 사역이 없으면 땅 밟기 기도가 만사인 것처럼 생각하는 선교사들의 태도다. 땅 밟기 기도는 닫힌 지역에서 사역의 대안이 아니라는 것이다. 선교사가 기도를 하지만 다른 사역 없이 기도가 대표적인 선교사역이 되는 것은 문제가 있다. 땅 밟기 기도는 선교에 있어서 만능이나 만사가 아니다.

우리는 선교지에 땅 밟기 기도가 왜 유행하였는지에 대한 원인을 찾아보아야 한다. 선교에 있어서 기도는 기본이고 기도가 선교를 선교 되게 하는 원동력이지만 땅 밟기 기도를 신학적으로 따져 보지도 않고 사역 대신으로 사용하는 것은 문제가 된다. 땅 밟기 기도는 선교동원과도 연관이 되어 있다. 선교사를 동원하는 과정 가운데 땅 밟기 기도가 선교의 하나의 전략인 것처럼 소개하는 단체들이 있다. 신학적으로나 사역적으로, 그리고 선교학적으로 검증도 안 된 것을 가지고 중요한 선교전략인양 소개하는 것은 많은 위험이 있다. 전방개척선교를 주장하기에 앞서서 전방개척 지역에서 전문인 혹은 목회자 선교사가 어떻게 사역해야 하는지에 대해서 사역 내용을 마련하는 것이 우선되어야 한다.

3. 선교전략의 편중성으로 인한 문제

한국에서 실버, 비즈니스, 디아스포라, 단기선교전략도 선교전략을 한쪽으로 치우치게 하는 역할을 하였다. 전략은 시대와 지역, 그리고 필요에 따라 사용되어지는 하나의 방법론이다. 그러나 한국에서는 이런 전략들이 가장 효과적인 새로운 선교전략이며, 선교전략의 대안이라고 강조되어 왔다. 이 강조가 너무 지나쳐서 전략의 다양성을 가로 막게 되었다. 이런 전략의 강조는 다른 전략을 무시하는 결과를 가져왔다. 또한 전략은 하나의 방법론이 되어야 하는데 방법론을 넘어서 선교의 중심으로 자리잡는 전략이 되었다. 이는 필자의 극단적인 비판이 아니라 실제로 한국교회에서 이런 전략을 주장하고 적용하는 동원가들을 볼 때 이런 약점이 있음을 발견할 수 있다. 전략의 다양성을 적용하지 않는 것은 하나님의 다양성을 인정하지 않는 결과를 가져온다. 특정한 전략을 지나치게 강조하는 것은 다양한 은사와 방법과 전략을 가지고 선교하시는 하나님의 다양성을 축소시키는 결과가 된다.

4. 실버선교의 문제점

실버선교전략을 내세우는 사람들은 이제는 실버선교시대라고 공공연하게 말한다. 때로 실버선교가 현대 선교의 대안인 것처럼 말한다. 장기선교사가 줄어들고 있는 상황에서 장기선교사를 대치할 수 있고 선교후원이 어려운 시대에 이 문제를 해결할 수 있는 대안은 실버선교라는 것이다. 그러나 문제는 선교동원에서 실버선교의 전략의 장점만을 너무 강조하였다는 점이다. 그러나 아직 우리는 실버선교의 문제점에 대해서는 경험해 보지 않았다. 실버선교를 제대로 경험해 보지 않은 상태에서 가능성을 놓고 장점만을 말하는 것은 문제가 있다. 실버선교가 좋은 전략이 되기 위해서는 먼저 실버선교에 대한 경험이나 연구, 그리고 시스템이 갖추어져야 한다. 시스템이 부족한 상태에서 동원을 위해 실버선교대회부터 개최하는 것은 위험성이 많다. 실버선교의 몇 가지 예상되는 문제점들을 미리 파악하고 준비하는 것이 우선되어야 한다.

1) 실버선교사들의 한계들

실버선교사들은 선교의 중심에 있는 것이 아니라 보조의 위치에 있다고 보아야 한다. 그것은 그들이 언어의 한계와 문화 적응의 한계, 사고방식의 한계를 가지고 있기 때문이다. 선교는 현지 언어로 말씀을 전하는 것이 중심이 되어야 한다. 실버선교사들에게 있어서 언어의 한계는 그들이 선교의 중심에서 일하는 것이 어렵다는 것을 보여 준다.

실버선교사들은 평생 동안 자신의 전문 직업을 가지고 살아왔다. 세상적으로 성공한 경험들이 있다. 그러나 그들의 세상적인 성공은 오히려 선교의 문화적인 틀과 사역적인 전략 면에서 약점이 될 수도 있다. 실버선교는 어떻게든 장기선교사와 협력을 해야 하는데 협력의 어려움도 예상된다.

2) 후원금에 대한 문제

실버선교사의 장점인 은퇴 비용을 가지고 자비량 선교를 할 수 있다는 부분은 단순한 장점이 아니라 오히려 선교에 있어서 단점이 될 수 있다. 다른 것으로는 선교하기가 어렵기에 자칫 잘못하면 돈으로 선교하려는 경향이 생길 수 있다. 선교사가 후원금을 받는 것은 단순한 돈 문제가 아니라 기도의 후원을 받는 것도 의미한다. 후원을 하면서 기도하는 사람들의 특성을 고려해 볼 때 자비량 선교는 장점만이 있는 것이 아니다.

3) 선교단체와의 문제

실버선교사라 할지라도 선교훈련, 맴버 케어, 위기 상황, 행정적인 필요들을 공급받을 필요가 있기에 선교단체를 통해 파송 받는 것이 좋다. 정회원이 아니더라도 준회원 혹은 협력 회원의 자격을 가지고 선교단체와 함께 일하는 것이 사역적인 면에서도 도움이 된다. 선교단체는 실버선교사들이 회원이 되었을 때, 행정적인 면에서 필요한 도움을 줄 수 있어야 한다. 실버선교사들은 건강이나 적응력에서 더 많은 선교단체의 관리가 필요하다. 이런 실버선교사들을 관리할 수 있는 선교단체의 시스템이 준비되어 있는지에 대해서도 살펴보아야 한다.

4) 실버선교사를 위한 제안

이런 약점들이 실버선교사들에게 나타난다고 실버선교 자체를 부정하거나 거부해서는 안 된다. 해결 방안을 마련하면서 진행해야 한다. 무조건 동원해서 나중에 문제가 생겼을 때 아무 해결책이 없다면 그것은 무책임한 동원이 되는 것이다. 실버선교사들을 동원하기 전에 준비해야 할 것들이 있다.

① 실버선교사들을 위한 시스템을 구축해야 한다.

언어 습득, 협력 사역, 건강문제, 선교단체와의 관계 문제 등의 일어날 가능성이 있는 문제들을 파악하여 대처하는 방안들을 마련할 필요가 있다. 실버선교사들이 사역할 수 있는 전체적인 시스템을 구축하는 것이 필요하다. 그 시스템이란 실버선교사훈련, 사역의 기술을 가르치는 것, 실버선교사의 자질들을 키우는 것 등이다. 맴버 케어에 대한 대책도 요청된다. 선교단체는 실버선교사에 대한 충분한 연구가 우선되어야 한다. 그래야 문제점을 먼저 파악하여 효과적인 실버선교를 할 수 있기 때문이다.

② 실버선교사의 역할을 분명히 해야 한다.

실버선교사의 훈련을 통해 장기선교사와의 관계와 역할을 알 수 있도록 교육할 필요가 있다.

③ 장기선교사들에게 실버선교사들과 사역할 수 있도록 재교육 하는 것도 필요하다.

장기선교사들이 실버선교의 중요성, 실버선교사의 취약점과 대처 방안, 실버선교사와 협력할 때 필요한 사역과 전략들을 알도록 하는 재교육이 필요하다.

이러한 준비와 시스템이 없이 실버선교사들을 선교에 동원시키는 것은 더 큰 문제를 만들 수 있다. 실버선교전략이 장점이 있는 것은 사실이지만 앞으로의 선교 대안이라는 관점에서 바라보아서는 안 된다. 더 많은 보완과 준비가 필요한 하나의 전략이라는 사실을 기억해야 한다.

5. 비즈니스 선교의 문제와 방안

비즈니스 선교는 글로벌화 되어 가는 세계 경제 구조 속에서 비즈니스를 하는 한국인들을 선교에 활용하기 위한 방안으로 나온 전략이다. 그리스도인들이 의도적이건 의도적이지 않건 간에 해외에 비즈니스를 하기 위해 더 많이 진출하는 것은 자연스러운 추세이다. 이를 잘 활용할 때 앞으로의 선교에 좋은 역할을 감당할 수 있을 것이다.

비즈니스 선교동원에는 두 가지 비즈니스 선교의 방법이 있다. 하나는 선교를 주된 일로 하기 위해 비즈니스를 사용하는 경우이고 또 하나는 비즈니스가 주된 일로서 비즈니스를 하면서 선교에 참여하는 경우이다. 비즈니스 선교에 대해 한국선교는 이미 전문인선교의 경험에서 그 장단점을 배웠다. 한 때 목회자 선교사의 대안으로 전문인선교시대가 열렸다고 동원가들이 전문인선교를 강조하던 때가 있었다. 그러나 지금에 와서 평가할 때 전문인선교의 실제는 동원가들이 처음에 기대했던 것만큼 활성화되지 못한 것이 사실이다. 그것은 실버선교의 경우에서처럼 전문인선교도 그 필요성과 동기에 대해서 강조를 했지만 전문인선교가 자리 잡을 수 있는 시스템이 부족했기 때문이다. 비즈니스 선교는 이제 선택사항이 아니라 필수적인 것이다.

비즈니스 선교를 잘 할 수 있는 방안을 찾는 것이 우리의 숙제다. 비즈니스 선교에 대한 인식을 심어 주는 동원보다도 우선 되어져야 할 것은 비즈니스 선교사역의 실제에 대해 연구하고 준비해야 할 때이다. 그동안 전문인선교에서 얻은 경험을 살려 비즈니스 선교에 잘 활용해야겠지만 무엇보다도 선교의 중심을 잃지 않는 범위에서 해야 한다. 비즈니스 선교가 최고의 전략이고 이 시대의 대안이라는 거창한 구호는 이제 그만 두어야 한다. 그 전에 비즈니스 선교에 대한 실제와 시스템을 준비하는 것이 우선되어야 한다.

6. 디아스포라 선교의 비전

디아스포라 선교는 다른 나라에 사는 한국인들을 선교에 동력화 시키는 전략이다. 중국 사람은 열 사람이 모이면 음식점을 열고, 일본 사람들은 전자제품 가게를 내고, 한국 사람은 교회를 세워 예배를 드릴 만큼 한인교회는 세계 곳곳에 존재한다. 이 한인교회와 교인들을 선교에 동원시키는 것이 다음 세대에 필요한 전략임에는 틀림없다. 초대교회 때도 하나님께서는 이스라엘 민족을 흩으셔서 복음을 전하게 하셨다. 사도 바울도 흩어진 유대인들이 회당에서 복음을 전하고 교회를 세웠다. 그런 면에서 디아스포라 선교는 하나님께서 사용하신 전략이다. 성경시대에는 핍박이라는 방법을 통해 유대인이 흩어졌지만 지금은 한국인들이 세계화와 국제화로 인해 자연스럽게 세계로 나가 살게 되었다. 다른 나라로 나가는 사람들은 점점 늘어가는 추세이고 이제는 단일 민족으로 문을 꼭꼭 닫고 살 수 없는 시대가 되었다. 앞으로의 세계가 어떻게 변할지 모르지만 한국인들(모든 세계인들도 마찬가지로)이 세계로 흩어져 사는 것을 막을 수는 없다. 이런 시대에 한인 디아스포라를 이용한 선교전략은 성경적이면서도 효과적인 선교를 할 수 있는 아주 좋은 전략이다.

한국교회가 장기선교사를 파송하는 부분이나 다른 선교전략은 유동성이 있어 어떻게 변할지 예측하기 어렵지만 디아스포라가 더 많아지는 것은 분명히 예측할 수 있는 일이다. 그래서 디아스포라 선교를 철저히 준비해 나갈 필요가 있다. 디아스포라 선교전략을 활성화하기 위해 여러 지역에서 한인교회 사역자들이 모임을 갖는 것은 고무적인 일이다.

중요한 것은 디아스포라 선교가 자동으로 이루어지는 것은 아니라는 점이다. 외국에 나가 산다고 해서 그들이 사는 나라에서 자동적으로 선교를 할 수 있다고 기대하기는 어렵다. 오히려 한국교회보다도 외국에 있는 한인교회가 더욱 폐쇄적일 수 있다. 디아스포라를 선교 동력화 하기 위해서는 선교에 대한 동원과 교육이 필수적이다. 디아스포라 선교전략에서 가장 중요한 존재는 한인교회 목회자들이다. 한인교회 목회자들이 선교에 대한 열정을 갖도록 하는 것이 우선 시급한 과제이다. 모두가 그런 것은 아니지만 한인교회 사역자들은 목회라는 한정된 영역에서 사역하려는 경향이 있다. 한인 사역자들이 선교에 대해 열려 있을 것이라는 긍정적인 마음을 기대하지만 오히려 선교에 부정적인 경우가 종종 있다. 그래서 한인교회를 담임하는 목회자들에게 선교 비전을 심어줌과 동시에 선교에 대한 교육이 요청된다. 한인교회 사역자들을 선교에 동원시키는 영역이 디아스포라 선교에 있어서 중요한 요점이다. 그래야 한인들이 선교할 수 있는 기반을 만들 수 있다.

장기적인 안목으로 볼 때는 한인 디아스포라 선교운동을 더 강화시킬 필요가 있다. 한국에서 선교사를 동원하고 교회를 깨우는 선교동원사역을 하는 것처럼 전문적이고 전략적이고 집중적으로 한인 디아스포라들이 선교에 동참하도록 선교동원을 해야 한다. 세계 곳곳에서 한인 유학생이나 한인 1.5세 혹은 2세를 위한 선교대회를 개최하고 있는데 이는 미래 한국선교를 준비하는데 있어서 참으로 귀한 일이다.

전문 한인 디아스포라 선교동원가들이 더 많이 나오는 것과 한인교회 사역자들이 서로 협력하는 것도 하나의 숙제이다. 무엇보다도 전략적이고 효과적인 사역을 위해서는 한인교회 사역자들과 선교사들과의 협력이다. 지금까지는 한인교회 사역자들과 선교사들은 협력관계였다기보다는 경쟁 혹은 적대관계도 있어 왔다. 그러나 하나님 나라의 관점에서 함께 협력해야 한다.

지금 디아스포라 선교전략은 한국 내에서 힘 있게 자리 잡지 못하고 있는 현실이다. 그래서 한국교회선교동원가들은 오히려 다른 전략보다는 디아스포라 선교전략을 위해 한인 목회자들과 유기적인 협력을 할 필요가 있다. 디아스포라 선교에 있어서 현재 선교지에서 사역하고 있는 장기선교사와의 좋은 협력도 필요하다. 장기선교사는 디아스포라 선교에 있어서 중요한 역할을 할 수 있는 사람들이다. 동원가들은 장기선교사들이 디아스포라 선교에 참여 할 수 있는 장을 마련하도록 해야 한다. 디아스포라와 선교의 중심에 있는 장기선교사를 서로 분리시키지 않는 것이 좋다. 장기선교사들이 디아스포라 선교에도 동참할 수 있는 기회를 제공해야 한다. 디아스포라 사역자들만이 모임을 갖는 것이 아니라 장기선교사와 함께 모임을 가질 때 더 효과적인 디아스포라 선교를 할 수 있다.

디아스포라 사역자들의 선교 열정은 저절로 생기는 것이 아니다. 지역적으로만 선교지에 산다고 다 선교의 비전이 있다고 볼 수는 없다. 선교지의 구체적인 상황과 선교전략은 장기선교사들이 도움을 줄 수 있는 분야이다. 한 걸음 더 나아가 한인교회 사역자들의 수급은 한국에서 직접 한인교회로 갈 수 있는 방법도 있지만 선교지에 있는 경력 선교사들이 한인교회 사역으로 전환하는 방법도 좋은 방법 중의 하나이다. 경력 선교사들은 이미 현지의 선교 상황을 알고 있을 뿐 아니라 선교에 대한 비전을 가지고 있다. 거기에 한인들의 마음과 상황을 누구보다 더 잘 알고 있는 장점이 있다. 이런 장점들을 살릴 수 있는 디아스포라 선교가 좋은 결실을 맺을 수 있을 것이다.

7. 선교동원을 위한 발전적 제언

지금까지 한국교회선교동원의 문제점들을 지적해 보았다. 위의 문제점들을 극복할 수 있는 몇 가지 제안들을 정리해 본다.

1) 파송선교단체의 활동

파송단체가 좀 더 적극적으로 선교동원에 참여하는 것이다. 파송단체는 동원, 훈련, 선교사 허입, 파송, 선교사 관리, 대 교회와의 관계에 대한 매뉴얼 등 전체적인 시스템을 가지고 있다. 이 시스템을 가동할 수 있는 역량이 파송단체에 있다. 파송단체가 선교동원을 할 때 자신의 단체를 소개하고 알리는 것도 필요하지만 선교에 대한 전체적인 부분을 균형 있게 알려 줄 필요도 있다. 선교 관심자를 상담할 때는 자기 단체만이 아니라 관심자가 적합한 선교단체를 찾아 갈 수 있도록 인도해야 한다.

선교동원단체들도 선교에 헌신한 사람들을 파송단체에 연결을 시켜 주어야 한다. 선교동원가들의 활동은 전도자의 활동으로 비유할 수 있다. 어떤 전도자가 거리에서 한 사람을 전도하여 그리스도를 영접하도록 하였다. 전도자는 그 사람을 교회에 출석할 수 있도록 연결해 주어야 할 책임이 있다. 만약 예수님을 믿겠다고 고백한 사람을 교회에 연결시켜 주지 않으면 그 영접한 사람의 신앙은 계속 자랄 수가 없다. 새로 믿은 사람이 교회에 출석을 해야만 그 신앙을 유지할 수 있다.

이와 마찬가지로 파송단체는 선교사 후보생에게 교회와 같다. 동원단체에서 선교 관심자들에게 선교에 헌신하도록 하였다면 파송단체의 회원이 되도록 연결해 주어야 한다. 그래야 그 헌신이 결과를 맺어 선교사로 나가게 된다. 그러나 만약 동원단체에서 선교대회를 통해 많은 사람들을 헌신하게 해 놓고서 파송단체에 연결되도록 하지 않으면 그 선교 후보자는 선교의 비전을 키워나갈 수 없게 된다. 한 선교 헌신자가 선교단체에 소속감을 갖도록 인도하지 않으면 예수 믿고 교회에 나가지 않는 사람과 같게 된다. 동원선교단체는 선교 헌신자들이 파송선교단체회원이 될 때까지 연결해야 할 책임이 있다. 그래서 동원단체는 한 사람의 헌신자가 파송단체의 도움을 입어 선교사로 나갈 수 있는 역할을 해야 한다. 파송단체에 회원이 되게 하는 것이 동원단체의 중요한 역할이다.

그리스도를 영접한 한 사람이 교회에 연결되어 신앙생활을 하다가 교회가 자신에게 맞지 않을 경우에는 다른 교회로 옮길 수도 있다. 이처럼 선교 후보자도 파송단체와 연결이 되면 그 단체에서 선교를 배우고 훈련을 받게 된다. 그러다 혹시 나중에 자신의 은사나 혹은 파송에 있어서 적합하지 않다면 그 후보생은 다른 선교단체로 옮겨도 된다. 이런 이유로 선교사로 헌신하는 순간에 파송단체의 임시회원이 되도록 해 주는 동원단체의 역할이 중요하다.

동원단체에서 선교에 대한 기본을 가르치는 훈련(선교학교: 일주일에 한 번 정도의 선교 강의를 듣는 훈련 코스)을 진행하는 것도 재고해 볼 필요가 있다. 그것은 동원단체에서 기본 선교사훈련을 받은 사람이 파송단체로 연결되는 것이 쉽지 않기 때문이다. 오히려 후보생들에게 선교에 대한 지식만 키워 주고 선교사로 헌신한 것을 계속 발전시키게 하지 못하는 요인이 될 수 있다. 선교훈련은 기초훈련일지라도 파송단체에서 받도록 해야 한다. 동원단체는 선교훈련(혹은 선교학교)을 선교단체가 할 수 있도록 넘겨 줄 필요가 있다. 동원단체와 파송단체는 선교사 후보생을 하나님 나라 관점에서 상담해 주고 인도해 주어야 한다. 자기 단체에서 파송 받을 수 없는 사람이라면 다른 선교단체로 넘겨 줄 수 있는 마인드가 필요하다.

2) 동원 로드맵

한 사람의 선교 헌신자가 있다면 이 헌신자가 선교사가 될 때까지 어떤 준비와 과정이 필요한지에 대한 로드맵을 만들 필요가 있다. 물론 각 파송단체마다 로드맵이 전혀 없는 것은 아니다. 문제는 단체마다 그 로드맵이 다르고 전체적인 로드맵이 아니라 자기 단체 중심으로 되어 있다는 것이다. 그래서 어떤 사람이 봐도 전체 선교를 한눈으로 볼 수 있도록 안내하는 지도가 필요하다.

누구나 도움을 받을 수 있는 선교사가 되는 지도가 나올 수 있도록 하는 것은 선교단체들이 서로 협력할 때 가능하다. 동원단체에서는 파송단체와 협력하여 이런 로드맵을 만들어 후보생들이 적절한 파송단체를 찾아갈 수 있도록 폭넓은 자료를 제공할 필요가 있다. 파송단체들의 각자의 특성과 훈련단체를 소개하는 것뿐만 아니라 후보생들이 은사에 따라 활용할 수 있는 길을 제시할 수 있는 자료가 요청된다. 전체적인 입장에서 처음에는 산을 보여 주고 숲으로 들어가 한 그루 한 그루의 나무들을 볼 수 있도록 하는 로드맵이 필요한 것이다.

선교사가 되는 로드맵을 활용할 수 있도록 도와주는 선교 상담가도 요청된다. 한국선교는 아직도 선교전문상담가가 많지 않은 현실이다. 선교동원단체에서는 파송단체와 연결해서 많은 좋은 선교상담가를 준비할 필요가 있다. 한국교회선교의 미래를 예견할 수 있고, 선교에 대한 경험과 이론을 가진 자로서 통합 능력을 가진 선교상담가를 세우는 것이다. 동원단체든지 파송단체든지 간에 후보생들을 선교사가 되도록 인도하는 좋은 상담가를 확보하는 것이 한국교회 미래 선교의 또 하나의 과제라 할 수 있다. 사회의 어느 기관이나 영역이든지 간에 상담가가 중요한 역할을 한다. 집을 하나 산다고 해도 부동산 중개업을 하는 사람으로부터 상담을 받는다. 주식 투자를 하든지, 대학 입시를 준비하든지 간에 상담은 매우 중요한 역할을 한다. 이처럼 선교에 있어서도 선교상담전문가가 필요하다.

지금까지 선교사 후보생들은 일반적으로 선교사들에게 상담을 받아 선교지와 선교단체를 결정해 왔다. 그러나 현직 선교사에게 상담을 받는 것은 전체의 틀 속에서 폭넓은 도움을 받는데 한계가 있다. 반면에 선교동원가들은 선교 헌신자들에게 정확하게 선교의 길을 폭넓게 보여 줄 수 있는 전문성이 있다. 선교동원가가 전문상담가의 역할을 감당할 때 효과적인 상담을 할 수 있다. 선교동원가들이 대중을 상대로 한 동원도 필요하지만 한 사람에게 선교의 방향을 잘 인도할 수 있는 상담도 해야 한다. 선교상담가라는 영역이 한국선교에 있어서 새로운 영역이지만 자리를 잡을 필요가 있다. 건강하고 균형 잡힌 선교상담가가 많이 있을 때 한국교회선교는 한걸음 더 발전할 수 있을 것이다.

3) 파송과 동원단체 간의 협력

한 사람을 선교사로 만드는 것은 한 개인이 할 수 있는 단순한 일이 아니다. 한 단체가 할 수 있는 일도 아니다. 모든 단체가 협력하여 선교사를 함께 만들어 가야 한다. 선교사를 만드는 것 뿐 아니라 선교동원 전반적인 부분에서 협력하는 것이 필요하다. 그 영역 중의 하나가 선교동원에서 사용하는 선교전략에 대한 것이다. 선교전략은 각 파송단체마다 다르다. 각 파송단체마다 독특한 전략이 있다. 그런데 선교동원의 현실은 각 파송단체들의 전략들을 활용하기보다는 동원가 혹은 몇몇 동원단체들이 주장하는 전략들을 주로 사용한다. 동원가들이 말하는 전략이 한국선교의 전체적인 동향이나 전략이 되어 버린 것이 문제이다. 파송단체에서 가지고 있는 각각의 전략들이 선교동원에 있어서 사용되어져야 한다. 선교동원가들 혹은 동원단체들은 하나의 특정한 전략이 전체인 것인양 사용하지 말고 파송단체들이 가지고 있는 전략들을 활용해야 한다.

동원가는 전략을 만들어 가는 사람들이 아니라 이미 각 파송단체에서 활용되고 있는 다양한 전략들을 소개하는 사람들이다. 그런데 한국선교동원은 동원가들이 선교전략을 만들어 가고 파송단체에서는 그 전략을 사용하고 있다. 동원단체와 파송단체의 협력이 부족한 하나의 예이다. 이제 각 파송단체에서는 사역전략뿐 아니라 동원전략까지도 개발하여 동원가들에게 제공하고 동원가들은 그것을 활용할 때 아름다운 협력이 될 수 있고 한국선교가 발전할 수 있을 것이다.

4) 동원의 목표

동원가들은 자신의 귀중한 인생을 선교동원에 투자하고 있다. 하나님이 주신 사명이기에 그 일을 감당하고 있다. 선교에 참여하는 모든 사람들의 목표는 자신들의 권익을 위해서가 아니다. 참된 목표는 선교전략을 균형 있게 사용하고 전해 주는 것이다. 양질의 선교사를 발굴하는 것도 또 하나의 목표이다. 자질 있는 선교사 하나를 잘 발굴하는 것이 열 사람의 부족한 사람을 발굴하는 것보다 낫다. 하나님 나라의 균형 있는 확장을 위해 하나님께서 주셨던 선교의 목표를 잘 따라가야 할 것이다.

8. 결론

그동안 동원단체는 동원의 효과를 높이기 위해서 특정한 전략을 지나치게 부각시켜온 면이 있다. 하나의 이론이나 전략이 전체인 것처럼 사용하는 것이다. 그러나 이제는 각 사람이 은사에 따라 다양한 전략들을 활용할 수 있도록 폭넓은 전략을 소개해야 한다. 은사나 다양성을 무시한 채 특정한 선교운동으로 전체를 획일화시키는 동원이 아닌 균형잡힌 동원이 요청된다.

제4장

건강한 선교를 위한 엠버 케어(Member Care)

1. 선교 시스템 만들기

한국인은 눈에 보이는 것을 중요시 여기는 경향이 있다. 눈에 보이지 않는 영역은 중요해도 많은 관심을 보이지 않는다. 한국인은 때로 눈에 보이는 것으로 보이지 않는 영역까지 판단하기도 한다. 외형만 잘 되는 것이 보이면 만사가 OK다. 사람을 볼 때에도 외형이 잘 생긴 사람에게 더 많은 관심을 갖는다. 내면과 상관없이 외형이 화려하면 그것으로 만족한다. 이런 한국인의 특성은 선교계에서도 나타난다. 선교지에서도 눈에 보이는 사역의 열매를 중요시 여기는 경향이 있다. 한국교회에서도 몇 명의 선교사가 나갔는가 하는 외형적인 부분에 관심이 많다. 이제 2만 명의 선교사를 파송한 시대가 되었다고 자랑한다. 교단이나 선교단체도 선교사 숫자로 평가받는다. 선교사가 어떤 선교사인가에 대해서는 관심이 부족하다. 어떤 양질의 선교사이며, 어떤 사역을 하는 선교사인가에 대해서는 두 번째다. 지금도 2020년까지 10만 명의 선교사를 보내야 한다고 한다. 그러나 10만 명의 선교사를 보내는 것보다 더 중요한 부분이 있다.

그 중의 하나가 바로 선교사 멤버 케어다. 멤버 케어란 한국말로 선교사를 돌보는 것이다. 선교사를 파송하는 것만큼 선교사를 돌보는 것이 시급한 과제이다. 한국선교는 지금 선교사를 돌보는 멤버 케어 시스템을 구축해야 하는 숙제가 있다. 선교사들이 사역을 잘 할 수 있도록 지원 조직을 구축하는 것이 한국선교가 관심을 가져야 할 가장 중요한 영역이다.

한 기관을 운영하기 위해서는 시스템이 필요하다. 시스템이란 조직이고 관리체계이다. 일을 잘 할 수 있도록 지원하는 조직이다. 예를 들면, 어떤 줄타기 묘기를 하는 사람이 있다면 그 사람이 줄을 잘 타도록 하기 위해서 줄이 끊어지지 않도록 단단히 매 주어야 한다. 줄타기 하는 사람이 떨어졌을 때를 예상하여 그 사람의 생명에 지장이 없도록 그물을 잘 쳐야 한다. 줄타기 묘기를 잘 하고 내려 왔을 때는 쉴 수 있는 시간과 공간을 마련해 주어야 한다. 줄타기만을 잘 할 수 있도록 가족들의 생계도 보장해 주어야 한다. 이것이 바로 시스템을 구축한다는 의미이다.

하나의 예를 더 든다면, 전쟁터에 나간 병사가 전쟁을 잘 할 수 있도록 하기 위해서 시스템이 가동되어야 한다. 전쟁터에 무기도 공급해야 한다. 전쟁터와 참모본부와 커뮤니케이션을 잘 할 수 있는 통신시설이 구축되어야 한다. 식량도 전달되어야 한다. 참모본부에서는 작전도 잘 준비하여야 한다. 국가에서는 전쟁이 끝나면 군인들에게 포상도 해야 하고 가족들의 생계도 도와주어야 한다. 국가 정보원들에게는 생명 수당을 따로 받고 임무 중에 사망하였을 때는 국가가 가족까지 책임지는 시스템이 있다.

선교도 마찬가지다. 한 사람의 선교사를 보내놓고 그 뒤에서, 한국교회와 선교본부에서 준비해야 할 시스템이 있다. 그 지원조직에는 선교사 자녀, 은퇴 후 생활, 안식년, 위기 상황, 보험제도, 영적, 정신적, 신체적인 도움의 영역들이 있다.

그러나 안타깝게도 한국선교에 있어서 멤버 케어 시스템은 부족한 부분이 많이 있다. 선교에 있어서 눈에 보이지 않는 영역, 즉 멤버 케어 시스템은 아직도 초보단계라고 볼 수 있다. 그것은 바로 보이는 사역의 열매나 선교사 숫자에 관심이 많은 한국 사람들의 성향에서 나타난 결과 때문이다. 어떤 사람이 위대한 일을 했을 때 그 사람을 축하해 주기 위해 헹가래를 친다. 잘했다고 칭찬하는 의미로 헹가래를 치는데 그 사람을 높이 들어 던져 올려놓고 내려올 때는 밑에서 잘 받아야 한다. 만약 위로 던져 놓고 밑에서 안전하게 받지 않으면 그 사람은 크게 다치게 된다.

한국교회의 선교 현실을 이에 비유하면, 선교사를 파송할 때 교회는 선교사를 헹가래친다. 귀한 일에 헌신했다고 칭찬한다. 귀한 일을 감당하도록 격려하는 헹가래를 친다. 선교사를 많이 보내야 한다고 헹가래를 친다. 그러나 선교사가 다시 돌아왔을 때, 혹은 문제가 있을 때 밑에서 받아 주어야 할 사람이 어디론가 사라져 버린다. 밑에서 받아 줄 사람이 없다. 밑에서 받아 줄 사람이 없으니 땅바닥으로 떨어져 다치게 된다. 선교사들은 교회가 파송할 때 높이 들어 올려졌다가 문제가 생겼을 때 누군가 받아 주지 않아 더 큰 아픔을 당하게 된다. 너무 지나친 비유인지 모르지만 현재 한국교회선교는 이런 모습이 곳곳에서 나타난다. 파송만 했지 멤버 케어 시스템을 구축하는 일에는 등한시 했기에 선교사들이 여기 저기에서 떨어져 다치고 있다. 파송해서 사역하는 것에만 후원을 했지 선교사들에게 진정으로 필요한 부분, 즉 보이지 않은 부분에서는 큰 도움을 주지 못했다. 그래서 선교사들은 불안해하고 있다.

한국교회선교가 전부 그런 것은 아니지만 멤버 케어 시스템을 볼 때는 아직도 걸음마 단계라는 생각을 지울 수 없다. 몇 만 명 파송하는 것보다 더 중요한 것은 이미 파송한 선교사들을 위해 해야 하는 멤버 케어에 있다. 눈에 보이는 외형적인 사역에 집중하는 것은 근시안적인 것이고 눈에 보이지 않지만 멤버 케어에 집중하는 것은 한국교회선교를 건강하게 발전적으로 키워나가는 미래지향적인 것이다. 한국교회가 지금 멤버 케어에 치중하지 않으면 몸 덩치만 크고 속은 병들어 힘이 없는 사람처럼 되는 것이다. 건강한 선교를 위해 멤버 케어에 집중할 수 있는 한국교회의 선교 패러다임이 필요하다.

2. MK(선교사 자녀) 케어

한국교회선교는 처음부터 MK(Missionary Kids)에 대한 관심이 부족했던 것이 사실이다. MK 교육은 선교사 자신들이 알아서 해야 하는 영역이었다. 아직도 선교사 자녀를 위한 교육비를 따로 제공하는 파송교회는 소수이다. 대부분의 한국교회는 교회를 담임하는 목사님들을 위해서 자녀교육비를 따로 지출한다. 그러나 선교사는 후원금을 쪼개어 자녀교육비에 충당해 왔다. 아니면 한국에 있는 가족, 친척들을 의지해 왔다. 자녀교육비로 고민해 보지 않은 선교사는 거의 없을 것이다. 선교사들은 등록금 때만 되면 마음을 졸인다. 지금도 많은 선교사들이 교육비에 대해서 고민하고 있다. 선교사가 자녀교육비 때문에 고민하게 되면 사역에도 지장이 있고 자녀교육에도 좋은 영향을 끼치지 못한다. 그러기에 이왕 선교비로 선교사가 자녀교육을 해야 한다면 그 부분을 파송교회가 따로 감당해 주면 좋을 것이다. 그렇게 되면 선교사들은 자녀교육 때문에 고민하는 대신에 사역에 더 집중할 수 있을 것이다.

한편으로 파송교회나 성도들 입장에서는 선교사 자녀들이 영어로 교육을 받고 외국으로 대학진학을 하는 부분에 대해서는 좋지 않은 시선으로 바라보기도 한다. 이런 시선 때문에 부모 선교사의 입장에서는 몇 배의 부담을 가지고 있다. 선교사들은 열악한 곳에서 사역을 하면서 자녀가 혹시나 받아야 할 교육을 제대로 받지 못하지는 않을까, 자녀교육에 대해서 파송교회는 어떻게 이해해 줄까, 다가오는 학비를 어떻게 감당해야 할까 하는 많은 부담을 가지고 살아간다.

이런 총체적인 MK 문제를 해결하기 위해 몇몇 선교단체에서는 MK를 위한 부서를 따로 만들어 연구하기도 하고, MK 사역에 대한 홍보를 하기도 한다. MK 멤버 케어를 실시하기도 한다. 어떤 단체는 MK 대학 등록금을 선교단체에서 직접 모금하기도 한다. MK들을 위한 교사 선교사를 발굴하고 교육하는 단체도 있다. 많은 기독교 교사들이 MK들의 학업을 돕고 있다. 이들은 선교사가 한국에 안식년으로 왔을 때나 혹은 직접 선교지에 가서 미진한 부분을 가르치기도 한다. 현재 MK에 대한 멤버 케어가 발전되어 가고 있기는 하지만 더 많은 영역에서 발전되어야 하는 시점에 와 있다.

1) MK 케어의 중요성

MK는 한국교회와 세계선교에 있어서 아주 중요한 자원이다. MK는 영어와 현지어를 하고 다양한 교육을 받았으므로 앞으로 많은 영역에서 쓰임을 받을 수 있는 귀중한 자원들이다. MK의 중요성에 대해 어떤 이는 "선교사들이 MK 하나만이라도 잘 양육하면 그보다 더 효과적인 선교는 없다."라는 말을 하였다. 그만큼 MK는 앞으로 하나님 나라를 위해 쓰임 받을 수 있는 자원이다. 그러나 자원은 그냥 만들어지는 것이 아니다. 잘 도와주어야 중요한 자원이 된다.

선교지에 교회를 하나 세우는 것도 하나의 사역이지만 MK를 지원하는 일도 또 하나의 선교사역이다. MK는 단순히 영어를 잘하는 선택받은 사람으로 시기의 대상이 아니라 하나님 나라를 위해 쓰임 받을 수 있는 중요한 자원이라는 인식이 필요하다. 이런 인식이 있다면 그들에 대한 지원은 자연히 이루어질 수 있다. 10년을 내다보면서는 부모 선교사를 지원하고 20-50년을 내다보면서는 MK를 지원해야 한다는 의식이 필요하다. 이미 준비된 자원을 활용하는 것은 선교사를 지원하는 것이고 숨겨진 자원을 캐내어 준비시키는 것은 MK를 지원하는 것이다. 더 큰 비전과 효과를 생각한다면 씨 뿌리는 의미가 될 수 있는 MK를 위한 지원은 지혜로운 사역이 될 것이다. 단순한 선교사 자녀로만 생각할 것이 아니라 하나님 나라를 위해 하나님께서 준비시키는 자원들이라는 생각으로, 하나님 나라를 위한 사람을 키우는 차원에서 MK를 지원해야 할 것이다.

2) MK 지원의 영역과 MK 사역

현재 MK 사역을 위한 영역은 참으로 다양하다. 지금은 이전보다 대학생 MK와 대학을 졸업한 MK가 많아졌다. 그들 중 어떤 이는 선교사로 헌신하여 선교사로 나가고 있다. 선교사로 나가지는 않지만 어디서든지 선교적인 마인드로 살아가는 이들도 있다. 반대로 선교사 자녀들이 잘 되어 좋은 방향으로 나가기도 하지만 그 중에는 대학생이 되어 사회에 나오면서 어려움에 직면해 있는 자녀들도 있다. 한국으로 다시 돌아왔지만 한국 학교와 문화에 익숙지 않아 적응을 하기 어려운 경우도 있다.

이전에는 MK들에 대한 사역이 초중고등학교 교육에 집중되었지만 이제는 성인이 되어 한국으로 돌아오는 MK들에 대해서도 관심 가져야 할 때다. 성인 MK들은 이전까지는 선교지라는 타국에서 살았지만 그래도 부모 밑에서 보호를 받았다. 그러나 이제는 스스로 또 다른 문화권인 한국으로 돌아와 새로운 생활에 적응해야 하는 상황에 직면해 있다. 이처럼 MK 사역 분야는 이전보다 훨씬 다양해졌고 더 많은 관심과 도움이 필요한 영역이 되었다. 초중고등학교 MK교육에만 관심을 가지면 된다고 생각했던 시대는 지났다. 시간이 지날수록 더 많은 영역에서 더 체계적인 도움과 지도가 필요하게 되었다. 이 모든 것을 어우를 수 있는 대책과 시스템이 절실히 요구된다.

① MK 단체의 지원과 활성화

무엇보다도 MK를 위한 선교단체가 더욱더 전문화되어야 하고 세분화될 필요가 있다. 그러기 위해서는 MK를 위한 단체에서 사역 하는 사역자가 많이 필요하다. MK 단체들이 제 역할을 할 수 있도록 한국교회는 더 많은 지원을 해야 한다. 재정지원이 없이는 단체가 활성화 될 수 없기 때문이다. 재정지원과 더불어 MK를 위해 일하는 사역자들을 위한 지원도 필요하다.

MK 단체에서는 사역을 위한 전문성을 길러야 한다. 다양한 영역에서의 사역을 넓히는 것이다. 이전에는 단순히 MK에 대한 홍보 차원에서 사역을 하였다면 이제는 MK 케어에 대한 구체적인 내용들이 나와야 한다. 그 내용들은 더욱 더 실제적인 것이 되어야 한다. 실제적인 것이 되기 위해서는 연구가 필요하다. 연구자료가 나와야 하고 그 연구자료들이 실제 MK 사역에 활용될 수 있는 것이어야 한다. MK 케어에 대한 사례들을 모으고 그것을 종합적으로 연구하여 MK들이 도움을 받도록 기반을 마련해야 한다. 그것을 위해 전체적인 MK를 위한 길잡이(Road Map)를 만드는 것이 필요하다. MK에게 어떤 문제가 발생할 경우에 어디에서 어떤 도움을 받을 수 있는지에 대한 자료를 MK 단체는 준비해야 하는 것이다.

MK에 대한 사역은 한 두 선교단체로는 부족하다. 각자 다른 영역에서 전문성을 키워 서로 협력할 필요가 있다. 예를 들면, MK교육을 위한 교재를 만드는 단체다. 이런 단체는 그리스도인 교육가들로 구성되어 선교지에서 부모 선교사들이 쉽게 사용할 수 있는 교재를 만드는 것이다. 또 다른 예로는 MK들만을 위한 상담소를 마련하는 것이다. 이런 상담소들은 MK들이 한국에 돌아와 적응을 잘 할 수 있도록 인도하는 역할을 해 줄 수 있다. 아울러 MK들만의 네트워크를 활성화하는 것도 필요하다. 그 네트워크를 위해 사역하는 사람들이 나와야 하고 한국교회가 그들을 위해 지원해야 하는 것이다.

② MK 교사 선교사 동원과 훈련

많은 선교지에 MK를 위한 학교들이 있다. 주로 서구(미국) 선교단체들이 중심이 되어 설립한 학교들이다. 지금까지 한국선교사 자녀들이 이런 학교에서 많은 혜택을 받아 왔다. 그런데 이런 선교사 자녀학교들의 형편이 점점 더 어려워지고 있다. 그것은 서구선교사들이 감소하면서 선교사 자녀들의 수와 그들을 위한 교사 선교사가 줄어들고 있기 때문이다. 이런 학교의 빈자리를 한국 MK들이 채우고 있다. 한국 MK들이 전체 학생수의 50% 이상을 차지하는 학교들이 세계 곳곳에 있다. 아직까지 MK 학교들이 교사들을 확보할 수 있었지만 갈수록 교사가 줄어들고 있다. 서구선교사들의 숫자가 줄어들면서 이들 학교의 재정도 어려워지고 있다. 한국 MK들은 이런 학교들로 인해서 지금까지 많은 도움과 혜택을 받아 왔지만 이제는 그냥 앉아서 혜택을 누릴 수만은 없는 상황에 직면해 있다. 세계 곳곳에서 문을 닫고 있는 MK 학교들이 늘어가고 있기 때문이다. 이런 학교들은 재정과 교사 부족이 원인이 되어 문을 닫고 있다. 이런 학교에 남아 있는 것은 한국 MK들이다. 이제 한국교회가 MK를 위한 교사 선교사를 파송하고 MK 학교를 유지해야 할 책임이 있다.

안타깝게도 아직까지는 한국 교사 선교사들이 MK 학교에서 사역하기에는 한계가 있다. 그것은 바로 영어 때문이다. 영어의 한계를 극복할 수 있는 사람들은 영어권에 거주하는 한인 1.5세 혹은 2세인데, 이들이 선교사로 헌신하는 숫자는 극소수이다. 한국에서 사는 한국인 MK 교사 선교사를 구하는 것은 현실적으로는 어렵다. 현재 한국인 MK 교사 선교사는 한국어를 가르치거나 한국인을 위한 코디네이터 역할을 할 뿐이다. 그래서 앞으로의 대안은 성인 MK들이다. 교육을 전공한 MK들이 교사 선교사가 되는 것이 대안 중의 하나이다. 이를 위해서 한국교회가 적극적으로 MK 교사 선교사나 MK 학교에 대한 지원을 아끼지 말아야 한다. 그러기 위해서 먼저 한국교회가 MK 학교에 대한 의식이 달라져야 한다. 적극적인 관심과 지원만이 이 문제를 해결할 수 있다.

MK를 위한 선교단체는 MK 교사 선교사를 발굴하는데 더욱 더 적극적인 동원을 할 필요가 있다. 그들을 위한 전문 교사 훈련도 마련되어져야 할 분야이다.

③ MK를 위한 직접적인 지원

MK를 위한 직접적인 지원으로는 재정적인 부분이다. 선교사들을 위한 의료보험이나 퇴직보험들에 대한 지원과 정책들은 선교단체들마다 조금씩 자리를 잡아가고 있다. 다만 아직도 MK들을 위한 교육비에 대해서는 선교사 각자가 알아서 해야 할 영역이다. 선교지에서 뿐 아니라 한국 대학에 진학했을 때 소요되는 많은 학비에 대해서도 선교사들은 걱정을 하고 있다. 이런 문제 해결을 위해 한국교회가 적극적으로 나서지 않으면 안 된다. MK 전문선교단체에서도 이 부분에 대해서 한국교회의 동참을 호소해야 한다. MK 전문선교단체에서는 파송단체와 협력하여 선교사들의 자녀교육비에 대한 시스템을 마련해야 할 것이다.

④ 청년 MK 지원

청년 MK들은 하나님 나라를 위해 일할 수 있는 직접적인 자원들이다. 이들을 잘 활용한다면 생각보다 훨씬 더 많은 선교사역의 효과를 기대할 수 있다. 이제는 MK들이 일할 차례이다. 현실적으로 MK라는 자원은 있는데 이들이 어느 방향으로 어떻게 선교사역에 동참해야 하는지에 대한 안내가 부족하다. 그래서 먼저 청년 MK들에 대한 관심부터 갖는 일을 시작해야 한다. 그들이 일할 수 있도록 그 일에 정착할 때까지 인도해 주어야 한다. 보통 부모들은 자녀를 교육시켜 놓고 그들이 직장을 잡고 결혼을 하고 사회에 자리를 잡을 때까지는 도와준다. 마찬가지로 전체 MK들의 부모는 한국교회이다. 이들이 사회생활을 할 때까지 한국교회가 책임을 지고 도와주어야 한다. 청년 MK에 들에 대한 관심! 이제는 이것이 절실히 요청되는 시대이다.

청년 MK를 지원하고자 할 때 우선 대상은 MK 출신으로서 MK를 위해 일하는 사역자들이다. MK는 누구보다도 MK가 잘 안다. 그들은 MK

의 장점도 알고 아픔도 안다. MK들의 필요를 알고 그들이 가지는 정체감의 혼돈을 이해할 수 있다. MK들의 과거 뿐 아니라 미래의 길도 예견할 수 있다. MK들의 미래는 그들 자신들의 문제이기에 스스로 고민하며 개발해 나갈 수 있다. MK 출신 사역자들이 MK를 위한 구체적인 사역을 할 수 있도록 도와주어야 한다.

⑤ 선교부의 MK 부서 활성화

파송단체의 MK 부서가 더욱더 활성화 되어야 한다. 지금까지는 MK에 대한 전문성이 없는 간사들이 MK들을 행정적으로 지원하는 수준이었다. 그러나 이제는 MK 전문가가 각 파송단체에서 일하면서 MK에 관련된 사역들을 감당해야 한다. 각자 다른 MK의 특성과 상황을 고려하여 MK들을 바로 지도할 수 있는 능력이 있는 사람이 필요하다. MK에 대한 문제가 있을 때 상담할 수 있는 전문성을 가진 사람이 요청된다. 뿐만 아니라 MK에 대해 마음으로 이해할 수 있고 사랑하는 마음을 가진 사람이 이 사역을 감당해야 한다. 현실적으로 파송단체는 MK 사역 분야의 간사를 전문인으로 채우기 어려운 점이 많이 있다. 그럼에도 불구하고 선교단체의 미래가 MK에 달렸다는 심정으로 전문인을 세워 파송단체에 소속된 MK들을 위한 사역을 감당해야 한다.

⑥ MK 부모교육

MK 사역에서 가장 중요한 영역이 부모 선교사 교육이다. MK 양육의 일차적이고 가장 영향력을 발휘할 수 있는 사람이 바로 부모 선교사다. MK 전문 사역자들과 MK에 대한 시스템은 MK를 도울 수 있는 보조 역할만을 할 수 있을 뿐이다. 결국 열쇠는 부모 선교사에게 달려 있다. 부모 선교사들의 교육 철학과 교육 방법이 MK들의 미래를 만드는 결정체이다. 아무리 MK시스템이 잘 갖추어져도 부모가 그것을 잘 활용하지 못하고 이해하지 못할 때 그것은 무용지물이 된다. MK들은 부모들만큼, 부모의 영향력만큼만 보고 배우고 자란다.

어떤 면에서 MK들의 문제는 MK 부모들의 문제다. 그래서 MK 부모 교육을 하는 시스템이 갖추어져야 한다. 부모들이 가정에 대한 중요성과 자녀교육에 대한 기본을 배우고 선교지에 갈 수 있도록 해야 한다. 선교 훈련에서 가정과 자녀교육에 대한 부모교육이 다루어져야 한다. 그렇지 못하면 부모들은 자녀들인 MK들을 제대로 양육하기 어렵다. 부모교육 은 선교훈련 때 뿐만 아니라 계속해서 진행되어져야 할 분야이다. 수시로 바뀌는 한국의 상황에 대해서도 업그레이드를 해야 한다. 부부생활에 대해서도 더 발전되도록 부부생활 세미나를 개최하여 도움을 줄 수 있어야 한다. 부부관계가 자녀교육에 미치는 영향이 그 어떤 것보다 크기 때문이다.

선교사들이 안식년에 한국에 돌아가지 않으려는 것은 자녀들을 위해서라고 말한다. 자녀들이 한국에 들어가면 적응하기 힘들다는 것이다. 그러나 이런 MK들이 한국대학에 진학하는 경우에 적응을 하기 어려워한다는 것을 알아야 한다. 방학 때 한국을 잠깐 다녀오는 것으로 안식년을 보내게 되면 자녀들은 한국에 대해서 배우지 못하게 된다. 선교사들이 진정으로 자녀들의 미래를 걱정한다면 안식년 때마다 자녀들을 한국으로 데리고 들어가서 한국을 경험하게 해야 한다.

MK들은 원한다면 한국대학에 진학할 수 있는 많은 장점을 가졌으며 우수한 자질을 갖추었다. 아울러 지식적인 것보다 더 중요한 것은 인성과 영적인 부분이다. 건강한 인성을 형성하기 위해서는 좋은 감정과 새로운 환경에 대한 적응 경험이 필요하다. MK들이 한국인으로서 정체감을 가지고 살도록 하기 위해서 한국을 자주 방문하여 경험하도록 하는 것이 도움이 된다. MK들이 어렸을 때 한국에 적응하는 것을 힘들어 한다면 성인이 되어서는 더 힘들어진다. 부모들인 선교사들이 MK들을 정말 염려한다면 안식년마다 한국으로 돌아가서 모국을 경험하게 해야 한다. 부모교육이 절실히 요청되는데, 이 부분은 MK 전문선교단체나 파송단체에서 전체적인 그림을 그리면서 준비하고 실행해야 할 영역이다.

3) MK 케어 및 사역

MK를 위해 헌신하는 사역들이 더 많아져야 하는 것은 의심의 여지가 없다. 앞에서도 언급했지만 MK 교사 선교사, MK 동원 선교사, MK 상담가, MK 전문 사역자, MK 호스텔 관리자, MK를 위한 재정 후원자 등 많은 관심과 사역이 요청된다. 무엇보다도 MK를 이해하고 사랑으로 품을 수 있는 목회자들이 필요하다. MK들이 청년이 되어 한국에 돌아왔을 때 이들의 아픔과 고통을 받아 줄 수 있는 목회자가 많아져야 하고 그들을 포용하는 교회도 있어야 한다. MK들에게 정체감을 심어 주고 한국에 잘 정착할 수 있도록 다방면에서 도움을 주어야 할 책임이 한국교회에 있다. 아울러 MK만을 위한 전문기관들이 더 많아져야 한다. MK를 위한 선교사를 파송할 수 있는 더 많은 선교단체도 요청된다. MK 선교사 대회도 개최되어져야 하고 MK를 위한 선교전략세미나도 개최되어져야 한다. MK들이 중고등학교 때 한국에 돌아왔을 때 이들이 교육을 받을 수 있는 MK 학교들도 더 많이 필요하다. 이 모든 영역들과 사람들이 서로 협력하여 한국선교의 미래인 MK들을 잘 인도할 수 있기를 기대해 본다.

3. 은퇴 선교사 케어

한국교회의 선교가 본격적으로 시작한 시점을 1988년으로 생각할 때 한국선교 역사는 이제 갓 20년이 넘었다고 볼 수 있다. 그 이전에도 선교사들이 파송되었지만 올림픽을 기점으로 많은 선교사들이 파송되기 시작하였다. 20년 전에 파송 받은 선교사의 나이가 30-40대였다면 앞으로 5-10년 후면 은퇴할 선교사가 본격적으로 많아질 것이다. 그 때가 되면 은퇴 선교사들이 거처할 집과 재정, 그리고 그들이 남은 생애 동안 할 수 있는 사역이 준비되어야 한다. 한국교회는 이에 대한 대책을 어느 정도 세웠는지 심각하게 질문해 보아야 한다.

필자가 처음 시작한 선교지에서 한국으로 돌아가서 달라진 것 중의 하나가 보험제도였다. 1995년에 선교지에 갈 때는 보험제도가 그렇게 보편화 되지 않은 시기였다. 2005년에 한국에 갔을 때 보험에 대한 한국사회의 상황은 완전히 바뀌어 있었다. 불과 10년 사이에 보험제도는 한국사회에 뿌리를 내려 활성화되어 있었다. 대부분의 사람들에게는 보험뿐 아니라 퇴직 후에 필요한 주택을 마련하는 일은 자연스러운 일이었다. 이런 보험에 대한 사회의 변화를 보면서 필자는 한국사회와 선교사간의 많은 차이를 실감할 수 있었다.

많은 선교단체들이 국민연금보험을 들도록 하고 있지만 그것만으로는 퇴직 후의 생활을 보장 받지는 못한다. 대부분의 선교사들은 한국에 소유한 주택이 없다. 은퇴 후에 한국에 돌아가는 것은 힘든 현실이다. 많은 선교사들은 이에 대한 대책도 거의 없다. 퇴직 후에 선교지에 남거나 미국 같은 제 3국에서 여생을 보내겠다고 하는 선교사가 많이 있다. 이는 무엇보다도 주택 문제 때문이다. 다른 이유 때문에 한국에 돌아가지 않는 것은 상관없지만 주택 때문에 선교사역을 마치고 한국으로 돌아갈 수 없다면 이는 슬픈 일이다. 몇몇 교회에서 은퇴 선교사들을 위해 선교관을 준비하고 있기는 하지만 2만 명의 선교사들을 다 수용하기에는 턱없이 부족한 현실이다.

멤버 케어 시스템에서 한국교회가 준비해야 할 아주 중요한 영역이 은퇴한 선교사의 생활이다. 한국교회는 지금부터라도 준비해야 한다. 선교사를 더 많이 보내는 것도 필요하지만 선교사를 보내는 만큼 은퇴 선교사를 위해 준비하는 것도 필요하다. 이를 위해서 더 많은 한국교회의 헌신이 요청된다. 선교사 멤버 케어에 대한 인식 변화도 있어야 한다. 이제부터는 선교사 한 사람 덜 보내고 은퇴 선교사를 위한 대책 마련을 하자고 부르짖는다면 너무 지나친 요구가 될지 모른다. 총체적인 선교란 선교사들이 하는 사역 자체에만 있는 것이 아니라 그 사역을 할 수 있도록 보조해 주는 모든 영역들이 포함되어 있다. 선교사들이 자녀에게 문제가 생긴다면 건강한 사역을 하기 어렵다. 은퇴 후의 생활에 보장이 안 되면 스스로 그것을 준비하느라 변칙적인 선교를 할 수밖에 없다.

10년 이상 선교해 왔던 선교사들이 선교사직을 포기하고 사업을 하는 선교사들이 늘어가고 있다. 이는 단순히 선교사만의 잘못이라기보다는 건강치 못한 한국교회선교 시스템 때문이다. 선교사가 중도에 탈락하는 이유가 바로 선교사 멤버 케어 시스템이 잘못된 것이라면 한국교회선교는 분명 문제가 있다. 선교사를 많이 파송하는데 초점을 맞추는 것은 밑 빠진 독에 물 붓는 격이다. 아무리 선교사를 많이 보내도 멤버 케어 부재로 중간에 탈락한다면 이는 분명히 고쳐나가야 할 부분이다. 선교사가 사역에 전력하지 못하는 원인이 선교 시스템 부족이라면 이 책임은 바로 한국교회에 있다. 선교사에게 영성이나 믿음이 부족하다고 하기 전에 한국교회가 얼마나 건강한 선교 구조를 가지고 있느냐 하는 것을 점검해야 한다.

선교사는 교회에서 단순히 월급 받는 사람이 아니다. 교회의 후원을 받아 개인 일을 하는 사람도 아니다. 선교사는 교회의 일원이고, 교회의 담임 목회자처럼 교회가 모든 문제를 책임지고 도와야 할 존재이다. 선교사는 교회의 대리자다. 교회를 대신해서 교회의 이름으로 사역을 하는 사람이다. 선교사는 교회의 한 지체이다. 선교사가 잘못되는 것은 교회의 아픔이고 교회가 잘못되고 있는 것과 같다.

A선교사가 중형교회를 담임하는 친구 목사를 만났다. 친구 목사는 A선교사에게 자신의 퇴직금에 대해 자랑을 하였다. 이제 담임목회사역을 갓 시작한 교회에서 퇴직금을 책정해 놓았다는 것과 그 금액에 대해 설명을 했다. A선교사는 친구 목사의 매달 적립하는 퇴직금을 자신의 생활비와 비교해 보았다. 오랫동안 선교지에서 사용했던 매달 생활비가 그 친

구 목사의 매달 적립하는 퇴직금보다 더 적은 금액이었다. 선교사는 그 생활비로 사역과 자녀교육비와 선교에 필요한 모든 것을 감당하고 있었다. A선교사는 마음이 무거웠다. 지금까지 선교사로 살아온 인생의 결과가 이것인가 하는 자책감이 들기도 하였다. 선교에의 헌신의 대가로는 너무 가슴 아픈 현실이었다. 그래도 하나님만을 바라보기로 하였다. 하나님의 은혜로 만족한 삶을 살고 있다고 생각하기로 하였다. 그것이 사명이고 그것이 하나님이 주신 분깃이기에 그렇다. 이것은 A선교사의 입장에서 갖는 마음이다.

그러나 한국교회의 입장은 달라야 한다. 교회는 선교사들이 하나님만을 바라보도록 놓아두어서는 안 된다. 하나님은 한국교회를 통해서 선교사들을 돕기 원하신다. 한국교회는 선교사에 대한 책임이 있다. 한국교회는 선교사를 하나님 나라 관점에서 바라보아야 한다. 한국교회는 선교사들의 아픔과 고통과 눈물과 필요에 민감해야 한다. 선교사들의 개인적이고 인간적인 호소에 귀를 기울여야 한다. 만약 선교사가 실패한다면 그 실패가 바로 한국교회의 실패이기 때문이다. 선교사의 영광이 바로 한국교회의 영광이기 때문이다. 선교사가 건강한 모습으로 사역을 잘 감당하는 것은 바로 한국교회가 건강하다는 뜻이다.

선교사 은퇴 후의 생활까지도 준비하는 한국교회가 될 때에 비로소 한국교회는 선교 사명을 잘 감당했다고 할 것이다. 평생 선교사역을 잘 감당한 선교사가 한국교회에서 준비한 모든 시스템으로 남은 인생을 편안히 쉬면서 하나님을 경배하는 것은 정말 아름다운 일이 될 것이다. 하나님은 그런 한국교회와 성도들이 되기를 기대하실 것이다. 하나님이 보시는 관점에서 건강한 선교 시스템을 잘 만들어 하나님이 기뻐하시는 한국교회가 되기를 기대한다.

4. 안식년 선교사 케어

　최근에 안식년을 본국 사역이라 일컫고 있다. 선교사에게 안식년은 쉬는 시간만이 아니라 본국에서 사역하는 시간이기 때문이다. 선교사의 사역은 선교지에서만이 아니라 본국에서도 계속된다. 선교사는 안식년 동안 선교동원, 선교교육, 선교보고, 선교본부사역 등의 사역을 한다. 쉬는 시간만 갖는 것이 아니다. 쉬는 것도 사역을 잘 하기 위한 재충전의 시간으로 일종의 사역으로 보아야 한다. 그런데 안식년에 대한 한국교회의 인식이 아직도 부족한 것이 사실이다. 모 교단 선교부는 안식년을 기존의 4년에서 2년 늘려 6년 사역하고 나서 안식년을 갖도록 하였다. 안식년을 바로 이해하지 못한데서 오는 결과다.

　선교사들이 안식년으로 왔다고 하면 교회가 부담스러워하는 것이 사실이다. 많은 교회들이 안식년 선교사들을 반갑게 맞이해 주지 않는다. 선교사에게 안식년 때는 선교후원금이 줄어든다. 심지어 거처할 숙소가 마땅치 않는 경우도 있다. 반면에 어떤 교회는 선교사가 안식년으로 돌아오게 되면 선교관을 준비해 놓고 성도들이 공항까지 마중을 나오는 경우도 있다. 이런 교회들은 선교사가 불편함이 없도록 선교관의 모든 물건들을 가득 채워 놓는다. 심지어는 한국에서 입을 수 있는 가족들의 옷과 신발을 새로 사 주기도 한다. 선교사가 안식년 기간 중에도 성도들이 돌아가면서 선교관의 음식을 공급한다. 참으로 아름다운 일이다. 이런 좋은 교회들이 많았으면 좋겠지만 소수의 교회에 한정되어 있는 것이 문제다. 대부분의 선교사들은 안식년 동안 한국에 있으면서 여러 번의 이사를 한다. 장기로 투숙할 선교관이 부족하기 때문이다.

　선교사에게 있어서 안식년은 참으로 중요하다. 선교사들이 안식년을 잘 갖지 않으면 정신적으로 육체적으로 쇠진하게 되어 장기적으로 사역하지 못하게 된다. 안식년이 이처럼 중요함에도 불구하고 이런 여러 가지 불편 때문에 선교사들이 안식년을 갖지 않으려고 한다. 이는 선교사 자신과 한국교회의 커다란 손실이다.

한국교회는 안식년 선교사들을 이제 새로운 시각으로 바라보아야 한다. 단지 부담스러운 존재가 아니라 교회에 새로운 영적 힘을 불어 넣어주는 존재로 받아 들여야 한다. 쉬는 것도 사역의 일종으로 보아야 한다. 선교사가 한국에서 안식년으로 있을 때 파송교회에도 많은 유익이 있다. 필자의 경우는 안식년 때마다 파송교회의 부서를 맡아 사역을 하였다. 선교지에 돌아갈 때마다 담임목사님은 못내 아쉬워 하셨다. 교회에 큰 힘이 되었노라고 하시고 감사의 표시를 하셨다. 선교사는 안식년 동안 교회에서 거추장스러운 존재가 아니다. 오히려 교회 목회에 많은 도움을 주는 사람이다. 이제 한국교회는 선교사들이 안식년을 회피하지 않는 환경을 마련해야 한다. 선교사들도 안식년을 갖는 것을 후원교회에 대한 도리라고 생각해야 한다. 그래서 안식년 동안 다른 나라로 가서 공부하는 것을 자제해야 한다. 교회에 후원을 받았으면 당연히 교회에 가서 보고를 하고 성도들과 귀한 교제를 나누어야 한다. 한국교회선교를 일으키는 사람은 선교사다. 안식년 동안 그 사역을 감당해야 할 책임이 선교사에게 있다.

안식년 선교사를 위해 제일 먼저 준비해야 할 것이 바로 선교관이다. 교회 교육관이 필수인 것처럼 교회마다 선교관을 마련하여 안식년에 오는 선교사들을 맞이해야 한다. 현재 한국선교사가 2만 명이 넘었기에 4천 명의 선교사가 한국에 안식년으로 거주하고 있어야 한다. 그런데 안타깝게도 안식년으로 온 선교사는 많지 않다. 소수의 선교사만이 안식년을 갖고 있다. 선교사들이 안식년을 갖지 않는다면 장기적으로 한국선교는 건강할 수 없다는 사실을 알았으면 한다.

5. 위기 상황 케어 시스템

선교사들은 많은 위험에 노출되어 있다. 선교지가 정치적으로 불안하여 선교사에 대한 납치, 추방이 계속된다. 한국인들이 위험지역에서 목숨을 잃는 경우가 늘어가고 있다. 교통사고도 선교지가 한국에서보다 일어날 확률이 더 놓다. 열악한 환경이기에 건강을 유지하는 것이 쉽지 않다. 선교사에게 있어서 이와 같은 여러 가지의 위기 상황이 일어난다. 이런 선교사들을 위해 한국교회는 준비를 해야 한다. 예방을 하는 것이 최상의 방법이고 예방으로 안 되는 것은 신속하게 처리할 수 있도록 해야 한다.

B자매는 2년 단기로 한 선교지에서 사역을 하던 중 교통사고를 당하였다. 다리가 부러지고 움직이지 못할 만큼 심하게 다쳤다. 현지의 의료기술로는 치료하기가 불가능하였다. 소속선교단체에서는 현지 장기선교사로 하여금 바로 한국으로 후송하도록 조치하였다. 직항이 없어서 비행기를 두 번 갈아타야 했다. 결국 하나님의 은혜로 B자매는 한국으로 돌아와 수술을 받고 건강을 회복하였다. 이 소식을 들은 D집사님은 선교부에 이 단기선교사를 위해 모든 비용을 지불하겠다고 하였다. 더 감사한 것은 이 기회를 경험하면서 앞으로 D집사님은 암에 걸리거나 위급한 상황에 있는 선교사를 위해 위기비용을 감당하겠다고 하였다. 이런 부분이 바로 멤버 케어 시스템이다. 이런 부분이 잘 갖추어져 있을 때 선교사들은 안심하고 사역을 잘 감당할 수 있다. 이제는 한국교회선교가 위기관리 시스템이 자리를 잡아야 할 시기이다.

6. 선교사 건강관리

선교사들의 건강관리 시스템은 발전하고 있는 중이라고 볼 수 있다. 한국인들이 건강에 많은 관심이 있어서인지는 모르지만 선교사들의 건강에 대해서도 많은 도움을 주고 있다. 대한민국 의료보험제도가 선교사들에게는 유리한 부분이 많다. 한 선교사가 건강에 문제가 있어서 한국에 돌아올 경우에는 그날로 국민의료보험에 가입이 되어 혜택을 받을 수 있다. 대부분의 선교단체에서는 모든 선교사에게 여행자보험을 들도록 권유하고 있다. 여행자보험은 선교지에서 생긴 모든 건강상의 문제를 한국에 돌아와서도 혜택을 받을 수 있는 보험이다. 많은 기독교병원에서도 선교사에게 치료비의 혜택을 주고 있다. 건강검진도 일반인의 종합검진보다도 삼분의 일 가격으로 받을 수 있도록 하고 있다. 많은 그리스도인 의사들이 선교사들을 위한 혜택의 문을 열어놓고 있다. 아직도 미흡한 부분은 선교사가 암과 같은 고비용 병에 걸렸을 때 대책이 많지 않다는 것이다. 한국에 사는 사람들은 암보험 하나쯤은 가지고 있지만 아직도 많은 선교사들은 암보험에 가입하지 않고 있는 현실이다.

또 하나의 문제점은 의료계에 종사하는 많은 의사나 간호사, 그리고 병원을 운영하는 분들이 선교사에 대해 특별한 배려를 해 주고 있는데 반해 선교단체나 선교사들의 의식은 아직도 초보단계라는 것이다. 선교사나 선교단체는 의료 혜택과 재정 혜택을 동시에 받고 싶어 한다. 그러나 선교사들의 의료 문제는 의료 분야와 재정분야를 분리해서 해결해야 한다. 선교사를 돕는 병원이 무리하게 재정 분야까지 도움을 주다 보면 병원 운영에 차질을 빚게 된다. 최소한 병원이 운영이 되어야 계속해서 선교사에게 혜택을 줄 수 있다. 어느 병원이 선교사들에게 진료를 무료로 해 준다는 소문이 나게 되면 많은 선교사들이 몰려간다. 이럴 경우 첫 몇 명의 선교사들을 도와줄 수는 있을지 몰라도 병원 입장에서는 계속 도움을 주는 것은 한계가 있다. 의료비가 많이 드는 병이 발생했을 때는 더더욱 그렇다. 그래서 병원에서는 선교사들을 위한 전액의 병원비 혜택을 주는 것은 바람직하지 않다고 본다. 그것은 일부 병원에서 선교사들에게 무료로 진료해 주었지만 결국은 무료진료를 포기한 경우가 있기 때문이다. 선한 의도로 시작하였지만 선교사나 선교단체의 무감각한 처신으로 인해 병원이 너무 많은 치료비를 감당하기가 어려워 혜택을 주는 것을 포기하게 된 것이다. 그래서 진료비는 선교사나 단체가 보험제도를 통해서 해결하고 기독교병원은 선교사들의 입장을 고려하여 최고의 의료 서비스를 제공하는 것이 바람직한 방법이라고 할 수 있다.

또 다른 문제는 건강검진이다. 최근에 필자의 주위에서 암으로 인해 사망하는 선교사들이 몇 명 있었다. 안타까운 일이지만 선교사들도 암 같은 병에 예외일 수는 없다. 오히려 선교사들이 이런 병에 걸릴 확률이 높다고 보아야 한다. 그것은 열악한 선교지에서의 생활로 인한 결과이며 무엇보다도 건강검진을 자주 받지 않은 결과이다. 건강검진만이라도 자주 받을 수 있다면 이런 죽음까지 가는 것을 어느 정도는 예방할 수 있다. 한국교회는 선교사들이 건강검진을 자주 받을 수 있도록 한국 방문을 허용해야 한다. 초임 선교사의 경우는 4년을 지내고 안식년 때 검진을 받아도 별 무리가 없다. 물론 초임 선교사라 할지라도 건강에 이상이 있으면 즉각 검진을 받도록 귀국해야 한다. 한국교회는 선교사가 한국에 방문하는 기회가 있을 때마다 건강검진을 받을 수 있도록 배려해야 한다. 선교지에서 10년 이상 사역한 선교사들의 경우에는 의무적으로 매 2년 혹은 1년마다 한 번씩 종합 검진을 받도록 하는 것이다. 예방이 최선이다. 선교사들이 열악한 환경, 즉 건강을 지키기 어려운 곳에서 사역하고 있다는 사실을 한국교회가 고려했으면 한다.

7. 선교사 연장 교육 시스템

선교사 연장 교육이란 선교사들이 계속해서 공부하는 것을 말한다. 계속해서 공부하도록 시스템을 만드는 것이 요청된다. 선교지에서 사역하는 동안은 사역으로 인해 공부를 하기가 어렵다. 그래서 선교사가 안식년이 될 때 공부할 수 있도록 교회가 배려해 주어야 한다. 선교사들이 선교지에서 규칙적으로 자기 발전을 위해서 시간을 사용하도록 배려해 주는 것도 필요하다. 그렇다고 모든 선교사가 계속 공부를 해야 한다는 말은 아니다. 선교사역에 꼭 필요할 경우에만 안식년 때 공부하는 것을 허락하는 것이다. 아울러 선교사가 안식년 때 따로 학위를 위한 공부보다더 중요한 것은 사역을 하는 가운데 자기 발전 차원에서 일 주일에 몇 시간이라도 정기적으로 책을 보고 공부할 수 있도록 선교사 스스로 노력을하는 것이다. 선교사가 공부하는 것을 너무 좋지 않은 시각으로 볼 필요는 없다. 과도한 공부나 누구나가 공부하러 외국으로 가는 것이 문제이지적당한 공부는 꼭 필요하다. 선교사가 사역에만 치우지지 않고 시간을 내어 공부하도록 도와주는 것이 한국선교 발전에 도움이 된다.

8. 선교사의 정신 건강

선교사들의 또 하나의 문제는 정신건강이다. 일반 교인들은 선교사를슈퍼맨처럼 생각하기도 한다. 정신적인 면에서도 건강한 사람들이라고 생각한다. 그러나 한편으로 선교사는 일반인보다 더 연약한 존재이다. 마음도 약하고 정서적으로도 어렵다. 영적으로도 쇠퇴해질 위험 가운데 사는사람들이다. 선교사가 항상 영적으로 충만하고 정서적으로 건강하지는않다. 오히려 일반인보다 더 약할 수 있다. 특별히 정신적인 부분에서 선교사들은 도움을 받아야 하는 경우가 많다. 그것은 선교지에서의 더 많은 스트레스로 인한 것이다. 기도를 적게 했거나 영적으로 부족했기 때문이 아니라 나약한 인간의 자연스러운 결과다.

그래서 선교사가 안식년으로 한국에 돌아 왔을 때 상담을 받는다든지아니면 정서적인 부분에서 검진을 받을 필요가 있다. 특별히 열악한 선교지에서 심한 충격을 받았을 경우에는 의무적으로 전문 상담가로부터 상담을 받도록 권유해야 한다. 한국인 선교사 사이에서 가장 큰 문제가 관계에서 오는 어려움이다. 선교지에서는 서로 상처를 주고받는 경우가 많다. 그래서 선교지에 가기 전에 정신적인 혹은 내면의 상처에 대한 성격

검사나 심리검사도 필요하다. 선교단체마다 이 부분을 더 강화할 필요가 있다. 선교사를 도울 수 있는 정신과 혹은 상담 분야에서 더 많은 그리스도인들이 자원해서 도움을 주었으면 한다.

9. 결론

지금까지 선교사들을 위한 멤버 케어 분야와 그 필요에 대해 살펴보았다. 선교사 멤버 케어는 선교사를 뒤에서 돕는 분야이다. 멤버 케어 사역 분야는 그 사역을 하는 사람의 이름이 드러나지 않는다. 외형적으로 자랑할 것도 없다. 멤버 케어를 통해 선교사를 도왔다고 해서 당장 어떤 선교의 열매가 맺어지는 것도 아니다. 그럼에도 불구하고 멤버 케어는 아주 중요한 부분이다. 이 부분에서 시스템이 준비되어 선교사들을 잘 돕는다면 선교사들은 사역에 전념할 수 있다. 멤버 케어가 잘 되었을 때 선교사는 물론 한국교회선교는 건강한 선교를 할 수 있게 된다. 무분별한 선교사역에의 지원보다는 정말 선교사들에게 필요로 하는 곳에 지원하는 지혜가 필요하다. 숨은 곳에서 그러나 중요한 곳에서 이름도 없이 선교사를 섬기는 일이 더 많이 일어날 수 있기를 기대한다. 그것이 하나님께서 우리 한국교회에 주신 사명이라고 믿는다.

제5장
선교사와 함께 하는 세 종류의 사람들

선교는 선교사만으로 이루어지는 것이 아니다. 선교사가 선교에 있어서 핵심이지만 선교사가 선교사 되게 하는 여러 기관들과 사람들이 있다. 해외선교에 큰 영향을 미치는 사람들은 선교학자들, 선교본부사역자들, 그리고 파송교회 목사들이다. 이런 여러 사람들이 함께 협력하면서 선교는 아름다운 결실을 맺어간다. 선교사 이외에 중요한 역할을 하는 사람들을 잘 아는 것이 선교를 이해하는데 도움이 된다.

1. 선교학자들

선교학자들은 선교의 경험들과 케이스를 가지고 학문적으로 연구하여 이론과 전략을 만드는 사람들이다. 그들은 선교의 기초를 다지고 선교 방향과 흐름을 인도한다. 무엇보다도 그들은 미래 교회 지도자들인 신학생들과 미래 선교사들에게 선교학을 가르치는 일을 하고 있다. 신학교에서의 선교학자들의 가르침이 미래 한국선교의 방향을 제시하는데 있어서 결정적인 역할을 하는 것은 의심의 여지가 없다. 현재 한국 신학교의 상황을 보았을 때 선교학과나 선교학에 대한 과목이 이전보다는 다양해졌음을 알 수 있다. 선교학이 차지하는 비중이 많이 커졌고 선교학 교수들도 늘어나고 있다. 이런 현상들은 한국교회가 선교에 얼마나 깊이 참여하고 있는지를 알려 주는 척도가 되기도 한다. 그럼에도 불구하고 한국 신학교의 선교학에 몇 가지 보완할 점들이 있다. 필자가 개인적으로 신학교에서 가르치지 않기에 신학교의 선교학에 대해서 평가할 자격은 없지만 신학교 외부에서 보는 객관적인 눈으로 몇 가지를 언급하고자 한다.

1) 신학자와 선교 경험

신학교에 선교 경험이 있는 선교학자들이 더 많아지는 것이다. 선교학을 가르치는 사람들이 반드시 선교 경험을 가진 사람이어야 한다는 공식은 없다. 선교 경험을 했다고 해서 반드시 잘 가르치는 것은 아니다. 그럼에도 불구하고 선교 경험이 있는 선교학자들이 더 많이 요청된다. 선교현장을 모를 때 현장과 전혀 상관없는 이론을 가르칠 위험이 있기 때문이다.

극단적인 예인지는 모르지만 어떤 선교 포럼에서 있었던 일이다. 선교지의 가난한 사람들을 경제적으로 어떻게 도와야 하느냐 하는 토론이 있었다. 한 선교학자는 경제적으로 절대로 도와주어서는 안 된다고 주장하였다. 그 이유는 그것이 바로 이론이기 때문이라고 하였다. 이 선교학자는 선교지 현장에 가 보지 않았으므로 먹을 것이 없어 고통 받는 사람들의 상황을 모르기에 이런 주장을 하는 것이다. 또한 똑같은 이론을 가르치더라도 경험에서 나온 이론은 더욱 더 힘이 있다. 같은 말이라도 경험에서 나온 말은 훨씬 설득력이 있고 균형이 있다. 가난한 사람들을 경제적으로 도와주는 문제에 있어서 선교사로서의 경험 있는 선교학자가 도와주는 것에 대해 부정적인 주장을 한다면 그것을 듣는 사람들은 그것에 대해 쉽게 반박하지 못할 것이다. 그것은 선교지의 경험이 있기 때문이다. 반면에 선교지 경험이 없는 학자의 주장에는 가난한 사람들의 삶을 모르기에 그런 주장을 한다고 비판을 할 것이다.

다른 신학 과목도 마찬가지다. 목회의 경험에서 나온 가르침과 그렇지 않는 학자출신의 가르침은 다르다. 경험이 있는 교수는 현장을 알고 사람들의 마음과 상황을 안다. 그들의 가르침은 같은 내용일지라도 힘이 있고 영향력이 더 크다.

필자가 신학교에 다닐 때 선교에 비전을 가지고 신학교에 들어온 학생들이 전체 학생의 70% 정도를 차지하였다. 그러나 3년 동안 공부한 후에는 대부분 선교에 대한 비전을 잃어버리고 30%만이 선교사가 되겠다고 했던 조사가 있었다. 신학교의 선교에 대한 교육의 문제를 볼 수 있는 조사였다. 물론 이는 선교학을 가르치는 사람들만의 문제가 아니라 신학교 전반적인 문제였다. 신학생들이 나중에 목사가 되기에 신학교에서 선교를 잘 배워야 선교적인 교회를 만들 수 있다. 그런 면에서 신학교 교수들이 선교지에서의 살아 있는 체험을 했을 때 그의 가르침은 사람을 변화시키는 힘 있는 가르침이 될 수 있다.

선교학 과목에서 선교지에 대한 리서치나 선교지 방문 등을 과목의 과정을 다룰 수 있다. 아울러 선교사들을 초청해서 특강형식으로 선교의 경험을 듣게 하기도 한다. 이처럼 신학교에서 선교학을 가르치면서 선교 경험과 함께 가는 것이 필요하다.

2) 선교신학자들과 선교현장

선교신학자들에게 필자는 몇 가지 제안을 하고자 한다. 선교신학자들이 선교강단에서 뿐 아니라 선교현장에서 좀 더 많은 활동을 했으면 한다. 선교학자들이 선교동원이나 선교사들을 케어 하는 일이나 선교단체에 자문을 구하는 일들에 많은 참여가 요청된다.

안타까운 일이지만 한국교회선교환경은 확연히 구분되어 있는 것 같다. 신학자들은 신학자들끼리, 선교단체는 단체끼리, 선교사들은 선교사들끼리 동역하는 분위기다. 그러나 선교는 모두가 서로 문을 열고 함께 이루어가야 할 과업이다. 서로의 부족한 부분을 채워 주고 도와주고 협력해야 할 분야이다. 선교학자들이 선교이론을 가지고 선교현장에 나가서 선교사 재교육을 할 수 있다. 목회자들에게 선교 세미나를 할 수도 있다. 선교대회를 할 때는 감정이나 경험에 치우치지 않도록 이론으로 균형을 잡아 줄 수도 있다. 특별히 선교학자들이 선교동원에 나타나는 선교 이슈에 대해 이론적인 도움을 줄 필요가 있다. 현재 일어나고 있는 다양한 선교전략에 대한 이론적인 조언이 필요하다. 전략은 전략이고 변할 수 있는 것인데, 한국 사람들의 성향상 그 전략이 전부인 것처럼 몰입하는 경향이 있기에 선교학자들이 그런 전략들의 장단점을 잘 분별해 주지 않으면 한국교회선교동향은 비전문가들에 의해서 잘못된 방향으로 흘러갈 가능성이 많다.

한 선교전략이 새로 나왔을 때 선교사나 현장에서 일하는 사람들은 무비판적으로 수용하는 경향이 있다. 그것은 선교사들이 '선교동향'이라는 커다란 힘(?)을 거슬러 갈 수 없기 때문이다. 선교동향은 선교학자들과 선교사들과 행정가들이 함께 만들어 가는 것이다. 그런데 한국교회선교동향 현실은 몇몇 선교동원가 혹은 운동가들에 의해 만들어져 가고 있다. 이런 일에 선교신학자들이 참여해서 균형을 이루는 것이 중요하다. 함께 협력할 때 건강한 한국선교를 만들어갈 수 있다.

3) 선교학 수강 범위

신학교에서 선교학자가 아닌 목회학과나 신학과에서도 좀 더 많은 선교학 과목들이 들어가야 한다. 선교지에 나가서 실제적인 선교활동을 하는 사람은 선교사이지만 그들을 후원하는 사람들은 교회와 목회자들이다. 목회자는 교회에서 많은 영향력을 가진 사람이다. 목회자는 선교사를 도와줄 뿐 아니라 관리감독을 한다. 심지어는 선교전략까지 목회자의 생각에서 나와 선교사들을 관리한다. 목회자들이 선교에 대해 잘 모를 경우에도 선교사들은 어쩔 수 없이 목회자의 의견에 따라 가야 한다. 파송교회와 담임목사가 요구하는 일을 거절할 수 있는 선교사는 많지 않다. 현장 선교사의 입장에서는 분명히 담임목사나 교회의 요구가 잘못 되어 있어도 그것을 그대로 받아들여야 한다. 목회자들의 선교에 대한 지식은 짧은 선교지 여행이나 혹은 신학교에서 배운 선교학이 대부분이다. 그래서 신학교에서 신학생들에게 선교에 대해 바로 가르치는 것이 중요하다. 선교에 있어서 이렇게 많은 역할을 하는 목회자들에게 영향을 미칠 수 있는 사람들은 선교신학자들이다. 그런 면에서 한국선교의 미래는 다름 아닌 선교학자들의 손에 달려 있다고 해도 과언이 아니다.

4) 신학교와 선교훈련

신학교에서 선교훈련의 일부분을 감당하는 것도 필요하다. 신학교에서 전인적인 훈련이 쉽지는 않다. 그러나 부분적인 부문, 즉 선교이론이나 선교전략에 대한 훈련은 가능하다. 선교훈련단체와 서로 연계해서 서로의 영역을 구분하여 훈련을 하는 것도 고려해 볼 만한 사항이다. 선교훈련이 이론적인 부분에만 치우는 것도 바람직하지 않고 인성이나, 영성, 내면적인 부분에만 치우치는 것도 바람직하지 않다. 그렇다고 해서 한꺼번에 모든 전인적인 훈련을 시키는 것은 시간이나 인력 면에서 한계가 있다. 신학교에서 선교훈련단체와 협력해서 이런 문제를 풀어가는 것이 여러 가지 낭비를 줄일 수 있다.

특별히 신학교에서 전문인선교사를 위한 성경연구반의 개설이 요청된다. 전문인선교사가 굳이 목회자가 되지 않아도 성경을 공부해서 선교지에서 성경을 가르칠 수 있도록 도움을 주는 것이다. 전문인선교사들이 성경공부를 할 수 있는 과정이 부족하기에 선교지에서 성경을 가르치는 데 한계를 느낀다.

현재 선교지에서 많은 전문인선교사들이 목회자가 되기 위한 공부를 하려 한다. 이 부분을 해결할 수 있는 근본적인 대책 가운데 하나는 신학교에서 전문인선교사들을 위해 성경을 공부할 수 있는 코스를 만드는 것이다. 굳이 목회자가 되지 않고도 평신도로서 사역을 할 수 있도록 길을 열어 주는 것이다. 평신도 전문인선교사로서의 정체감과 전문성을 가지고 선교할 수 있도록 신학교에서 이 문제를 해결할 수 있다. 이 문제를 해결하지 않으면 전문인선교사들은 계속해서 신학을 공부하려 할 것이고 이것은 인력과 시간을 낭비하는 것이고 전략적이지 못하다. 이 문제는 선교단체에서 풀 수 있는 문제가 아니고 신학교에서 풀 수 있기에 신학교의 적극적인 참여가 요청된다.

2. 교회와 목회자

교회는 선교의 모판이라고 한다. 선교의 자원이 교회에서 나올 뿐 아니라 선교에 있어서 교회가 중심에 서 있기 때문이다. 교회가 없이 선교는 있을 수 없을 뿐 아니라 선교는 교회에서 해야 하는 필수적인 일이다. 선교에 있어서 교회의 역할은 논쟁의 여지가 없을 만큼 중요하다. 한국선교는 한국교회의 모습이요, 결과다.

교회가 선교해야 하는 당위성에 대해서는 이의를 제기하는 사람은 많지 않다. 이제는 교회가 선교를 어떻게 전문적이고 효과적으로 감당해야 하느냐 하는 점을 다룰 때가 되었다. 교회가 선교에 동참할 때 전체 선교에 있어서 어떤 역할을 감당해야 하는가? 교회가 선교에 참여하는 새로운 방법과 과정은 무엇인가? 안타깝게도 일부 교회와 목회자들이 선교에 대한 전체적인 시각이 부족한 상태에서 선교에 참여하면서 몇 가지 부작용이 나타나고 있다. 제일 큰 부작용은 교회가 선교 전체를 주관하려는 점이다. 선교에 대한 교회의 역할이 있는데 그 역할을 넘어서는 것이다. 일부 교회의 경우, 교회가 크기에 교회 스스로, 자체적으로 얼마든지 선교할 수 있다는 생각을 가지고 있다. 그래서 선교단체와의 협력이나 선교단체의 전문성을 인정하지 않으려고 한다. 심지어는 선교사들의 사역을 선교단체나 선교사의 의견에 따르기보다는 교회에서 설정해 놓은 정책에 따라 실행하려고 한다. 교회가 선교단체나 선교사보다 더 전문적이고 우위에 있다고 생각하는 것이다.

교회가 선교정책을 자주 바꾸는 것도 문제이다. 교회가 선교정책이나 방향을 바꿈으로 인해 선교사들은 때로 혼동에 빠지게 된다. 교회가 정책을 자주 바꿈으로 인해 일어나는 부작용의 폐해는 선교사들에게 그대로 전가된다. 어떤 교회는 새로운 교회선교정책에 따라 파송과 후원을 했던 선교사들을 전원 교체하기도 하였다. 그 교회에서 파송 받았던 선교사들은 파송교회가 없어져 철수하거나 다른 파송교회를 찾아야 했다.

큰 교회에서만 이런 현상이 나타나는 것은 아니다. C교회는 이제 자립 단계에 있는 작은 교회다. 비록 교회의 재정과 규모는 작을지라도 열정을 가지고 선교사를 파송하였다. 파송 선교사에게는 교회에서 전적으로 책임을 질 것이니 다른 후원 협력교회도 구하지 못하게 하였다. 그러나 파송한지 두 달 만에 교회는 한 선교사를 파송하여 지원하는 것이 어렵다는 것을 알았다. 재정적으로 감당하는 것이 상당한 무리가 되었기 때문이다. 그래서 선교사에게 일방적으로 파송을 철회한다고 하였다. 교회에서는 그 이유를 선교사의 잘못으로 돌렸지만 사실은 교회의 잘못이 컸다.

많은 교회에서 선교지에 선교 센터를 짓기 위한 계획을 세워놓고 이에 합당한 선교사를 모집한다. 아니면 교회의 선교 방향을 이미 설정을 해 놓고 나서 이에 합당한 선교사를 찾기도 한다. 물론 이전 사역과의 연계성을 갖기 위해 선교사가 필요할 때 찾는 것은 별로 문제가 없지만, 새로운 교회의 선교정책을 세워놓고 선교지에 교회의 의도대로 선교사를 파송하려는 것은 한번쯤 점검해 보아야 할 사항이다. 교회의 선교정책을 선교단체나 현지에 있는 선교사와 협의해서 하는 것이 바람직하며 교회가 단독으로 정책을 세우는 것은 조심해야 할 부분이다. 교회가 어느 정도 범위의 선교전략과 정책을 가지고 해야 하느냐 하는 문제는 쉬운 문제는 아니지만 최소한 전문선교단체나 선교사와의 협의 가운데 이루어져야 하는 것은 분명하다.

파송교회와 선교단체, 그리고 선교사와의 관계를 국가대표 축구팀과 비교해 볼 수 있다. 축구에서 국민들을 교회로, 대표팀 감독과 축구협회를 선교단체로, 선수들을 선교사들로 비유할 수 있다. 국가대표 축구선수들이 경기를 잘 할 수 있도록 국민들은 응원해 주고 지원을 해 준다. 선수들은 감독을 위시한 코치진과 축구협회의 전문적인 도움을 받는다. 축구선수들은 경기장에서 승리를 위해 열심히 뛴다. 이 삼각관계가 잘 이루어졌을 때 그 나라의 축구는 발전하게 된다.

선교도 마찬가지로 후원하는 교회와 선교단체와 선교사가 거룩한 삼각관계를 유지해야 한다. 자신의 영역이 무엇인지를 알고 지원해 주어야 한다. 국민이 축구선수나 감독이 되어 지도하고 주관해서는 안 된다. 국민은 지원해 주고 응원해 주는 역할을 해야 한다. 마찬가지로 선교에 동참하는 교회는 선교사와 선교단체가 잘 할 수 있도록 지원을 해 주어야 한다. 감독과 같은 역할은 선교본부가 하는 것이다. 응원하는 국민이 감독에게 지나친 간섭을 할 때는 감독은 제 역량을 발휘하기 어렵다. 이전에는 국가대표 축구라고 하더라도 선수 중심이었다. 국민도 감독진도 변변치 않았다. 그러나 세월이 흐르면서 전문화되고 있다. 국민과 감독의 역할이 분명하며 선수의 역할도 분명해졌다. 서로의 삼각관계가 잘 이루어져야 축구를 잘하는 것처럼 선교도 교회와 선교단체와 선교사간의 협력이 잘 이루어져야 한다.

이런 이유로 선교단체의 역할이 점점 커지고 있다. 선교단체가 전문화되고 제 역할을 감당할 때 한국교회선교는 더 발전될 수 있을 것이다. 선교단체가 전문화되지 못하고 교회가 선교의 주도권을 가지고 선교단체나 선교사를 조절하려 한다면 한국선교는 후진성을 면하지 못할 것이다. 각 조직마다 자신의 역할을 알고 제자리를 지키며 서로 협력할 때 선교는 계속 발전할 수 있을 것이다. 교회가 선교의 건강성과 발전성을 가로막지 않는 풍토가 되어야 한다. 교회가 크다고 해서 선교단체를 설립해서 선교하려는 것은 이치에 맞지 않는다. 교회가 재정적인 권한이 있다고 해서 선교사나 선교단체를 조정하려 해서는 안 된다. 오직 하나님이 주신 위치에서 자신의 역할을 잘 감당해야 한다.

3. 선교단체와 본부사역자

선교단체에는 파송단체와 훈련단체, 동원단체와 지원단체 등이 있다. 선교단체는 각자의 특성에 따라 전문성을 가지고 사역을 하고 있다. 축구감독진에 대한 이야기를 하였던 것처럼 선교가 발전할수록 선교단체의 전문성은 더욱 중요시되어진다. 이제는 축구감독에 따라 팀의 실력과 수준이 차이가 나는 것처럼 선교단체에 따라 선교의 수준이 정해진다. 선교단체를 보면 선교사의 수준을 알 수 있고 한국교회선교를 평가할 수 있다. 한국선교가 어디까지 왔는가를 보려면 교회가 선교에 얼마나 동참하느냐 하는 것도 필요하지만 어떤 선교단체인가를 평가해야 한다. 한국선교에 있어서 축구선수 같은 선교사들은 기본적으로 선교사로서 자질과 수준을 가지고 있다고 볼 수 있다. 기본적인 실력이 있는 선수인 선교사들이 선교를 잘할 수 있게 만드는 것이 바로 선교단체이다. 그런 면에서 선교단체의 수준은 한국교회선교의 수준이라 할 수 있다.

1) 선교단체의 전문성

선교단체는 선교라는 분명한 목적을 가지고 시작되었다. 그래서 선교단체는 선교에 있어서 전문성을 가지고 있다. 문제는 한국교회가 선교단체의 전문성을 인정하는데 있어서 인색하다는 점이다. 이는 교회도 선교단체 이상으로 선교를 독립적으로 잘 할 수 있다는 생각이 자리하고 있기 때문은 아닐까? 그 이면에는 선교는 아무나 할 수 있고 열정과 비전과 헌신만 있으면 된다는 생각이 자리하고 있기 때문은 아닐까? 선교는 전문 분야이기에 전문적인 사람들이 해야 하는 일이다.

선교의 전문성을 논하기 위해서 현재 선교단체가 하고 있는 일들을 찾아보는 것이 필요할 것 같다.

① 선교단체는 선교단체를 운영하기 위한 매뉴얼이 있다.

그 매뉴얼은 선교단체의 역사에 따라 두꺼운 책 몇 권의 분량을 가지고 있는 단체도 있고, 단순한 기본 정관과 원칙, 철학들만을 가진 단체도 있다. 그 매뉴얼 안에는 선교사역에 필요한 모든 것이 담겨져 있다. 선교전략과 방향, 재정 정책과 멤버 케어, 선교훈련에 대한 다양한 내용이 들어 있다. 선교단체의 매뉴얼을 본다면 선교단체만의 전문성이 어느 정도인지를 알 수 있을 것이다.

② 선교사 허입에 필요한 모든 과정을 가지고 있다.

선교단체는 선교사를 허입하기 전에 후보자들을 동원하는 일을 한다. 동원하기 위해 교회나 선교대회에 방문하여 홍보한다. 동원된 후보생들을 위해 기초선교학교를 운영한다. 그 이후에 선교사를 허입하기 위한 선교훈련을 마련해 놓고 있다. 심리검사나 가족건강검진 등 다양한 검사를 요구한다. 교회와 후원자들의 다양한 추천과 제반서류를 요구한다. 몇 번에 걸친 면담을 통과해야 허입될 수 있도록 하고 있다. 선교사 허입 후에는 회원 선교사로서 가져야 할 기본 오리엔테이션을 한다. 허입된 선교사가 선교지를 결정할 때는 파송교회와 현지 선교사와의 관계, 안전과 전략적인 문제, 은사적인 면을 고려하여 결정한다. 한 선교사가 파송 된 후에는 행정적인 관리와 사역 전반을 돕고 멤버 케어를 담당한다.

③ 선교단체는 전문 부서 중심으로 업무를 분담한다.

각 단체는 필요한 부서가 있고 부서별로 전문적이며, 독립적인 일을 하고 있다. 선교단체마다 재정부가 있으며, 재정부에는 전문재정담당자가 일을 한다. 보통 일반인이나 교회가 해외로 송금하는 것은 은행의 복잡한 절차 때문에 쉽지 않다. 선교단체에서는 한두 시간 안에 몇 백 명의 선교사에게 보내는 송금을 사무실에 앉아서 다 진행한다. 재정부에서 송금에 관련된 일을 하기에 달러 가격도 최상의 조건 속에서 매매한다. 기도편지를 보낼 때도 기도편지만 전문적으로 편집하고 보내는 팀이 있다. 선교지에 위기상황이 생겼을 때는 선교단체에서 정해 놓은 규약에 따라 그동안의 노하우를 가지고 즉각적으로 대처한다. 선교사가 안식년으로 한국에 왔을 때나 은퇴하는 선교사가 한국에서 할 수 있는 일을 준비한다. 선교사 자녀교육에 대해 구체적으로 연구하고 지원한다. 이런 다양한 일들을 선교단체는 신속하면서도 전문성 있게 담당한다.

④ 선교단체는 다양한 선교자료가 있다.

많은 선교사들의 사례와 연구들을 모아 놓고 선교전략을 연구하고 발전시켜 나간다. 각 나라에 대한 자료나 기도에 필요한 기도 정보를 가지고 있다.

⑤ 선교단체는 다양한 경험을 가진 선교사들이 사역을 한다.

선교사 한 사람 한 사람이 선교 전문가다. 전문가들인 선교사들이 정기적으로 모여 선교정책이나 연구를 위한 모임을 갖는다. 이런 모임들을 통하여 선교는 한걸음씩 발전해 나간다. 이것을 주도하고 주관하는 기관이 바로 선교단체이다.

2) 선교단체의 시스템

선교단체는 전문선교기관이지만 그곳에서 일하는 사람들은 자원해서 일을 한다. 선교단체는 비영리기관이기에 재정적으로 정해진 수입이 없다. 후원자들의 자발적인 기부금에 의해 운영이 된다. 비영리기관인 시민단체들은 정부의 지원을 받아 운영되지만 선교단체는 그런 성격의 기관이 아니다. 선교단체에서 일하는 본부사역자들도 선교를 위해 일하기에 '선교사'라고 칭한다. 이들도 해외에서 사역하는 선교사들처럼 선교후원금으로 생활비를 충당한다. 선교단체에서 행정 업무를 보는 간사들을 위해서는 선교사들의 선교비에서 일정액을 행정비로 떼어 그것으로 기본 생활비를 제공한다.

그런데 한국교회 상황은 한국선교단체 사무실에서 일하는 선교사들에게는 후원하는 것이 약하다. 한국교회선교에서 참으로 중요한 사역을 하는 본부선교사들은 대부분이 생활비가 넉넉지 못하다. 열악한 경제적인 여건 가운데서 사역을 하다 보니 오랫동안 본부 사역을 하기가 쉽지 않다. 그래서 선교단체 본부에서 사역하는 선교사들은 다시 선교지로 나가든지 아니면 선교를 포기하고 다른 일을 하는 경우가 있다. 선교단체에서 사역하는 본부선교사들이 경제적인 어려움으로 인해 이동이 많다. 오랫동안 선교단체에서 일하기에는 경제적인 것뿐 아니라 안정적으로 일할 수 있는 시스템도 부족하다. 그런 결과로 한국선교단체들이 선교 전문성 면에서 발전하기가 더디다. 선교본부 책임자들이 자주 바뀌다 보니 선교정책과 전략이 자주 바뀌게 된다. 아직도 많은 선교단체들은 안정적인 본부사역자 시스템을 갖지 못하고 있다.

한국교회선교가 발전하기 위해서는 선교본부의 좋은 사역자들을 많이 수급해야 한다. 그러기 위해서는 본부사역자들이 일할 수 있는 좋은 환경을 만들어야 한다. 최소한 본부사역자들이 기본 생활비 때문에 사역을 옮기거나 걱정하게 해서는 안 된다. 본부 사역자들이 어려운 환경에서 잠시는 헌신하여 일할 수는 있지만 장기적으로는 어렵다. 이런 요인들이 한국교회선교가 발전하는데 있어서 장애가 되는 것이다.

미국 육군사관학교 졸업생들은 언제든지 실전에 투입하기 위해 훈련받은 사람들이다. 그런데 그들 중에 삼분의 일만이 실전에 투입되고 나머지 3분의 2는 후방에서 지원하는 요원으로 남는다. 그것은 그들이 전투요원으로서 실전 능력이 떨어져서가 아니라 전방요원들만큼 후방지원요원이 중요하기 때문이다. 선교도 마찬가지이다. 선교학자들은 건강한 선교 시스템을 갖기 위해서는 선교지의 선교사 숫자의 20%는 본부에서 사역하는 본부선교사가 되어야 한다고 말한다. 심지어는 랄프 윈터 같은 선교학자는 전체 선교사의 3분의 1이 본부사역자로 일해야 한다고 주장한다. 3분의 1이라면 한국선교사가 2만 명일 때 선교본부에 일하는 선교사가 적어도 5천 명은 되어야 한다는 뜻이다. 지금 한국 본부에서 일하는 선교사가 몇 명이나 되는지 모른다. 분명한 것은 본부선교사의 숫자는 턱없이 부족하다는 것이다. 그래서 한국선교가 발전하기 원한다면 선교본부사역자들이 일할 수 있는 시스템을 마련하는 것이다. 현장 선교사가 중요하다면 선교단체 본부를 더욱 귀하게 생각하여 더 많은 관심을 갖고 지원을 해야 한다.

한 기업이 계속해서 성장하기 위해서는 기업의 수입을 가지고 재생산을 위한 연구에 투자한다. 교육이나 연구 분야에 투자를 많이 하는 기업은 건강하고 미래가 있는 기업이다. 비록 현재는 많은 수익을 남기지 못한다고 하더라도 연구에 투자하는 기업은 안정적으로 발전할 수 있다. 대신에 당장 사업이 잘 된다고 사업을 확장하기만 하고 그것을 연구에 재투자 하지 않는 기업은 부실한 기업이다. 어떤 사람이 주식에 투자하기를 원한다면 회사들의 수입보다는 지출을 보는 것이 지혜로운 것이다. 투자

하려는 회사들의 현재의 인기도나 판매 실적보다는 수익금에 대한 지출, 즉 투자 형태나 투자 액수를 보는 것이다. 연구에 투자하는 기업의 주식을 산다면 손해 보지 않을 것이다. 반대로 현재의 판매 실적만 본다면 그 주식 투자는 도박이나 다름없다. 한국 사람들의 주식 구입이 투자가 아닌 도박이 되어 버린 것은 바로 이런 이유 때문이다. 현재의 실적만 보고 미래를 준비하는 숨겨진 연구 투자 부분을 간과한다면 기업이나 선교 모두가 도박이라고 말할 수 있다.

한국선교가 진정으로 발전되기 원하고 하나님의 나라가 확장되기 원한다면 꼭 필요한 부분에 투자를 해야 한다. 진정으로 하나님이 원하시는 선교를 하기 원한다면 선교단체의 시스템을 구축하는데 후원을 해야 한다. 현장 선교사를 지원하는 것도 필요하지만 선교본부에서 일하는 선교사를 적극적으로 후원하는 것도 필요하다. 현장 선교사를 지원하는 것은 그 열매를 당장 보기 원하는 것이지만 본부선교사를 지원하는 것은 그 열매를 미래에 보기 원하는 것이다. 이제 우리의 관심을 현장 선교사뿐 아니라 본부선교사에게도 돌려야 할 때이다.

필자는 본부사역에 경험이 있지만 현재는 선교지에서 일하는 현장 선교사다. 현장 선교사인 필자는 한국교회가 건강하게 더 발전적이고 미래가 있는 선교를 하기 위해서는 선교단체의 본부 체제가 건강해야 한다고 생각한다. 현재만 보고 당장의 결실만 바라는 급한 한국인은 미래를 보고 투자하는 것을 어려워하는 성격을 가졌다. 참고 기다리기보다는 당장 어떤 일을 성급하게 해내야만 한다. 그런 사람은 모래 위에 집을 짓는 사람과 같다. 반대로 미래를 내다보면서 반석 위에 집을 짓는 사람이 지혜로운 사람이다. 반석 위에 집을 짓는 사람은 자신을 드러내지 않는 사람이다. 반석 위에 집을 짓는 사람은 유행이나 사람의 눈을 의식하지 않는다. 반면에 하나님의 눈을 의식한다. 반석 위에 집을 짓는 사람은 더 많은 고통을 감수한다. 반석 위에 집을 짓는 사람은 당장의 열매를 원하지 않는다. 반석 위에 짓는 사람은 인내를 가진 사람이다. 반석 위에 집을 짓는 사람은 하나님께서 인정하는 사람이다. 반석 위에 집을 짓는 사람은 견고하고 흔들리지 않고 건강하고 안정적이다. 한국교회의 선교가 반석 위에 집을 짓는 사람과 같아져야 한다.

3) 선교단체의 개선점

선교단체의 시스템이 조직되지 않음으로 인해 아직도 많은 부분에서 문제가 드러난다. 그런 문제들이 바로 한국교회선교가 바꾸어야 할 우선적인 일이다. 우선적으로 개선해야 할 부분들은 다음과 같다.

① 한국선교단체들은 정치적인 영향을 많이 받는다.

교단선교부는 교회의 구조인 모댈리티(modality)로 구분되지만 선교단체의 구조인 소댈리티(sodality) 형태를 띠었다고 보아야 한다. 현재 한국선교사들 중에 절반 정도는 교단선교부 선교사다. 대부분의 교단선교부는 교단 정치에 연관되어 있다. 교단에서 완벽하게 독립할 수 없는 구조이다. 그래서 교단선교부의 경우에는 교단의 정치적인 힘이 선교 행정력이나 구조, 전략, 현지 사정, 선교사들의 상황 등에 영향을 주게 된다. 이처럼 교단의 정치적인 영향을 받는다는 것은 선교의 전문성을 키워나가기에 어려운 구조를 갖는다는 뜻이다. 이런 결과로 선교의 전문성이 약화되면 선교는 건강하게 발전하지 못하게 된다. 선교전문기구가 비전문가들에 의해 운영되지 않도록 하기 위해서는 교단과 선교부 간에 역할 분담이 분명해져야 한다. 교단도 자신의 역할만을 감당하고 자신의 영역이 아닌 부분에 대해서는 선교부에 과감히 위임하고 독립하도록 해야 한다. 교단은 실제 선교정책에 관여하기보다는 선교부를 지원하는 차원에서 관리 감독하고 선교부는 선교사역과 정책에 집중하는 것이 좋은 구조이다.

또 다른 형태의 정치적인 영향력은 서구선교단체의 '문화적인 부분'이다. 지부 형식으로 한국에 자리를 잡고 있는 서구선교단체들은 한국선교가 한국문화의 장점을 가지고 발전하는 부분에서 한계를 가지고 있다. 한국의 선교가 발전하기 위해서 서구단체들의 장점과 경험들을 활용하고 받아들여야 하지만 한국의 고유문화에 맞게 적용되어져야 한다. 그래야 한국선교가 한국적인 문화와 색채를 살리면서 건강하게 발전할 수 있다. 이 문제는 서구선교단체들의 한계이면서 숙제이다.

② 한국선교단체들은 아직도 기본적인 부분에서 약하다.

어떤 분야나 단체든지 간에 기본은 그 분야와 단체의 미래를 결정한다. 기본에 충실한 것이 성장할 수 있는 원동력이다. 한국선교단체들은 선교사훈련, 본부행정, 사역전략에 있어서 기본이 약하다고 볼 수 있다. 선교사훈련에서 역점을 두게 되는 것은 선교사의 사역기술보다는 인격과 영성이다. 선교사 선발에서도 기능적이고 능력적인 면보다도 선교사의 내면의 인성이 기본이 되어야 한다. 본부행정에서도 여러 가지 눈에 보이는 것보다는 눈에 보이지는 않지만 처음부터 체계적인 기초를 세우는 것이 필요하다. 바로 장기계획과 연구가 기본이 되어야 한다.

선교훈련에서도 실제 사역을 훈련하는 것도 필요하지만 인격 훈련을 중심으로 훈련이 진행되어져야 한다. 사역에서도 성급하게 일을 시작하기에 앞서서 기초적인 준비작업이 필요하다. 예를 들어 선교사를 파송하고 처음에 언어훈련을 할 수 있게 해야 한다. 서구선교단체에서는 언어훈련을 하되 제 3국에서 영어공부를 하게 하고 선교지에 가서 또 현지어를 배우도록 시간을 준다. 국내선교단체 중에는 영어와 현지어를 할 수 있도록 3-4년을 기다려 주는 단체는 거의 없다. 이처럼 한국선교단체는 기본을 다지는 작업이 필요한데 지금까지 눈에 보이는 결실만을 중요시 여겨왔기에 지금부터라도 기본을 충실히 하도록 전반적인 조정이 필요하다.

③ 한국선교단체들은 역사적인 의식이 부족하다.

선교사나 선교단체의 역사를 기록하고 정리하는 부분이 약하다. 선교단체와 선교사가 사역한 내용을 역사적인 기록으로 남기는 작업을 소홀히 하였다. 지역 연구나 선교전략에 대한 연구 또한 부족한 부분이다. 선교사들이 자신의 사역을 이론화시키는 작업도 부족했다.

Y선교사는 미국에서 선교학으로 유명한 신학교에서 선교학 박사학위 공부를 하였다. 그가 공부를 하게 된 동기는 미국 선교사들을 보고 자극을 받아서이다. Y선교사는 원래 안식년 때 이 학교에서 선교학 석사 공부를 하면서 재충전을 하고자 했다. 학교에 가서 공부를 하면서 많은 미국 선교사들이 이 학교에서 박사 코스를 공부하고 있는 것을 알게 되었다. 박사학위 논문 내용들은 선교지에서 사역했던 것들이었는데 미국 선교사 자신들의 사역이 아니라 한국선교사들의 사역을 기초로 논문을 작성하는 것을 알게 되었다. 선교지에서 Y선교사가 느낀 것은 미국 선교사들의 사역은 미미한 것 같았고 한국선교사들은 사역들을 잘하고 있던 것이었다. 그런데 박사학위에는 한국선교사들은 많지 않고 미국 선교사들이 한국선교사들의 사역들을 보고서 그것을 보고 더 깊이 연구하여 논문을 쓰고 있었다. 한국선교사들이 사역을 훌륭하게 잘하지만 그것을 정리하고 이론화시키는 것이 부족하다는 것을 알고 Y선교사 자신만이라도 계속 공부를 해야겠다는 것을 느끼게 되어 선교학 박사 코스를 공부한 것이다.

선교단체는 선교사들이 보낸 기도편지나 보고서 등 많은 선교지 자료들을 잘 보관하여야 한다. 보관할 뿐 아니라 연구원들을 두어 그것을 정리하게 하고 한국교회와 선교사 후보생들이 활용할 수 있게 해야 한다. 그런 자료들이 역사적인 자료가 될 때 한국교회선교는 한걸음 더 발전해 나가는 것이다.

선교사들에게 있어서도 사역에 대한 정리 혹은 사역을 이론화시키는 작업을 하는 것은 또 다른 사역이다. 단순히 시간이 남아서 기록하는 것이 아니라 기록 자체가 현재 하고 있는 사역과 똑같은 사역이요, 그 사역의 결과는 대대로 후대의 많은 사람들에 의해 열매를 맺게 되는 것이기에 기록과 정리가 필요하다.

한국교회선교가 사역이나 전략에 대한 연구가 부족하다 보니 일을 하는 것도 준비나 계획에 앞서 일단 시작하고 본다. 선교지의 사정이 어떤지도 자세히 알지 못하면서 선교사를 일단 보내놓고 본다. 선교사가 그 사역지에 적합한 적응능력이 있는지에 대해서 알아보지도 않고 파송한다. 그러다 보니 선교사들이 중도에 포기한다. 그리고 선교지나 선교사역을 쉽게 옮기고 바꾼다. 한국선교의 전략 부재의 결과다. 이제는 역사적인 마인드를 가지고 정리하고 이론화시키는 작업을 해야 할 때다. 역사적인 마인드로 전략을 세우고 연구해 나가야 한다. 그것이 한국교회선교가 장기적으로 하나님께 세계선교를 위해 쓰임 받을 수 있는 기본이 되는 것이다.

④ 한국선교단체들은 협력하여 사역하는 것이 약하다.

협력은 하나님 나라 확장에 있어서 선택사항이 아닌 필수적인 요소이다. 누구도 혼자 일할 수 없고 혼자 다 할 수도 없다. 하나님은 모든 자녀들에게 다른 은사를 주셨다. 다른 은사를 주신 것은 서로 협력하라고 주신 것이다. 만약 협력이 안 된다면 그것은 하나님의 창조 원리를 역행하는 것이 된다. 그런 면에서 협력은 그 자체만으로 사역이라 할 수 있다. 협력해서 어떤 일을 하기 전에 협력하는 모습 자체가 곧 사역이다. 그만큼 협력은 선교에 있어서 중요하다. 그래서 선교단체들은 서로 협약을 맺고 이중 회원도 인정하고 타선교단체에 위탁(seconding)하기도 한다. 선교단체에서는 선교사 혼자 보내기 어려운 지역에 이미 사역을 하고 있는 다른 선교단체에 위탁할 수 있다. 사역이나 지역적인 특수성때문에 전문선교단체에 위탁하는 경우도 있다. 한국인이 한국에 지부가 없는 국제선교단체에 소속이 되어 사역할 경우에는 한국선교단체가 후원자 관리나 재정 송금 등을 대신해 주는 경우도 있다.

이런 아름다운 모습이 곧 선교이지만 아직도 선교단체들은 다른 선교단체와 협력하는 것을 부담스러워한다. 어떤 선교단체는 자신의 단체가 무엇이 부족해서 협약을 하고 이중 회원권을 인정해야 하느냐고 말한다. 우리도 그 일은 할 수 있는데 왜 굳이 다른 단체와 협력할 필요가 있느냐고 말한다. 이것은 하나님 나라의 관점에서 볼 때 이기적인 태도이다. 이 부분은 한국선교단체들이 뛰어 넘어야 할 부분이다. 자기도 할 수 있지만 하나님은 서로 협력해서 하라고 하셨다. 이것이 세계를 품는 그리스도인의 태도다. 나라와 민족을 뛰어 넘어 사역하는 선교단체이기에 마땅히 교단과 선교단체 간의 벽을 뛰어 넘어야 한다. 이런 벽을 뛰어 넘지 못하면 선교단체 간에 서로 경쟁관계에 있게 된다. 선의의 경쟁이 아닌 나만 이겨야 하고 나만 잘해야 하는 소모적인 경쟁이 된다. 한국선교단체들은 하나님의 관점에서 선교단체 간, 선교사간에 서로 협력해야 한다.

여러 선교단체가 연합해서 하는 사역도 필요하다. '선교 한국'과 같은 연합 행사는 좋은 본보기이다. 한국 세계선교협의회(KWMA)에서 하는 연합사업은 선교에 좋은 영향력을 끼치고 있다. MK 선교단체들이 연합해서 MK를 위한 사역을 하는 것도 좋은 본보기라 할 수 있다. 선교연구단체나 선교훈련원들도 서로 연합해서 사역을 하는 것이 필요하다. 선교단체들이 연합하여 할 수 있는 일들이 많이 있다. 선교단체의 문들을 좀더 열고 함께 이루어가는 노력이 필요하다.

⑤ 한국선교단체들은 멤버 케어 분야에서 더 발전해야 한다.

이미 전 장에서 멤버 케어 부분을 다루었듯이 선교단체들이 이 일에 투자를 해야 한다. 선교단체들은 한국교회가 이 일을 할 수 있도록 홍보하고 도와주어야 한다. 건강한 선교단체 일수록 멤버 케어 시스템이 잘 갖추어져 있다. 현재 선교단체의 멤버 케어 시스템이 바로 선교단체의 수준과 건강성을 알 수 있는 지표가 된다.

⑥ **한국선교단체들은 균형 감각이 약하다.**

한 쪽에 치우치지 않는 균형 있는 전략을 세우고 균형 잡힌 사역을 해 나가는 것이 부족하다. 한국선교단체들의 강한 특성들이 균형을 깨뜨리는 요인 중의 하나이다. 우리 단체는 이것만 한다, 혹은 우리 단체의 철학은 이것이기에 다른 것은 용납하기 어렵다고 생각하는 것이다. 또한 한국선교단체들은 영적인 부분에 치우쳐 있다. 선교는 기도와 사명과 열정만 있으면 된다고 생각한다. 하나님의 일반 계시, 곧 자연 은총적인 측면이 무시되는 경우가 있다. 영적인 부분이 강하다 보니 현지 문화나 선교사의 일상적인 생활에 대해서는 관심이 줄어든다.

한국선교단체들은 '선교'라는 위대한 과업(?)에 지나치게 치우쳐 진정 중요한 한 사람의 가치를 무시하기도 한다. 사역이나 물질이 중요하다 보니 선교사 한 사람 한 사람의 필요나 그 생명의 가치를 인정하지 못하게 되는 결과가 생긴다. 선교지에서 내전이나 어려움이 있을 때 선교사의 생명보다는 선교사역을 위해 철수를 시키지 않는 경우도 있다. 이런 것들이 균형을 이루지 못하는 부분이다.

⑦ **한국선교단체들은 선교의 전문성을 더 키워 나가야 한다.**

선교가 다른 영역과 비교해서 전문 영역이라는 것을 이미 설명하였다. 그러나 선교단체의 입장에서 아직도 전문성을 키워야 할 분야가 많이 있다. 선교 행정에 있어서도 행정적인 전문가를 키워야 한다. 선교단체의 행정이 그동안은 비전문가들에 의해 주먹구구식으로 이루어져 온 부분이 있다. 행정에 문외한인 선교사들이 행정을 했기에 행정에 부족함이나 착오가 있어 왔다. 한국선교에서 선교행정가라는 전문가를 얼마나 찾을 수 있을까? 이제는 선교행정가를 더 많이 키우고 발전시켜 나갈 때이다.

4. 결론

한국교회선교에 있어서 선교사가 선교사 되게 하고 바른 선교를 하기 위해서는 교회와 신학교와 선교단체가 적합한 협력을 해야 한다. 선교사를 돕는 교회 담임목회자, 선교학자, 본부사역자들의 역할이 어느 때보다 중요한 시기이다. 각 단체들에서 일하는 사람들이 선교사가 사역을 잘 할 수 있도록 원활한 협력을 하는 것이 한국선교의 열쇠가 될 것이다.

제6장

선교훈련에 대한 새로운 시각

1. 선교훈련에 대한 인식

군인이 되기 위해서는 훈련이 필요하다. 훈련 없이 군인이 되는 경우는 거의 없다. 세상의 어떤 직업이든지 훈련은 필수다. 일용직 근로자에게도 일을 하기 전에 기본을 가르친다. 어떤 직장이든지 연수 없이 일을 시키지는 않는다.

하물며 타문화에서 사역하는 선교사에게 훈련은 필수이다. 선교사가 되기 위해서는 다양한 훈련이 요청된다. 타문화에 살면서 알아야 할 모든 것들을 배워야 한다. 훈련이 없이는 선교사가 되기 어렵다. 훈련 없이 선교사가 되었으면 선교지에서 훈련 받지 않는 대가를 치러야 한다. 그 대가가 또 다른 훈련이 된다. 언젠가는 필요한 훈련을 거쳐야 한다. 그만큼 선교는 훈련 없이는 안 되는 것이다. 예를 들어 선교사가 되기 전에 언어를 배웠다면 현지에 가서 언어를 배울 필요가 없다. 그러나 언어 습득이 안 되었으면 선교지에서 배워야 한다. 인격훈련이 부족한 선교사가 있다면 언젠가는 선교지에서 스스로 인격훈련을 받아야 한다.

그러면 언제 훈련을 받는 것이 효과적인가? 선교사가 되기 전에 훈련을 받으면 좋다. 미리 훈련을 받은 사람은 선교지에서 그만큼 고생을 덜하게 되기 때문이다. 훈련받은 선교사는 선교지에 쉽게 적응하고 사역도 잘하게 되는 것은 물론이다.

문제는 선교훈련에 대한 한국교회의 인식이다. 이전보다는 선교훈련에 대한 인식이 나아졌지만 아직도 부족한 면이 있다. 지금도 선교훈련 없이 선교지에 오는 선교사들이 있다. 그러면 왜 선교훈련을 받지 않으려고 할까? 훈련을 받기 위해서는 투자해야 할 것이 있기 때문이다. 바로 재정과 시간이다. 선교사나 파송하는 교회가 투자에 대한 인식이 부족하기에 재정과 시간을 들이지 않는다. 그러나 투자 없이는 좋은 열매를 거둘 수 없다.

소수에 불과하지만 아직도 선교훈련이 필요 없다고 생각하는 사람들도 있다. 이들은 재정과 시간의 이유가 아니라 선교에 대해 오해 때문이다. 이들은 선교사는 기도와 소명으로 충분하다고 생각한다. 이런 사람들에게 선교는 훈련이 없이는 어려운 일이라는 것을 강조하고 싶다.

2. 한국선교훈련의 방향

1) 선교훈련의 기능

선교훈련을 통해 좋은 선교사가 되도록 하는 것이 훈련의 목표이다. 훈련을 통해 자질이 되는 선교사를 만드는 것과 더불어 훈련을 통해 선교사를 검증하기도 한다. 선교훈련은 단지 훈련의 기능만이 아니라 선교사가 될 수 없는 사람들을 가려내는 것이다. 현실적으로 파송단체에서는 선교사를 허입할 때 숨겨진 내면까지 다 점검하기 힘들다. 이 부분은 훈련을 하는 중에 자질이 있는가를 가려낼 수 있다.

이처럼 선교훈련은 검증과 훈련이라는 두 가지 기능이 있다. 선교훈련원에서 훈련 받기 전에 미리 검증을 한다고 말할 필요는 없다. 미리 말하게 되면 훈련생들이 훈련받을 때 자신의 마음을 깊이 열지 않을 수 있기 때문이다. 마음을 닫으면 그 사람의 진실을 모르기에 선교사로서 자질을 검증하기 어렵다. 선교훈련기관이 파송단체에 정확한 정보를 주는 것도 필요하다. 선교훈련의 목적은 선교사를 만드는 데 있다. 선교훈련 자체에 목적이 있는 것이 아니기에 훈련기관은 파송단체에 훈련생의 상황을 정확하게 평가해 주어야 한다. 선교사를 허입하는 문제는 파송단체의 몫이지 훈련원의 책임은 아니기 때문이다.

2) 선교훈련자

선교훈련을 하려면 질적으로 높은 수준의 훈련이 필요하다. 그래서 훈련자들은 선교에 대한 전문적인 지식과 기술이 있어야 한다. 선교훈련은 아무나 담당해서는 안 된다. 선교학을 공부했다고 모두 좋은 선교훈련자는 아니다. 가정생활과 신앙생활에서 모범을 보여 줄 수 있는 인격도 필요하다. 지식이 아무리 뛰어나다고 해도 인격이나 사람관계에 문제가 있는 사람은 훈련자의 자격이 부족하다. 필자가 알고 있는 한 훈련자는 만나는 사람마다 싸운다. 이 훈련자는 좋은 인간관계를 유지하는 경우가 많지 않다. 같이 동역하고 훈련을 도와주는 사람들에게 상처를 주기도 한다. 부부 관계가 원만치 못한 사람들도 훈련자의 자격이 부족하다고 볼 수 있다.

사람을 귀중히 여기고 사람을 사랑할 줄 아는 사람이 훈련자가 되어야 한다. 사람보다는 훈련의 시스템이나 기술 자체를 더 중요시 여기는 훈련자는 어려움이 있다. 훈련자가 타문화 경험을 갖는 것은 기본이다. 선교훈련자들은 한국선교에서 아주 중요한 사람들이다. 그들의 사역에 따라 한국선교사의 질적인 수준이 결정되기 때문이다. 선교훈련자가 특별히 탁월한 능력뿐 아니라 모범을 보일 수 있는 인격을 소유할 때 훈련의 효과는 커지는 것이다.

3) 균형 있는 훈련

선교훈련을 할 때 한 면에 치우진 교육을 지양해야 한다. 선교의 실제와 인격과 이론의 균형이 있는 훈련이 되도록 해야 한다. 전체의 그림 속에서 조각을 보여 줄 수 있는 훈련이 필요하다. 퍼즐을 맞추기 위해서 먼저 전체 그림의 윤곽을 보여 주면 훨씬 더 쉽게 맞출 수 있다. 이와 마찬가지로 현재 공부하는 분야가 선교 전체 가운데서 어떤 위치에 있으며, 어떤 중요성이 있는가를 미리 알려 줄 때 훈련생들의 종합적인 판단 능력이 향상된다. 선교훈련을 통해서 선교 전체를 보여 줄 때 훈련생들은 총체적인 선교 마인들을 가질 수 있다.

세계를 품고 사역하는 선교사들이 사고의 폭이 좁은 사람이 되어서는 안 된다. 서구선교사들과는 담을 쌓는 선교사도 있다. 자신의 사역만이 최고라는 마음을 가지고 있는 선교사도 있다. 어떤 선교사는 자기가 받은 선교훈련이 최고라고 생각하는 경우도 있다. 그 훈련을 받지 않으면 선교사의 자격이 없는 것처럼 여기는 경우도 있다. 이런 선교사는 자기가 받은 선교 훈련의 장점을 소개하고 권유할 수는 있지만 다른 훈련의 장점도 인정할 필요가 있다. 자기 훈련의 전문성을 알려 주면서 다른 훈련의 장점도 인정하는 성숙한 선교훈련이 필요하다. 균형잡힐 뿐 아니라 폭 넓은 마인드를 심어 주는 일을 선교훈련에서 감당할 수 있다.

균형에서 중요한 요소가 영성과 지식이다. 특별은총과 일반은총의 균형이 필요하다는 것이다. 하나님과 늘 교제하고 하나님의 임재를 경험하는 특별은총과 연구와 지적 능력을 키워가는 일반은총이 조화를 이루는 것이다. 말씀과 기도의 영성과 전략과 지식의 균형이 필요하다는 것이다.

어떤 선교훈련은 지나치게 영성만을 강조한다. 모든 문제와 선교를 영적인 것으로 해결하려고 한다. 또 다른 선교훈련은 지나치게 지식만을 강조한다. 전략과 방법으로만 해결하려 하는 것이다. 그러나 이 두 가지를 어우를 수 있는 균형이 필요하다.

4) 평생 훈련

한국선교의 훈련은 기간이 길지 않다. 1개월에서 6개월 정도의 훈련이 대부분이다. 이 기간에 선교의 모든 것을 가르치는 것은 불가능한 일이다. 짧은 기간이기에 선교사가 앞으로 계속해서 스스로 훈련을 할 수 있는 길을 가르쳐 주는 것이 필요하다. 우리는 사람을 훈련 혹은 교육할 때 갖는 원칙이 있다.

"고기를 잡아주지 말고 고기 잡는 방법을 가르쳐 주라."

이 말은 우리 삶의 어디서나 필요한 명언이다. 한국교육은 고기를 잡아주는 교육에 치우치는 경향이 있다. 주입식으로 교육하는 것이다. 토론이나 창의적인 활동이 부족하다. 생각을 할 수 있는 기회나 발표를 할 수 있는 기회가 적다. 한국 수학 교육도 답을 잘 맞히는 교육을 한다. 수학은 답을 맞히는 것보다 과정이 더 중요하다. 그래서 한국 학생들은 문제를 조금만 바꾸면 풀지 못한다고 한다. 영어도 문법은 잘 하는데 말 한 마디도 제대로 하지 못한다. 창의적으로 교육하지 못한 결과다.

선교훈련도 마찬가지로 많은 강의를 한다. 선교지 현장을 알기 위해 선교사들을 초청하고, 이론을 알기 위해서 선교학자들을 초청한다. 선교동향을 알기 위해 선교단체장들을 초청해서 짧은 시간 동안 많은 내용을 들려 준다. 이런 듣는 교육, 강의식 교육, 주입식 교육도 필요하지만 그룹별로 연구 혹은 토의식 교육이 선교훈련에서 요구된다. 많은 케이스 스터디(Case Study)를 하면서 선교사 후보생들이 선교지의 다양성을 미리 경험하도록 하는 것이 좋은 교육이다. 선교는 단순하지 않다. 수 없이 많은 경우와 다른 환경이 있다. 어떤 문화도 똑같은 문화는 없다. 이런 다양한 선교지에서 천편일률적인 방법으로 선교훈련을 하는 것은 효과가 떨어진다. 토론과 창의력과 다양성과 통합의 능력을 키워 주는 선교훈련이 필요하다.

선교는 복음을 전하는 것이요, 말씀을 가르치는 것이다. 가르치기 위해서 배워야 하는 것은 당연하다. 끊임없이 스스로 발전을 위해 노력할 때 가르칠 수 있다. 그래서 선교훈련에서는 선교사들이 앞으로 선교지에서 계속해서 공부할 수 있는 방법을 가르쳐 주어야 한다.

선교사들이 배우는 훈련, 공부하는 훈련이 안 되었기에 가르치는 것을 두려워한다.

우리는 예수님의 경우를 볼 수 있다. 예수님의 선교사로서의 이미지를 생각해 볼 때 그는 어떤 선교사였는가? 예수님은 병자를 고치셨다. 외로운 자를 위로하셨다. 기적을 베푸셨다. 배고픈 무리들에게 먹을 것을 주셨다. 그러나 예수님의 가장 큰 선교사로서의 사역의 특징은 가르침이셨다.

"회개하라 천국이 가까이 왔느니라."(마 3:2)

천국을 가르치는 선교사였다. 가르침으로 그는 사역을 시작하셨다. 승천하시기 전에 가르침으로 사역을 끝맺으셨다(마 28:18-20, 막 15:15-18, 눅 24:46-49). 예수님의 가르침의 사역이 모든 사역의 근간이 되었다. 가르침 속에서 예수님의 죽으심과 부활도 참된 것임이 증명되었다. 사도 요한은 그의 증거가 참인 줄 아노라고 하였다(요 21:24). 이 말씀은 예수님이 부활하신 후에 모든 증거를 보여 주시고 나서 요한이 고백한 말씀이다. 예수님의 부활이 바로 그가 말씀하시고 가르치셨던 것들을 참된 증거가 되게 하셨다는 말씀이다. 예수님의 섬김도 그의 가르침이 중심이 되는 섬김이었다. 제자들의 발을 씻기시고 너희도 이와 같이 하라고 가르치셨다. 행동으로 보여 주셨지만 그 행동이 힘을 얻은 것은 가르침이 중심이 되었기 때문이다. 예수님은 어렸을 때부터 성전에서 제사장들과 성경을 놓고 토론하셨다. 예수님의 선교사의 이미지는 행동하는 선교사였지만 그 근본은 가르침이었다. 그래서 예수님의 선교사로서의 이미지는 가르치는 선교사였다는 것이다.

신약에서 사도 바울은 예수님을 이은 두 번째 선교사였다. 사도 바울의 선교방법은 무엇이었는가? 말씀을 가르치는 것이 핵심 사역이었다. 교회를 세울 때 말씀을 가르침을 통해서 하였다. 사도 바울의 선교사 상은 말씀을 강론하는 선교사라는 것이다.

"바울이 회당에 들어가 석 달 동안을 담대히 하나님 나라에 관하여 강론하며 권면하되(행 19:8)". 바울은 어디를 가든지 말씀을 변론하고 강론하였다. 바울은 자신이 세운 교회들과 제자들에게 서신을 통해 말씀을 가르쳤다. 사도 바울이 개척자요, 이방인을 위한 최초의 선교사요, 자비량 선교사였지만 그의 참된 선교사로서의 이미지는 말씀을 강해하는 선교사였다는 점이다.

그동안은 선교사 하면 오지에서 복음을 들고 전도하며, 가난한 사람에게 먹을 것을 주고 낙후된 지역을 개발하는 사람이라고 생각해 왔다. 선교사는 개척자였다. 그러나 이제는 선교사의 이미지가 말씀을 잘 해석해서 전하는 사람으로 바뀌어야 한다. 원래 선교사란 복음을 전하는 자이다. 말씀을 가르침으로 복음을 전하는 자다. 선교사는 말씀을 전하는 자라는 인식이 자리잡도록 선교훈련에서 훈련할 필요가 있다. 말씀을 잘 가르치는 선교사가 되기 위해서는 스스로 공부를 계속하도록 해야 한다. 선교지에서 혹은 어디서나 언제든지 공부하고 스스로 발전시켜 나갈 수 있는 동기 부여 뿐 아니라 그 방법까지도 선교훈련에서 훈련할 필요가 있다.

3. 선교훈련의 종류

1) 종합선교훈련원

종합선교훈련원에서는 선교사가 갖추어야 할 전체적인 것들을 모두 다루는 훈련을 한다. 선교 일반, 선교 실제, 선교사역, 선교이론, 영성, 인성, 가정 등 균형 잡힌 훈련을 감당하는 훈련원이다. 대부분의 선교단체나 교단선교부는 이런 종류의 선교훈련원을 운영하고 있다.

2) 전문선교훈련원

전문선교훈련원은 종합선교훈련원에서 하는 것과는 다른 각자의 전문 분야를 가지고 훈련하는 프로그램이다. 예를 들면 영어습득훈련을 잘 시키는 훈련원이 있을 수 있다. 선교전략적인 면에서 교회개척에 대한 훈련을 전문으로 하는 선교훈련이 있을 수 있다. 비즈니스를 위한 선교훈련원, 전문인선교훈련원, 내적 치유나 영성훈련원, 상담훈련원 등의 전문적인 훈련원들이 존재할 때 선교훈련이 전문화 되는 것이다.

3) 교회 선교훈련

선교사의 기본 신앙생활은 교회에서 배우고 훈련받기 시작한다. 교회에서는 성도들에게 신앙인으로서의 가치관을 형성해 주고 기본 신앙생활의 습관을 가르쳐 준다. 교회에서 좋은 신앙훈련을 받은 사람은 선교훈련을 받을 때 더 좋은 효과와 결실을 가져올 수 있다. 교회에서의 신앙훈련이 선교사의 훈련의 중심에 있다고 보아도 과언이 아니다. 그럼으로 한국교회가 전체적으로 균형 있고 성숙한 교회로서 교회의 역량을 잘 감당할 때 좋은 선교사가 많이 나올 수 있다.

이를 위해 선교훈련원들이 교회에서 선교교육을 할 수 있도록 도움을 주어야 한다. 교회에서 사용할 수 있는 한국에서 펴낸 선교교육 교재가 많지 않다. 지금까지 사용되어진 선교교육 교재는 서구에서 쓰인 것과 어렵고 전문적인 것이었다. 이를 해결하기 위해서 선교훈련원에서 쉬운 교재를 만드는 것도 하나의 책임이다. 훈련원 자체의 훈련도 필요하지만 교회에서 바른 선교교육이 일어나도록 돕는 것도 중요한 사역이다. 유 초등부에서부터 장년에 이르기까지 체계적인 선교교육을 할 수 있는 교재를 만들고 교육시키는 것이 선교훈련원들이 할 일이다.

4) 신학교 선교훈련

이미 전장에서 신학교의 선교훈련의 필요성과 방법에 대해서 말했기에 여기서 다시 반복할 필요는 없을 것 같다. 신학교에서 가르치는 선교학은 이론적인 면에서 필요한 선교훈련이다. 선교학자들이 가진 선교학에 대한 지식에 세계선교에 대한 뜨거운 마음과 열정이 더해진다면 신학교는 아주 귀한 선교훈련원이 될 수 있을 것이다.

5) 대학생 선교단체 훈련

한국선교사의 대부분은 대학 교육을 받은 사람들이다. 대학에서 선교단체에 소속이 되어 활동하는 것이 선교사가 되는 하나의 훈련의 장이다. 선교단체에서 하는 복음에 대한 열정과 전도 실습, 체계적인 성경공부와 활동들은 선교사의 기본 자질을 형성하는 귀중한 훈련이 된다.

6) 해외선교훈련

국내에서 선교훈련을 끝내고 선교지에서 가서 또 다른 선교훈련이 필요하다. 한국선교사는 국제적인 리더가 되기 위해 영어훈련을 기본으로 해야 한다. 선교지마다 그 선교지에 맞는 선교전략들이 있는데 선교지에서는 이런 훈련을 할 수 있다. 선교지에서 선교현장 경험을 하면서 문화에 적응하는 훈련도 동시에 이루어진다. 다른 나라 출신 선교사들과 함께 훈련을 받는 것도 선교사들에게 도움이 된다. 새로운 선교사가 현지인의 집에서 함께 생활하는 시간을 갖는 것도 하나의 훈련이 된다. 선교지에서의 훈련은 현장에 많이 나가 사람들과 접촉하는 훈련이 자연스럽게 이루어진다. 교실에서의 공부가 아니라 현장에서의 실습이 바로 선교지에서의 훈련이다. 언어도 현장에서 배우면서 좀 더 역동적인 선교의 실체를 배우게 된다. 비록 자신의 사역이 다른 전문적인 부분일지라도 선교는 선교현장에서의 사람들을 알아가는 것에서부터 시작되는 것이다.

요즈음 한국선교사들이 선교지 현장을 잘 모르는 경우도 있다. 선교지에 도착하자마자 자동차를 타고 언어 학교에서 언어를 배우고 일정한 선교 센터나 사역지에서 사역을 하게 되면 현장을 모른다. 얼마 전에 한국의 유명한 정치인에게 시내버스 요금이 얼마냐고 물어보니 200원이라고 했다. 시내버스 요금이 800원이었을 때다. 사람들은 그가 서민을 위한 정치를 한다고 하면서도 서민들을 모른다고 비판하였다. 이와 같은 현상이 한국선교사들의 선교지에서 나타날 수 있다. 현지 사정을 모를 뿐 아니라 현지 문화에 대한 접촉이나 연구가 부족할 때 이렇게 될 수 있다. 이런 선교사들에게 이론에 근거한 훈련만이 아니라 선교현장을 알 수 있는 생동감 있는 훈련이 필요하다.

7) 선교종합대학

필자는 초교파적인 선교종합대학을 세울 것을 제안하고 싶다. 너무 이상적이어서 현실성이 부족할지 모르지만 지금 한국 상황에서 필요한 시도라고 생각한다. 선교에 관련된 모든 분야를 다룬 선교종합대학이다. 선교단체들이 힘과 마음을 합하면 이 뜻이 이루어질 수 있을 것이다. 선교교육과 훈련에 필요한 제반 학과를 골고루 갖춘 훈련학교이다. 선교대학과 선교대학원, 선교훈련원과 선교사 연장교육, 선교연구와 선교전략, 멤버케어를 포함할 수 있는 학교이다. 전문인선교사가 되기 위해 공부해야 할 신학이 아닌 성경공부를 할 수 있는 성경학교를 포함한 곳이다.

한국교회는 초교파 연합 활동이 잘 안 되는 경향이 있다. 그러나 대한성서공회나 기독교방송, 찬송가공회 같은 전문 분야에서 연합이 가능한 것을 볼 수 있다. 선교의 공동의 목표가 하나님 나라의 확장에 있다면 연합은 불가능한 것이 아닐 것이다.

선교종합학교를 세웠을 때 얻을 수 있는 장점이 많다. 연합 자체가 하나님이 원하시는 선교 방법이다. 연합 자체만으로도 하나님의 방법을 따라 선교하겠다는 의지가 보이는 것이다. 현재 선교단체마다 개별적인 선교훈련을 하다 보니 자원의 낭비가 많다. 똑같은 훈련을 여러 곳에서 반복하는 것은 자원을 효율적으로 쓰지 못하는 것이 된다. 선교단체마다 각자의 선교훈련을 하다 보니 선교 전문성이 떨어진다. 최고의 강사진으로 구성된 선교훈련이 안 되기에 최고의 효과를 보기 어렵다. 그러나 종합학교를 세웠을 때 협력의 시너지 효과를 기대할 수 있다. 함께 연합할 때 각자가 하던 몇 배의 효과를 기대할 수 있는 것이다. 선교사나 교회가 선교에 대해 교육을 받고 싶고, 자료를 구하고 싶을 때는 언제든지 찾아가서 필요를 채울 수 있다. 선교자료를 한 데 모을 때 그것을 활용하는 가치는 생각보다 많다. 종합학교를 세웠을 때 한국선교의 전문성을 키워나갈 수 있다. 선교의 각 분야를 세분화해서 발전시켜 나갈 수 있다. 선교에 대한 홍보나 동원도 더 많은 효과를 볼 수 있다. 연합으로 사업을 했을 때 작은 힘들이 모여 큰일을 할 수 있는 효과가 있다.

원래 해외선교란 인간적인 관점에서 하나님 나라의 관점으로 보는 데서 시작한다. 선교는 국내에서 세계로 뛰어 넘는 행위이다. 선교는 인종과 민족과 빈부 격차를 초월하는 행위이다. 선교는 언어와 문화를 뛰어넘는 것이다. 선교는 개인이 아니라 공동체의 협력으로 이루어진다. 하나님 나라를 위해 이런 여러 가지 것들을 이미 초월하여 시작한 것이 선교이다.

그런데 지금 현실은 다시 뒤로 돌아가 스스로 한계를 그어놓고 선교를 하고 있는 것 같다. 여러 가지 인간적인 생각을 뛰어넘고 시작한 것이 선교인데 속으로 들어가 보면 다시 올무를 쳐놓고 그곳에 갇혀 있는 것이다. 누군가 연합하자고 하면 이유가 많다. 정치적인 이유, 신학적인 이유, 재정적인 이유, 출신 배경의 이유들이 있다. 시기와 질투, 개인의 욕심과 야망 등의 한계가 있다. 이런 모든 것을 뛰어 넘고 진정으로 하나님 나라를 위해 다시 뭉칠 수는 없을까? 협력하여 선을 이룸이 아름다운지 알면서도 옛 성품을 그대로 지니고 해외선교를 한다는 것은 부끄러운 일이다.

한국 사람은 사촌이 땅을 사면 배가 아프다는 속담이 있다. 한국 사람은 자신의 어려운 형편에는 배가 안 아프지만 다른 사람이 잘 되는 것에는 배가 아프다. 심지어 한국인의 심성 깊숙한 곳에는 자신이 성취해서 얻는 만족감보다도 다른 사람이 안 되는 것을 보면서 느끼는 만족감이 더 큰 경우도 있다. 한국 사람의 특성은 다른 사람에 초점이 맞추어져 있다는 것이다. 자기 자신이 잘 되는 것이 기준이 아니라 다른 사람이 기준이다. 자기 자신이 잘 되건 못되건 그것은 두 번째이고 첫 번째는 다른 사람이 잘 되면 안 되는 것이다. 그래서 다른 사람을 방해한다. 방해의 결과로 자신이 잘되면 좋고 혹시 자신이 잘 안 되더라도 다른 사람이 안 된다면 그것으로 만족한다. 이것이 한국 사람이 가진 사촌이 땅을 사면 배가 아픈 특성이다. 선교에서도 마찬가지다. 협력과 연합을 하기 어려운 것은 다른 단체나 다른 교단, 다른 선교사들이 잘 되는 것을 인정하기 어렵기 때문이다. 그러나 나를 내려놓아야 협력을 할 수 있다. 다른 사람을 세워 주어야 연합을 할 수 있다. 선교에서 이런 벽들을 깨드렸으면 한다. 그리고 선교훈련을 위해 선교종합대학을 시도했으면 한다. 만약 누군가 이 일을 시작한다면 모두가 협조자가 되었으면 한다.

미국에는 선교단체들이 함께 모여 선교종합센터를 운영하는 곳이 있다. LA 파사데나에 위치한 US 세계선교센터(US Center for World Mission)이다. 그곳에 가면 한 번에 여러 선교단체들의 사무실을 방문할 수 있다. 그 옆에는 선교대학인 윌리암 캐리 대학이 있다. 그곳에서 운영하는 연구실, 도서관과 선교사 안식관, 선교사 자녀학교가 있다. 선교를 배우고자 하는 사람들이 이곳을 방문하여 선교에 대해 종합적으로 알 수 있고 배울 수 있다.

영국에는 열방대학(All Nation Christian College)이 있다. 이곳에서는 선교사훈련과 선교학 석사과정, 선교에 필요한 학과들을 개설해 놓고 있다. 단 몇 주간의 선교훈련에서부터 몇 년에 걸친 학위과정까지 다양한 프로그램이 있다. 그래서 선교사 각 개인이 다른 상황에서 자신에게 맞는 적절한 학과를 선택하여 공부할 수 있다.

선교종합대학이 세워진다면 좋겠지만 그것이 어렵다고 하더라도 선교단체들이 좀 더 연합하여 선교훈련을 진행할 수 있다. 작은 교단이나 훈련 체제가 잘 갖추어지지 않은 선교단체에서는 몇몇 단체가 함께 운영하는 훈련원을 시도해 볼 수 있다. 아울러 이미 세워진 다른 선교훈련원을 이용하는 것인데, 선교사 후보생들이 다른 선교훈련원에서 훈련을 받아도 인정해 주는 시스템이다. 훈련은 이미 훈련 시스템이 잘 갖추어진 곳에서 받게 하고 교단이나 선교단체에서는 그 단체의 허입 선교사 오리엔테이션을 하면 된다. 다른 전문적인 훈련이 필요하면 위탁해서 훈련을 요청할 수도 있다. 이미 연합하여 선교훈련을 하는 단체들이 있지만 더 많은 교류가 이루어져야 할 것이다.

4. 선교훈련을 받기까지

다른 선교사나 행정가들처럼 필자도 선교에 대한 많은 상담을 해 왔다. 상담 내용의 대부분은 선교사가 되기 위해 무엇을 어떻게 준비해야 하느냐는 것이다. 상담을 요청하는 사람들은 고등학생부터 시작하여 직장에서 은퇴한 사람들까지 다양하다. 그 중의 많은 사람들은 선교의 기본부터 상담을 해 주어야 했다. 선교사가 되기 위해서 알아야 할 기본적인 것들을 정리해 본다. 선교사가 되고 싶은 사람들이 해야 할 사항들이다.

1) 현재의 교회활동을 충실히 하라.

선교지에서 교회를 개척하는 것이 하나의 선교 목표이다. 그만큼 교회가 중요하기에, 선교사 후보생은 그 교회를 이루기 위해 교회활동을 경험해야 한다. 교회활동을 잘 하는 사람이 선교지에서 교회를 잘 개척할 뿐 아니라 사역을 잘 할 수 있다. 교회에서 선교사 자신의 영성과 신앙생활의 전반적인 것을 배울 수 있기에 현재 교회생활에 충실한 것이 매우 중요하다. 교회에서 성경공부를 하고, 각종 모임과 행사를 인도하고, 제자훈련을 경험하고, 교인들과 교제를 경험하는 것이다. 교회의 분위기가 어떤 것인지 교회생활을 잘 해 보아야 알 수 있다. 그래서 선교사를 허입할 때 선교단체는 교회생활이 어떠했는가를 반드시 점검한다.

같이 신앙생활을 했던 교인들이 기도와 재정 후원자들이다. 교회생활에 충실한 것이 선교사가 되기 위한 후원바탕을 마련하는 것이다. 아울러 당신이 대학생이라면 대학생 선교단체에서 하는 전도훈련과 성경공부, 그리고 제자훈련을 충실하게 받는 것도 선교사를 준비하는 중요한 과정이다.

2) 현재 하고 있는 일이나 전공에 충실하라.

당신이 지금 학생이라면 무엇보다도 공부를 열심히 해야 한다. 지금 직장인이라면 직장생활에 최선을 다해야 한다. 어떤 전공을 가지고 연구하고 있다면 그 연구에 최선을 다해야 한다. 사업을 하는 사람이라면 사업을 잘 하는 사람이 되어야 한다. 선교는 지금 하고 있는 일과 다른 것이 아니다. 선교사는 선교지에서 다른 일을 하는 것이 아니라 지금 하나님이 주신 일들을 가지고 장소만 옮겨서 하는 것이다. 지금의 일이 곧 선교지의 일이다.

목회자 후보생이면 목회를 할 것이다. 학생이라면 그 전공으로 전문인으로 선교를 할 것이다. 만약 당신이 고등학생이라면 고등학교 공부를 열심히 하고 최선을 다해 대학에 진학해야 한다. 당신이 전문인선교사가 되기 원한다면 하고 싶은 분야를 선택하여 전공하고, 목회자 선교사가 되기를 원한다면 신학을 전공할 수 있다. 신학공부도 대학을 졸업하고 할수 있는 기회가 있기에 가능하면 자신이 잘 할 수 있는 것을 전공으로 선택하면 좋다. 선교사가 된다고 해서 특별히 지금부터 직접적인 준비를 해야 한다고 걱정하지 말고 대신에 현재의 일에 최선을 다해야 한다. 그럴때 하나님은 준비된 자를 사용하시고 작은 일에 충성된 사람을 하나님의 큰 일에 사용하신다.

3) 자기관리에 최선을 다하라.

자기관리란 영성관리(기도와 말씀등), 건강관리, 시간관리, 일에 대한 관리, 재정에 대한 관리 등이다. 선교지에서는 대부분 혼자서 모든 일을 결정해야 한다. 물론 팀으로 할 경우 사역은 함께 하지만 결국 자기관리는 혼자서 해야 한다. 한국에서처럼 간섭하거나 도와주는 사람이 많지 않다. 지금부터 자기 관리에 충실히 해야 한다. 다른 사람이 시키지 않아도 스스로 할 수 있는 사람이 되도록 자기관리를 잘 할 수 있는 훈련이 필요하다.

4) 선교단체와 연관을 가지라.

선교단체와 연관을 갖는 것은 지금 가진 선교에 대한 비전을 계속해서 살리기 위해서 필요하다. 선교사들의 기도편지를 받아 보고, 선교단체의 회보를 받아 보면서 선교에 대한 비전을 키워나가는 것이다. 선교단체의 후보회원이 되는 것도 비전을 키우는데 도움이 된다. 선교대회에서 참여하고 선교단체에 대해서 배울 필요도 있다. 어떻게든 선교단체와 연관을 갖는 것은 하나님이 주신 선교의 비전을 이어가는 방법이다.

5) 현재 있는 곳에서 할 수 있는 선교사역에 참여하라.

지금 선교를 위해 할 수 있는 직접적인 일이 있다. 그것은 선교(사)를 위해 기도하는 것이다. 선교를 위해 기도로 참여할 수 있다. 시간이 허락하는 대로 선교를 위해 자원봉사를 할 수도 있다. 선교단체에 자원봉사를 할 수 있고 선교사 자녀들을 위해 무엇이든지 할 수 있다. 선교사를 위해 편지나 선물들을 보낼 수 있다. 선교를 위해 헌금을 하는 것도 꼭 필요한 일이다. 지금 어떤 일을 하든지 최선을 다해 선교헌금을 하면서 선교에 동참하라.

6) 문화와 영어를 공부하라.

선교에 대한 책들을 읽는 것도 도움이 된다. 문화에 대한 공부나 책을 보는 것도 필요하다. 영어공부도 해야 한다. 영어는 이제 선교에 있어서 필수다. 영어권으로 가지 않더라도 영어공부를 해야 한다. 영어는 국제통용어이기 때문에 의사소통이 충분할 정도의 실력을 키워야 한다. 국제통용어를 모르고 선교지로 가는 것은 무모한 일이다. 선교는 한국선교사들 끼리만 하는 것이 아니라 다른 나라의 선교사들과도 함께 해야 한다.

그들과 영어로 소통해야 한다. 영어 없이는 국제적인 지도자가 되기 어렵다. 현지인들도 영어를 하지 못하는 선교사를 무시한다. 영어를 못한다고 선교를 못하거나 선교사가 될 수 없는 것은 아니다. 그렇지만 이제는 영어를 하지 않고는 선교사로서 많은 제약이 따르고 어디서나 영어는 필요하다. 선교훈련은 단시간에 받을 수 있지만 영어 습득은 시간이 많이 걸리는 작업이기에 지금 바로 영어공부를 시작하라.

7) 다음의 몇 가지를 기억하라.

선교를 하기 위해 반드시 신학을 공부해야 하는 것은 아니다. 자신의 직업을 가지고 사역하는 전문인선교사로 사역할 수 있다. 선교사로 나가기 전에 공신력 있는 선교훈련기관에서 선교훈련을 받을 수 있도록 하라. 선교에 대한 직접적인 훈련은 최종적으로 받는 것이기에 지금부터 선교훈련을 받아야 된다는 생각은 버려도 된다. 선교지 결정 등 선교에 대한 상담이 필요할 때는 현지에 있는 선교사를 만나기 이전에 선교행정가 혹은 선교본부에서 사역하는 선교사들과 상담을 하는 것이 좋다. 가급적 많은 사람들과 상담하되 선교본부사역자들에게 우선 조언을 구하는 것이 좋다.

5. 결론

선교사가 되기 위해서는 많은 훈련이 필요하다. 선교에 대한 비전을 가졌을 때부터 선교훈련은 시작된다. 선교사가 되는 기본 자질은 현재의 생활과 신앙 경험에서부터 시작된다. 선교사로 나가기 전에 최종적으로 필요한 훈련을 받을 수 있다. 하나님은 훈련된 만큼 사용하신다. 훈련으로 준비된 자가 하나님 나라를 위한 선교에 가장 아름답게 쓰임을 받을 수 있다. 선교훈련을 더욱 강화하는 한국선교가 되기를 염원해 본다.

제7장

선교사 선발과 시대에 요청되는 자질

1. 선교사 후보생의 동향

한국교회선교사 숫자가 지금까지는 늘어나고 있는 추세이다. 그러나 선교사 숫자가 언제까지 늘어날 지에 대해서는 아무도 낙관할 수 없다. 요즈음 한국교회의 교인 숫자가 정체 혹은 감소되고 있다. 교회가 선교사의 못자리인데 교회 성도수가 줄어들면 당연히 선교사 숫자도 줄어들 수밖에 없다. 한국교회가 성장하지 못한다면 한국교회 전체가 위기상황에 있다고 보아야 한다. 이런 측면에서 한국선교도 위기감을 가져야 할 시기이다.

선교사 중도 탈락 혹은 은퇴선교사의 숫자가 신임 선교사의 숫자보다 많아질 때 선교사의 숫자는 줄어들게 된다. 선교단체나 교단선교부는 선교사의 숫자가 줄어들게 되면 단체의 존립의 문제에 직면하게 된다. 그 결과로 선교사 후보생을 선발하는 기준을 낮게 잡을 수밖에 없다. 그러나 선교사 선발기준을 낮추는 것은 한국선교에 있어서 더 위험한 일이다. 선교사 선발은 한국교회 선교의 미래를 좌우할 아주 중요한 문제이기 때문이다. 선교사 선발을 신중하게 하지 않으면 한국교회선교의 미래는 어둡다. 자질 있는 선교사를 선발하는 것이 한국선교에서 큰 과제 중의 하나이다.

1) 소명과 환경

현재 한국교회선교에서 선교사가 되기 원하는 사람들은 이전과는 다른 양상을 보이고 있다. 이전에는 하나님이 부르시는 소명감 하나만으로 선교에 헌신을 하였다. 소명감으로 어려운 모든 과정을 이겨나갔다. 그러나 지금은 소명보다는 주변 상황을 고려하는 추세이다. 상황을 고려하는 자체가 소명에 포함된다고 할 수도 있겠지만 그만큼 선교에 대한 열정보다는 다른 요소도 선교사가 되는 것을 결정하는 요인이 된다는 의미이다. 이런 환경적인 요인들은 선교사의 자질을 평가하는데 있어서 긍정적인 부분과 부정적인 부분이 있다. 긍정적인 부분은 선교사가 되는 과정 속에서 있을 수 있는 모든 환경적인 어려움을 통과하는 사람들만이 선교사가 될 수 있다는 점이다. 부정적인 요소로는 소명보다는 다른 요소로 선교사가 되려는 사람들로 인해 소명감이 부족할 수 있다는 점이다.

자질 있는 선교사가 되는 것은 이전보다 더 어려워졌다. 그것은 많은 세상적인 요소들이 선교사가 되는 것을 방해하고 있기 때문이다. 세상은 다양해지고 편리해졌다. 과거에 비해 자기 발전을 할 수 있는 여건과 삶을 누리고 즐길 수 있는 환경이 더 좋아졌다. 이런 시대에 자기를 희생하고 선교사로 헌신하는 것은 결코 쉬운 일이 아니다. 반면에 세상이 다양해짐으로 인해 선교가 하나의 인생 경험이나 체험이 되는 면도 있다. 그런 결과로 선교는 반드시 해야 할 필수적인 것보다는 다양성 속에서 도전해 볼 만한 하나의 경험으로 여겨질 수도 있다. 이런 부류의 사람들이 늘어남으로 인해 선교사의 자질은 더 낮아지고 있다고 볼 수 있다. 그럼으로 인해 각 선교단체는 선교가 하나님이 부르시는 필수적인 사명이라는 확신을 가진 사람들을 선발하는 것이 중요한 일이 되었다. 이런 다양성 속에서 참된 소명감을 가진 사람들을 선발하는 것이 앞으로 한국선교의 성패를 가리는 중요한 요소라고 할 수 있다.

2) 훈련과 선교단체

선교사의 자질을 떨어뜨리는 또 다른 요인은 선교훈련의 약화이다. 선교사를 지망하는 사람뿐 아니라 선교사를 파송하는 교회도 선교사를 빨리 파송하고 싶은 마음에서 선교훈련을 중요하게 생각하지 않는다. 선교훈련을 받지 않겠다는 사람들은 자신을 훈련시키고자 하는 마음이 없는 사람들이다. 선교훈련 자체를 두려워하는 사람들이다. 선교훈련을 생략하려는 교회는 선교의 본질을 중요시 여기는 것이 아니라 교회의 계획에 선교를 사용하려는 의도가 있는 것이다.

선교단체도 마찬가지로 선교훈련에 중요성을 두지 않는 경우도 있다. 어떤 선교단체는 선교훈련에 시간과 자원을 투자하기보다는 선교사 파송 숫자에 관심이 있다. 선교훈련의 질이나 눈에 보이지 않는 사람의 내면이나 사람을 키우는 것보다는 눈에 보이고 자랑할 수 있는 선교사의 숫자를 더 중요시 여긴다. 선교사 숫자에 초점을 맞추다 보면 자연스럽게 선교훈련은 약화될 수밖에 없다. 선교단체의 입장에서 좋은 선교훈련을 시키는 것은 쉬운 일이 아니다. 당장 그 결과가 눈에 보이는 것도 아니고 훈련에 들어가는 투자가 많기 때문이다.

그러나 이 세상의 어떤 일도 훈련과 준비 없이 되어지는 일은 없다. 노력과 투자 없이 성과를 볼 수 있는 일은 없다. 세상에는 전문적이지도 않고 바람직하지 않은 일에도 훈련과 준비가 필요하다. 하물며 선교는 언어와 문화가 전혀 다른 곳에서 복음을 거부하는 사람들에게 선교해야 하는

고도의 전문적인 분야이다. 영적인 전쟁터에 나가는 선교사가 필요한 훈련을 받지 않는 것은 총 한 번 만져보지 않은 사람이 전쟁터에 나가 싸우는 것보다 더 위험한 일이다.

선교훈련이 부족하다 보니 선교지에서 아군이 누구인지 모르고 싸우는 경우가 있다. 적군이 아니라 아군과 열심히 싸우는 선교사들을 볼 수 있다. 선교훈련이 부족하면 결과적으로 선교사의 자질이 떨어지는 것은 당연하다. 자질이 떨어지는 선교사들은 선교가 무엇인지, 선교의 본질이 어떤 것인지, 전략이 무엇인지, 지금 자신이 무엇을 위해 선교지에 있어야 하는지에 대해 알지 못하고 오히려 복음의 방해꾼의 역할을 하게 된다.

지금도 선교지에는 선교훈련 없이 선교사역을 하고 있는 선교사들이 많다. 자칭 선교사라고 하는 사람들도 있다. 선교훈련은 고사하고 선교단체도 없이 선교지에 오는 선교사들은 선교훈련의 무용론을 주장한다. 자신들이 선교훈련을 받지 않았기에 선교훈련 받은 선교사들을 비판한다. 선교훈련을 받지 않은 사람들이 선교사역은 더 잘한다고 말한다. 선교지에 사는 것 자체가 선교훈련을 받는 것이라고 말한다. 선교지의 경험이 선교훈련을 대치할 수 있다고 말한다. 그러나 이런 말들은 자신의 약점을 감추기 위한 말일 뿐이다. 그들은 선교지에 오는 동기가 잘못되어 있는 경우가 대부분이다. 선교에 대한 동기가 바른 사람은 선교훈련이 선교사에게 필수적인 요소임을 인정한다. 선교훈련이 한국교회선교의 미래를 가늠하는 척도라는 것을 우리는 알아야 한다.

2. 선교사의 기본적인 자질

선교사의 자질이 선교에 있어서 무엇보다도 중요하다. 세계의 여러 나라들이 프로축구구단들을 가지고 있다. 프로축구단은 축구에서 승리하기 위해서 많은 것들을 투자한다. 재정과 인력을 투자한다. 프로축구에 인생을 바치는 사람의 수는 헤아릴 수 없이 많다. 그러면 축구에서 가장 중요한 요소가 무엇인가? 바로 축구선수들이다. 아무리 구단이 크고 감독이 좋아도 축구를 잘하는 선수가 없으면 좋은 프로구단이 될 수 없다. 그래서 구단과 감독은 좋은 축구선수를 찾기 위해 최선을 다한다. 그만큼 축구선수는 프로구단에 있어서 중심적인 존재이기 때문이다.

한국교회선교에 있어서도 마찬가지다. 선교사는 한국교회선교에 있어서 핵심적인 존재이다. 물론 선교단체나 선교훈련이 뒷받침되어야 선교가 발전할 수 있지만 선교의 미래를 가늠할 수 있는 중심 요소는 선교사다. 자질 있는 선교사가 많을 경우에 한국교회선교는 미래가 있다고 볼 수 있다. 선교단체나 후원하는 교회도 결국은 좋은 선교사를 많이 확보하는 것이 그 단체나 교회의 선교 역량을 판단 받는 기준이 되는 것이다. 자질 있는 많은 선교사들이 있을 때 한국교회는 선교뿐 아니라 한국교회 자체에도 미래와 희망을 갖게 된다.

한 사람의 뛰어난 지도자나 발명가 혹은 전문가가 수만 명을 먹여 살릴 수 있는 시대이다. 선교에 있어서도 한 사람의 양질의 선교사가 선교의 흐름을 바꿀 수 있다. 더 많은 양질의 선교사가 나오는 것은 한국교회뿐 아니라 하나님 나라에서 축복된 일이다. 자질 있는 선교사가 많아질 때 하나님 나라는 더 빨리 확장되어질 것이다. 선교사의 자질을 평가할 수 있는 요소는 어떤 것이며, 선교사가 어떤 자질을 가져야 하는 것을 알아보는 것은 선교사의 자질을 키워가는 과정이라 생각한다. 선교사에게 여러 가지 자질들이 있지만 가장 필요하고도 중요한 기본적인 자질들은 다음과 같다.

1) 영성 있는 선교사

영성이란 하나님과 교제를 깊이 하는 삶과 하나님 나라의 관점에서 세상을 바라보는 성품을 말한다. 선교사는 말씀과 기도와 묵상 시간을 통해 깊은 영성을 갖추어야 한다. 인간의 노력이나 재능을 앞세우는 것이 아니라 하나님과의 관계를 우선으로 삼는 영성이 선교사에게 무엇보다 필요한 자질이다. 역사적으로 훌륭한 선교사들은 모두가 영성이 뛰어난 선교사들이었다. 훌륭한 선교사들은 영성에 있어서도 특별한 사람들이었다. 버어마 선교사였던 아도니람 저드슨은 평생 동안 매주 금요일을 하나님과의 교제의 시간으로 삼았다. 금요일에는 하루 종일 말씀을 묵상하고 하나님께 기도하는 시간을 가졌다.

선교사에게 있어서 영성은 그 무엇보다도 우선되는 자질이다. 선교사란 하나님의 말씀을 전하는 자들이다. 하나님의 말씀을 전하는 것이 핵심에 있다. 하나님의 말씀이 선교사역의 도구이고 선교의 목표이다. 이 말씀 사역을 잘 하기 위해서는 선교사가 말씀으로 먼저 은혜를 누려야 한다. 말씀이 선교사 속에 살아 있고 선교사가 그 말씀의 맛을 보아야 한다. 말씀을 잘 전하는 선교사는 그 말씀에 충만해 있어야 한다. 말씀이 선교사 자신의 삶을 인도하도록 해야 한다.

선교사라고 해서 항상 하나님의 말씀에 충만한 것은 아니다. 오히려 그 반대일 가능성이 많다. 선교지는 영적으로 메마를 수밖에 없는 요소들이 많다. 선교지에서는 선교사 자신이 말씀에 충만해지기 위해 노력하지 않으면 누구도 도움을 주지 않는다. 선교사의 고국에서는 좋은 설교를 들을 수도 있고 양질의 신앙서적을 쉽게 구할 수도 있다. 그러나 선교지에서는 그런 것들을 구하기가 쉽지 않다. 선교사는 선교지에서 영적인 공급을 받는 것이 아니라 오히려 모든 순간에 주어야만 하는 입장에 있다. 그러다 보면 선교사 스스로 말씀에 갈급한 상태가 되기 쉽다. 선교사 자신이나 후원자들은 선교사는 말씀의 영성을 지키는 데에 어려운 환경에 있다는 것을 인정해야 한다.

요즈음 선교사역은 너무 다양하고 방대하다. 선교의 기술적인 면도 발전되어 가고 있다. 선교에 대한 수많은 정보와 전략들이 있다. 그러나 이런 것들이 오히려 영성을 방해하는 이유가 되기도 한다. 선교사들이 할 일이 많아 분주하다. 그러다 보면 하나님과의 충분한 교제 시간을 가질 수 없게 된다. 선교지는 영적인 전쟁터다. 영적인 전투에서 싸움의 가장 큰 도구는 기도이다. 기도가 영적인 전투에서 승리케 하는 도구라면 선교사가 항상 기도에 깨어 있어야 하는 것은 당연한 일이다.

선교사의 삶에 있어서 기도는 필수 중의 필수이다. 시간이 있을 때 하고 없을 때는 뛰어 넘어가는 것이 아니다. 기도를 정기적으로 하지 않는다는 것은 선교사가 해야 하는 가장 중요한 사역을 하지 않는다는 의미이다.

그러나 선교지에서는 기도하는 습관을 갖는 것이 쉽지는 않다. 이 말은 선교사가 선교지에서 하루아침에 기도를 많이 하는 사람이 될 수 없다는 말이기도 하다. 선교사가 되기 전부터 기도하는 사람이어야 한다. 이것이 선교사를 선발하는 기준이 되어야 하고 선교사의 중요한 자질이 되어야 한다. 선교사 선발에서 이 부분을 점검해야 하고 기도훈련이 안 된 선교사는 기도훈련을 하도록 해야 한다. 기도훈련이 안 된 선교사는 선교지에 보내지 않는 것이 좋다. 아무리 바쁘고 분주해도, 아무리 어려운 일이 있어도 기도를 통해 모든 일을 해 나가는 영성 있는 선교사가 필요하다.

선교사에게 있어서 설교를 잘하느냐, 말씀을 잘 가르치느냐 하는 문제는 기술적인 부분이다. 기술적인 부분은 때로 선교사에게 있어서 절대적인 부분은 아니다. 기술적인 부분이 약해도 선교사역을 잘 감당할 수 있다. 그러나 선교사에게 있어서 영성은 기본적인 것이며, 절대적인 것이다. 그래서 선교사를 선발하거나 그 자질을 말할 때 영성을 첫 번째로 꼽아야 한다. 영성에 있어서 균형이 잡혀 있고 기본적인 영성이 되어 있는 선교사는 인간관계에서나 사역적인 면에서 어려움을 당했을 때 이겨나갈 수 있다. 영성 있는 선교사의 모습은 다른 어떤 부분보다도 선교사를 아름답고 훌륭하게 만든다.

선교사를 볼 때 기술이나 전략, 정보, 재능만으로 평가한다면 선교사의 참 모습을 보지 못하는 것이 될 수 있다. 영성 있는 선교사는 주님과 깊은 교제 속에 있기 때문에 자기 변론이 많지 않다. 묵묵히 십자가를 바라보는 겸손한 모습이 있다. 선교후원을 위해 수단과 방법을 다 동원하지 않는다. 조용히 하나님을 바라보며 하나님의 임재 속에 거한다. 범사에 감사하며 자기의 일에 충실하다. 그래서 선교사역의 참된 열매는 깊은 영성을 가진 선교사들의 모습 속에서 나타난다. 선교는 주님과 닮은 선교사들의 삶속에서 아름답게 이루어진다. 영성 있는 선교사가 많아질 때 한국교회선교는 바르게 이루어질 것으로 확신한다.

선교단체는 선교사들이 계속적인 영성을 유지할 수 있도록 선교사를 돕는 체계를 갖추어야 한다.

2) 인격적인 선교사

한 사람이 그리스도인이 되었을 때 그의 인격은 죽을 때까지 성숙해간다. 하나님의 형상을 닮아 날마다 성화를 거듭한다. 이 말은 사람의 인격은 하루아침에 형성되는 것도 아니고 하루아침에 성숙되는 것도 아니라는 뜻이다. 그리스도인이 가진 믿음은 하루아침에 이루어질 수 있지만 한 사람의 인격의 변화는 많은 시간과 훈련과 좋은 환경이 필요하다.

선교사 선발이나 자질을 가늠하는 부분에서도 인격적인 부분을 특별히 중요시 여겨야 할 이유가 여기에 있다. 선교학이나 성경지식, 선교전략이나, 기술적인 부분은 단기간의 훈련과 교육으로 습득이 가능하지만 인격적인 부분은 변화와 성숙의 속도가 더디다. 때로 인격적인 부분은 선교사가 되는 그 순간의 상태가 끝까지 그대로 유지될 수도 있다. 인격적인 문제가 있는 선교사는 계속해서 문제를 일으킬 가능성이 많다. 선교단체가 선교사의 인격적인 부분을 간과해서 잘못된 선발을 하게 될 경우, 그 악영향은 선교사가 선교사역을 그만두는 그 날까지 계속된다. 아울러 그로 인해 선교본부가 많은 어려움을 감수해야만 한다. 그래서 선교단체는 선교사가 된 후로 자동적으로 인격이 좋아지기를 기대하지 말아야 한다.

그런 면에서 선교단체는 선교사를 선발할 때 인격적인 부분에서 결함이 적은 사람을 선발해야 한다. 가능하면 좋은 인격을 가진 성숙한 그리스도인을 선택하는 것이 중요하다.

선교사의 좋은 인격이란 온유하고 겸손한 성품이다. 다른 사람을 인정하고 존중하는 성품이다. 다른 사람을 위해 참고 양보하는 모습이다. 그 사람의 삶의 모습이 신앙과 일치되는 모습이다. 거짓과 불의를 모르는 성품이다. 하나님과 사람 앞에 순수하고 깨끗한 성품이다. 선교사의 사역은 삶이 뒷받침 되어야 좋은 열매를 맺을 수 있는데, 그 삶의 모습이 바로 아름다운 인격이다.

요즈음은 선교사를 평가할 때 인격보다는 사역 자체를 평가하는 경향이 있다. 선교사의 인격보다는 재능과 사역의 외형을 보고 판단한다. 그러나 인격을 눈으로 쉽게 볼 수는 없다. 인격적인 사람의 사역이 하나님 나라에서는 필요한 것이다. 진정한 선교의 열매는 인격이 기반이 되는 것에 있다. 인격적으로 문제가 있지만 사역을 잘 하는 선교사가 있다면 그 사람은 모래 위에 집을 짓는 사람과 같다. 인격적인 선교사는 사역의 열매가 당장은 나타나지 않지만 인격적인 선교사는 언젠가는 드러나게 되고 그 가치가 빛을 발하게 된다.

3) 믿음 있는 선교사

선교사의 믿음에 대해 말하는 것은 선교사를 무시하는 무례한 일이 될 수도 있다. 선교사에게 믿음이 없다는 것은 있을 수 없는 일로 여겨진다. '선교사가 믿음이 없으면 누가 참된 믿음이 있을까?'라고 반문할 것이다. 그러나 믿음이 부족한 선교사들이 있다. 감히 어떻게 이처럼 단정적으로 말할 수 있을까? 믿음이 있는가, 없는가, 혹은 믿음이 충만한가, 믿음이 부족한가 하는 것은 선교사의 삶이나 태도를 볼 때 알 수 있다. '믿음이 있다면 저런 행동을 할 수 있을까?'라는 질문을 해 볼 때 분명히 믿음이 부족한 선교사라는 것을 알 수 있다.

"내 형제들아 만일 사람이 믿음이 있노라 하고 행함이 없으면 무슨
유익이 있으리요, 그 믿음이 능히 자기를 구원하겠느냐"(약 2:14)

선교단체에서 선교사를 허입할 때 구원을 얻는 믿음이 있는가를 확인할 필요가 있다. 지금 죽어도 하나님 나라에 간다는 확신이 있는가를 질문해 보아야 한다. 인간의 구원이 가장 큰 일임을 고백하는 사람인가를 알아보아야 한다. 그래야 선교에 있어서 중심을 지키고 바른 선교사역을 할 수 있기 때문이다. 이런 믿음이 있을 때 선교사가 어떤 일을 하든지 사람을 구원하는 일이 최종적인 목표임을 알고 사역하는 선교사가 될 수 있다.

믿음이 있노라 하고 믿음의 방법으로 일을 처리하지 않고 세상적인 방법을 사용하는 선교사들이 종종 있다. 아브라함은 믿음의 조상이었다. 믿음이 있었던 아브라함은 조카 롯에게 좋은 땅을 양보하였다. 아브라함에게 있어서 물질적인 부분에서 당장 손해 보더라도 더 중요한 것은 롯을 도와주는 것이요, 롯을 세워 주는 것이요, 자기가 손해 보는 것이었다. 아브라함은 롯을 도와줄 때 하나님이 자신을 결코 손해 보게 하지 않을 것을 알았다. 아브라함은 비록 손해를 보더라도 믿음의 모습대로 행하였다. 그래서 아브라함은 믿음이 있는 자라고 하나님께로부터 인정을 받았다. 믿음이 있는 선교사는 아브라함처럼 자기를 희생할 줄 안다.

믿음이 있는 선교사는 자기가 손해 보더라도 하나님의 방법대로 일을 처리해 나간다. 믿음이 있는 선교사는 참고 기다릴 줄 안다. 믿음이 있는 선교사는 다른 사람을 먼저 배려하고 사람을 세우는 원칙대로 살아간다. 믿음이 있는 선교사는 늘 하나님의 행하심을 기다리며 산다. 행동과 태도, 결정에 있어서 믿음이 있는 선교사를 선발하는 것이 선교단체의 중요한 과제이다.

4) 소명 있는 선교사

어쩌면 선교사의 소명을 다루는 것은 구시대적인 자질을 말하는 것처럼 보인다. 선교에 있어서 소명도 중요하지만 능력과 재능이 그만큼 중요한 시대가 되었기 때문이다. 이런 결과로 선교단체에서는 소명보다는 다른 영역을 더 중요시하는 경향이 나타난다. 선교사 소명을 점검하는 것은 뒷전으로 밀리고 다른 자질들을 더 깊이 점검하게 되었다. 선교 소명 부분에서 대충 넘어가는 것이다. 대충 넘어가지 않으면 선교단체가 선교사를 확보하기 힘들기 때문이다. 그래서 선교부에서는 소명과 동기가 불분명하지만 다른 영역에서 뛰어난 사람을 선택하면 선교사가 되어 나중에 소명감을 갖게 될 것이라는 막연한 기대를 가지고 허입을 하게 된다.

그러나 선교사에게 있어서 소명은 처음부터 분명하게 다루어야 할 영역이다. 소명감이란 자신이 하는 일에 대한 자부심이나 확신이다. 어떤 일을 하든지 간에 사람들은 자신의 일에 대한 분명한 확신이 필요하다. 확신이 있을 때 그 일의 성취도는 높아진다. 확신이 있을 때 비록 실패해도 후회하지 않는다. 선교에 있어서 소명감이란 하나님이 이 일에 자신을 부르셨다는 분명한 확신이다. 이 일을 위해 생명도 내 놓겠다는 신념이 바로 선교 소명이다.

근대 선교의 아버지라고 할 수 있는 윌리암 캐리는 "하나님이 보내신 곳에 가서 헌신하면 죽음을 맞을 각오를 해야 한다."고 말했다. 죽음이라도 불사하겠다는 확신이 소명감이다. 묵묵히 죽음을 각오하고 그 길을 가는 선교사를 하나님은 귀히 여기신다. 그런 선교사들을 통해 하나님은 세계 복음화를 이루어가신다. 이런 소명감은 선교지에서 사역을 하다가 어려움에 봉착했을 때 먼저 하나님의 뜻을 구하게 만든다. 하나님의 뜻이라면 무엇이든지 순종하겠다는 마음을 갖게 한다. 그리고 그 하나님의 뜻에 따라 결정하고 자신의 모든 사역을 진행한다. 하나님의 뜻을 먼저 묻는 태도는 소명감이 확실할 때 나온다. 소명감이 없으면 자신의 뜻에 따라 일을 하려 한다. 소명감이 부족하면 자신의 욕심과 계획과 지혜를 앞세우게 된다. 선교 소명은 단순히 선교사로 출발하기 위한 조건만이 아니라 평생 하나님 앞에서 살고자 하는 믿음의 태도이다.

소명이 있는 선교사는 모든 일에 분명하다. 모든 일에 분명한 선교사는 어떤 일이든지 기쁨으로 감당할 수 있다. 모든 일에 긍정적이다. 그리고 하나님의 마음을 품고 산다. 하나님께서 주신 비전을 품고 사역을 한다. 소명감이 있는 선교사는 창조적인 일을 추구한다. 그 창조적인 일에 자신을 헌신하는 사람이다.

이런 소명감을 소홀히 여겨서는 안 된다. 선교사가 어려움에 처했을 때 소명감을 회복하는 것이 가장 좋은 해결책이다. 소명감은 선교사에게 정체감을 준다. 그 정체감은 하나님으로부터 출발하는 정체감이다. 그 정체감은 어떤 어려움도 극복할 수 있는 힘이 된다. 당신이 선교사라면 진정 지금 하고 있는 선교의 일이 하나님께서 당신에게 맡기신 일인가를 확인하라. 당신이 그리스도인이라면 현재 하고 있는 일을 하나님께서 주셨다는 것을 확신하라. 소명감이 분명할 때 흔들리지 않고 만족감을 준다. 하나님은 모든 그리스도인에게 사명을 주셨다. 그 사명 속에서 사는지를 확인하는 작업이 우리 모든 그리스도인과 선교사에게 있다. 무엇보다도 선교사는 이런 소명감이 확실해야 한다.

3. 자질이 부족한 선교사

선교사가 좋은 자질을 갖는 것은 필요하지만 반대로 선교사가 가져서는 안 되는 요소들이 있다. 이런 요소를 가진 사람은 선교사가 되기에 적합하지 않다. 이런 적합지 않은 요소는 선교사역을 하면서 끝까지 자신과 동료와 현지인을 괴롭힌다. 선교사로서 자질이 부족한 선교사의 유형들을 살펴본다.

1) 배울 줄 모르는 선교사

선교사는 누구보다도 배움에 열심이 있어야 한다. 선교사의 직분 자체가 다른 사람에게 무엇이든 나누어 주는 일이다. 그러다 보면 정작 선교사 자신의 성장을 위해 배우려는 필요를 갖지 못할 수가 있다. 현재도 충분하고 현재의 삶에 만족하기에 배우고 자기를 발전시키는 것에 관심이 적다. 그러나 선교사는 계속해서 배워야 한다. 자기계발을 위해 노력해야 한다. 그래야 다른 사람에게 나누어 줄 수 있다. 선교지에서 보면 자기발전에 대해서 생각이 없는 선교사들을 볼 수 있는데 그들의 사역 또한 발전하지 못할 가능성이 많다. 선교사가 되면 모든 것을 완성한 사람이 아니라 그 때부터 선교사로 커나가는 것이다. 자기발전이나 성장이 없는 선교사는 선교사로서 자질이 부족한 것이다. 배울 줄 모르는 선교사는 가르칠 자격이 없다.

2) 자기관리가 부족한 선교사

선교사에게 있어서 선교지는 본국보다는 선교사를 관리할 수 있는 시스템이 약하다. 선교지에서는 선교사가 하는 일에 대해서 일일이 간섭하거나 점검할 수 있는 조직이나 사람이 많지 않다. 다만 몇 가지 예외는 있다. 선교사가 현지인 단체와 협력하면서 현지인의 권위 아래서 사역을 하면서 자신의 모든 생활과 사역에 대해서 관리를 받는 것이다. 또 하나는 선교단체의 현지 체제가 잘 되어 있어서 그 체제에 따라 사역을 하는 경우이다. 위의 두 체제가 선교사 자기관리에 있어서는 유리하다. 이런 체제들이 선교사 관리뿐 아니라 협력사역 등 다른 부분에서도 장점이 많다.

그러나 한국선교사가 현지인의 권위 밑에서 그들의 감독을 받으면서 사역을 하려고 하는 선교사는 많지 않다고 보아야 한다. 국제선교단체가 아니라면 한국 자생 선교단체는 현지 체제가 형태는 있지만 선교사들을 관리할 수 있는 구체적인 방안들이 아직은 실행되고 있지 않는 현실이다. 그래서 선교사가 균형 잡힌 사역과 생활을 하기 위해서는 자기관리가 잘 되어야 한다. 시스템의 도움이 없이는 자기관리가 되지 않는 선교사는 관리 능력이 부족하기에 선교사의 삶을 살기에 부적합하다.

환경이나 시스템, 혹은 다른 사람에 의해 수동적으로 사는 사람은 선교사가 되는 것을 고려해 보아야 한다. 이런 선교사는 시간이나 물질 혹은 자신이 가진 재능을 선교에 적합하게 활용하지 못한다. 적합하게 자신이 가진 것을 활용하지 못한다는 의미는 그것을 가지고 범죄할 가능성이 있다는 뜻이다. 바로 사용하지 못하는 것 자체가 범죄일 뿐 아니라 실제로 죄 가운데 있게 될 가능성이 많다. 시간도 마찬가지다. 스스로 시간을 관리하지 못하는 사람은 많은 시간이 주어졌을 때 그 많은 시간으로 바쁜 사람보다는 죄를 지을 가능성이 더 많다.

자기관리는 단순히 시간, 재능, 물질을 낭비하지 않기 위해 필요한 것이 아니라 죄를 짓지 않기 위해 필요한 것이다. 그런 면에서 선교사가 된다는 것은 선교사를 관리해 주지 않는 환경 속으로 뛰어드는 것이고, 자기관리가 부족한 사람은 오히려 범죄할 가능성에 더 많이 노출된다. 그러기 때문에 자기관리가 잘 안 되는 사람은 선교사로 나가지 않는 것이 자신을 위해서 좋다. 자기관리가 부족한 사람은 다른 사람에게도 해를 끼칠 가능성이 많다. 선교사가 되지 않았다면 좋은 시스템 속에서 자기관리의 면에서 다른 사람의 도움을 받아 하나님의 일을 잘 감당할 수 있을 사람이 오히려 선교사가 되어 하나님이 주신 것들을 낭비하고 더 나아가 범죄하게 되고 자신을 망가뜨리는 인생이 될 수 있다.

3) 전문성이 부족한 선교사

선교사의 전문성에 대해서는 이미 전장에서 언급하였다. 전문성이 부족한 사람은 자기자신에게 뿐 아니라 한국선교 전체에 대해서도 손해다.

전문성이 떨어질 때 선교사의 질을 낮추는 것이고, 선교사의 질이 낮아질 때 여러 가지 문제점들이 발생하게 된다. 전문성이 부족한 선교사를 보고 후원자나 선교지 현지인들이 선교에 대한 부정적인 생각을 갖게 된다. 그렇게 됨으로 인해 한국선교는 퇴보하게 된다. 여기서 전문성이란 선교의 전문성 뿐 아니라 선교사 자신이 잘할 수 있는 영역에서의 전문성이다. 전문인선교사라면 자기의 전공에 탁월한 선교사가 되는 것이고, 목회자 선교사라면 성경을 가르치거나, 설교나, 제자와 지도자를 세우는 일에 있어서 탁월한 전문가가 되어야 한다는 뜻이다. 선교지에서 이 분야만큼은 다른 사람보다 탁월해야 한다는 프로(?)정신을 가진 선교사가 되어야 한다.

4) 열린 마음이 없는 선교사

선교사들 중에 의외로 다른 사람의 말을 잘 안 듣거나 마음이 열리지 않은 사람이 많다. 보통 사람들은 선교사는 개척정신이 강하고 열린 마음의 소유자일 것이라고 여긴다. 그러나 오히려 정반대로 새롭게 개척하거나 열린 마음으로 행동하려 하지 않는 경우도 있다. 어느 정도 선교사역을 하다 보면 그것에 안주하려는 마음도 생긴다. 그것은 새롭게 개척해 왔던 일들이 너무 힘들었기 때문에 또 다른 개척된 일을 하려 할 때 두려움이 찾아오기 때문이다. 혹은 그 동안 나름대로 자신의 사역을 성공적으로 해왔기에 자신의 모습을 객관적으로 판단하기 어려울 수도 있다. 선교사는 자존감에 있어서 너무 지나친 둘 중의 하나가 되어서는 안 된다. 선교지에서 살아남기 위해 몸부림치다 보면 자기애가 강해진다. 자기애가 강하게 되면 자신의 정체감을 객관적으로 보지 못하게 된다.

선교사는 열린 마음의 소유자이기 때문에 한국이라는 지리적인 한계를 벗어나 세계로 나가게 되는 사람이다. 그러나 선교사역을 하다 보면 여러 가지 한계에 부딪히게 된다. 옛 성품을 벗어 버리지 못한 경우도 있다. 그래서 오히려 열린 마음보다는 닫힌 마음을 갖게 된다. 선교란 문화와 민족을 뛰어 넘어 복음을 전하면서 성육신하여 현지인들을 섬기는 것이다. 닫힌 마음으로 현재의 틀을 깨지 못하고 몸만 선교지에 와 있다면 참된 선교를 하기 어렵다. 열린 마음으로 바라보고, 하나님 나라의 관점에서 바라보는 세계관이 없이는 바른 선교를 하기 어렵다.

열린 마음이 없이는 다른 사람과 협력을 하기도 어렵다. 개혁이나 창의적인 일을 하는 것도 힘들다. 열린 마음 없이는 마음속으로 부정적인 생각을 하게 된다. 열린 마음이 없으면 사람을 비판하기를 즐겨하게 된다. 열린 마음이 없이는 몸도 마음도 병이 생긴다. 너무 경직되어 있으면 스트레스가 쌓인다. 그래서 선교사는 유머 감각도 있어야 한다. 유머 감각은 열린 마음속에서 나온다. 여유가 있을 때 웃을 수 있다. 경직되거나 닫히거나 자기중심적인 사람은 항상 심각하다.

열린 마음을 가진다고 해서 모든 것을 수용하라는 말은 아니다. 자기 것이 없이 무비판적인 사람이 되라는 말도 아니다. 이래도 좋고 저래도 좋다는 미지근한 사람이 되라는 말은 더더욱 아니다. 열린 마음을 가진다는 것은 바로 판단하라는 것이다. 일단 마음을 열어 놓고 시작하라는 것이다. 무조건 자기 고집만을 내세우지 말라는 것이다. 자기 것이 소중한 것처럼 다른 사람의 것도 소중하게 여길 줄 알라는 것이다. 분명한 자기의 철학을 가지고 마음을 열라는 것이다. 내게 당장 안 맞아도 다른 사람을 인정하라는 것이다. 열어 놓고 배울 것은 배우고 취할 것은 취하라는 것이다. 열려 있어야 자기 것의 한계와 부족한 것을 볼 수 있다. 마음이 열린 사람이 선교사가 될 수 있고 그래야 선교를 바로 할 수 있다.

5) 상처가 많은 선교사

사람은 누구나 어렸을 때부터 상처를 가지고 자란다. 상처가 없는 사람은 없다. 크고 작건 간에 누구나 마음에 상처를 안고 산다. 그러나 의

외로 선교사 지망생 중에는 상처를 가진 사람이 많다. 다른 직업군보다도 선교사가 되는 사람들이 과거에 큰 상처를 가진 사람들이 많다. 상처가 많다는 것은 필요한 사랑을 받지 못하고 성장했다는 말과 일치한다. 받아야 할 사랑을 어렸을 때 바로 받지 못한 사람은 사랑에 굶주려 있을 가능성이 많다. 이런 사람들이 복음을 통해 하나님의 사랑을 알게 되었을 때 그 하나님의 사랑에 감격하고 하나님의 사랑에 푹 빠지게 된다. 사랑에 굶주린 사람이 다른 사람으로부터 조금만 사랑을 받아도 쉽게 감격하는 것과 같다. 상처로 인해 사랑이 부족한 사람이 하나님의 사랑을 경험하게 되었을 때 너무 감격하여 주님을 위해 무엇이든지 바치겠다고 결심하게 된다. 하나님의 사랑을 크게 느끼고 감격하는 것 자체가 잘못된 것은 아니지만 이것으로 인해 하나님에 대한 사랑과 선교사로 헌신하는 것 사이에 차이를 구분하지 못하게 된다.

헌신을 위해서는 이성적인 판단이 필요하다. 하나님은 그의 자녀들이 이성도 사용하기를 바라신다. 헌신을 위해 환경도 필요하고 자신의 한계와 선교사로서 적절한 은사와 재능이 있는가도 고려되어야 한다. 그러나 안타깝게도 사랑에 굶주린 사람들은 이런 요소들을 간과한 채 사랑의 감정만으로 선교사가 되겠다고 헌신한다. 상처받은 사람은 회복을 위해 과거의 상처를 치료 받아야 한다. 일회성 사랑의 감정이 온전한 상처를 치유했다고 볼 수 없기 때문이다. 그래서 이런 사람이 선교사가 되었을 때는 자신뿐 아니라 다른 사람에게도 많은 상처를 주게 된다. 치유를 받았다고 하더라도 다른 일을 통해 하나님의 일을 충분히 할 수 있기에 굳이 선교사가 될 필요는 없다. 선교는 다른 어떤 일보다도 힘든 환경에서 해야 되는 일이기에 육체적으로 뿐만 아니라 정신적으로도 건강한 사람이 해야 한다. 보통 다른 사람보다도 더 큰 상처를 가진 사람은 선교사가 되는 것을 심각하게 고려해 보아야 하고 선교단체는 이런 사람들을 잘 가려내야 한다.

6) 자기애가 강한 선교사

과거에 상처가 많았던 선교사는 자기애가 강할 가능성이 다른 사람보다 더 많다. 자기애가 강한 선교사는 기독교의 기본 정신을 갖지 못하는 것이다. 기독교의 기본 정신은 타인에 대한 사랑이다. 다른 사람을 배려할 줄 알고 다른 사람의 입장을 고려하는 것이 예수님이 주신 첫 번째 계명이다. 자기애가 강한 선교사는 기독교의 기본 정신인 사랑을 나누어 줄 여유가 없다. 다른 사람에게 나누어 주더라도 기쁜 마음이 아니고 의무적으로 한다. 다른 사람을 사랑하는 마음이 부족한 상태에서 나누어 주는 복음이나 물질이나 헌신은 소리만 울리는 꽹과리와 같다.

필자는 선교사 후배들에게 조언하기를 가장 큰 사역은 현지인을 진정으로 사랑하는 마음 그 자체라고 권면한다. 현지인을 사랑할 수 없다면 보이는 선교사역이 아무리 위대해 보여도 실패한 선교사라 할 수 있다. 선교사가 자기애가 너무 강하면 옆에서 보기에도 안타깝다. 자기 것은 잘 챙기면서 다른 사람에 대해서는 전혀 관심 없는 그들의 모습이 불쌍해 보이기까지 한다. 이런 선교사는 선교보고를 할 때도 자신이 고생한 이야기만 늘어놓는다. 선교사 중에 누가 고생과 배신과 억울함을 당하지 않는 사람이 있는가! 고생한 이야기를 많이 하는 것과 자기애는 정비례하는 것 같다. 이런 사람은 선교사가 되지 않는 것이 좋다. 선교는 기쁨으로 감당해야 할 일이다.

7) 인간관계에 어려움이 있는 선교사

인간관계에 어려움이 있는 사람은 과거의 아픔과 상처 때문일 가능성이 많다. 특별히 원만한 인간관계를 맺어보지 못해서 그럴 수도 있다. 어렸을 때 권위에 대한 상처가 있는 사람은 어른이 되어서도 권위를 두려워하고 해야 할 말도 하지 못하는 경우가 있다. 원만한 가정 생활을 경험해 보지 못하고 자란 사람은 사람들과 관계를 잘 맺지 못한다.

선교는 일보다 중요한 것이 관계라고 말할 수 있다. 필자는 선교본부에서 본부행정 일을 하면서 행정에서 가장 중요한 것은 행정 자체가 아니라 인간관계라는 것을 깨달았다. 다른 어떤 조직도 마찬가지겠지만 선교행정은 인간관계의 사역이었다. 인간관계를 잘 맺는 것이 행정을 잘하는 것이었다. 계획과 조직과 재정 등의 행정적인 일을 아무리 잘해도 인간관계를 잘 맺지 못하면 그 행정은 선교본부에서 아무 소용없는 것이었다. 마찬가지로 선교지에서도 선교는 좋은 인간관계를 맺는 것이다. 선교가 무엇인가? 복음을 전하는 것이다. 사람과의 관계 속에서 복음을 전하는 것이다. 삶이 따라주지 않는 복음전파는 쉽게 무너진다. 선교지에 큰 프로젝트를 하여 많은 일들을 하고, 구제를 하고, 병자들을 낫게 하고, 지역 개발을 하고, 교회를 세운다고 하더라도 좋은 인간관계가 결여된 일들은 헛된 것들이다. 인간관계를 맺는 것이 어렵고 사람을 만나는 것을 두려워하는 사람은 선교사의 자질에 문제가 있는 사람이다. 인간관계를 잘 맺지 못해 사람을 중요시 여길 수 없는 사람은 선교사가 되는 것을 고려해 보아야 한다.

8) 권력 욕심이 있는 선교사

선교사가 무슨 권력욕이 있겠는가라고 반문하는 사람이 있을지 모르겠지만 선교사의 권력욕은 그냥 넘어갈 수 없는 영역이다. 오히려 선교사에게 있어 다른 영역보다도 권력욕이 더 크다고 말할 수 있다. 선교사는 자신의 생애를 선교를 위해 바친 사람이다. 선교사는 선교를 위해 가족과 친척과 고국을 포기하였다. 돈을 모으는 것을 포기하였다. 선교사는 세상의 욕심들을 포기한 사람이다. 세상에서 중요시 여기는 것들을 포기했기 때문에 그 부분을 채우는 무엇인가가 있어야 한다. 그것은 바로 복음의 생명력이다. 하나님의 현존하심과 위로하심을 순간마다 체험하는 것이다. 하나님과의 관계가 뜨겁고 복음의 감격 속에서 사는 것이다. 십자가 이외에 세상의 모든 것들을 다 배설물로 여기겠다고 했던 바울처럼 십자가의 사랑이 마음속에 가득차야 한다.

그러나 그 십자가의 사랑이 식어질 때가 있다. 풍성한 복음의 능력이 선교사의 삶과 마음속에 계속 유지되지 못할 때가 있다. 선교지의 생활이 힘들고 어렵다 보니 무언가 허무한 자신을 발견하게 된다. 그 순간에 복음의 능력으로 자신을 채워나가야 하는데 그러지 못할 때 과거에 포기했던 것들이 눈에 보이기 시작한다. 그 중의 하나가 바로 권력에 대한 욕심이다. 모든 것을 포기했다고 생각했는데 언젠가 자신 속에 복음 대신에 권력을 추구하는 욕심이 있음을 발견하게 된다. 그리고 그것을 제어할 영적인 힘이 없을 때 세상 사람들보다 더한 권력욕심이 되살아나는 것이다.

권력욕은 팀 사역을 방해한다. 권력욕은 선교사역을 방해한다. 권력욕은 선교사의 하나님과의 관계를 방해한다. 무엇보다도 권력욕은 선교사 자신을 파괴한다. 선교사의 바른 정체감과 자존감을 갖지 못하도록 한다. 선교사의 자존감을 내면에서 찾는 것이 아니라 외적인 요소로 찾으려 한다. 선교사가 늘 주의해야 하는 것이 권력욕인데, 결국은 이런 성향을 가진 사람들은 늘 주의해야 할 영역이다.

9) 돈과 이성에 약한 선교사

돈과 이성에 약한 선교사를 가끔 볼 수 있다. 선교사가 돈과 이성으로 범죄하게 되면 선교사 자신은 물론이고 주변 사람들마저 상하게 한다. 차라리 선교사가 되지 않았다면 다른 사람에게 상처는 주지는 않았을 것이고 복음의 방해꾼이 되지는 않았을 것이다. 주위에서 돈으로 인해 파송교회와 관계가 끊어지고 교회를 선교에서 돌아서게 하는 선교사가 있다. 이런 선교사들로 인해 교회들이 선교를 중단하는 사례가 나타나기도 한다.

선교사 한 사람이 무너졌을 때 자신만이 아니라 하나님 나라에 엄청난 타격을 준다. 그래서 돈과 이성에 약한 사람은 처음부터 선교사가 되는 것을 고려해야 한다. 순간적으로 범죄하는 경우도 있지만 이전부터 이 부분에서 약한 것을 고치지 못해 나타나는 경우가 더 많다. 선교단체는 이런 부분에서 철저하게 검증을 해서 선교사를 선발해야 한다.

4. 결론

완벽한 선교사는 존재하지 않는다. 완벽한 선교사가 되려고 할 필요도 없다. 다만 결정적인 결함이 있는 사람은 선교사가 되는 것을 심각하게 고려해야 한다. 결정적인 결함이 있는 사람이 선교사가 되었을 때 그 문제가 선교지에서 또 다시 반복될 가능성이 많기 때문이다. 사람은 경험한 이상은 할 수 없다는 말은 부정적인 요인에서도 적용되는 말이다. 나쁜 성향이나 경험을 가진 사람은 또 다시 나타날 가능성이 있고 선교지에서는 그 확률이 더 크게 나타난다. 그것은 바로 선교지의 상황이 어렵고 선교사역이 힘들고 영적 전투의 장에서 영적 싸움을 계속하기 때문이다. 선교단체는 선교사가 되려는 사람을 철저하게 검증해야 한다. 선교사가 되면 안 되는 사람을 골라내는 것은 선교단체와 선교지 현지인들에게 뿐만 아니라 검증을 통해 탈락되는 선교사 자신에게도 결과적으로 좋기 때문이다. 누구나 무조건 선교사로 가는 것이 좋은 일이 아니고 꼭 필요한 사람이 선교사가 되는 것이 하나님 나라를 위해 바람직한 일이다.

제8장

발전적인 단기선교(Vision Trip)

1. 단기선교팀의 예

필자는 현재 사역을 하고 있는 필리핀에서 한국에서 단기선교로 온 팀을 섬기면서 사역을 하는 과정 가운데서 과연 많은 재정과 시간을 투자하여 이곳에 와야 할 필요가 있는가 하는 고민을 해 본 적이 있다. 지금도 선교지에서는 무분별한 단기선교팀의 행동과 사역으로 인해 선교에 장애가 되고 있는 사례들을 종종 볼 수 있다. 언제까지 단기선교팀의 한계와 부작용을 그대로 방치할 것인가 하는 숙제 속에 바람직한 단기선교에 대한 제언을 하고자 한다.

1) 단기선교인가? 비전 트립인가?

필자는 이 글의 제목을 "단기선교(비전 트립:vision trip)"로 표시하였다. "단기선교"와 "비전 트립"은 엄밀히 말하면 서로 같은 뜻이 아니다. 서로 다름에도 불구하고 "단기선교"라는 제목을 단 이유는 지금까지 "단기선교"라는 이름으로 교회들이 이 일을 진행해 왔기 때문이다. 사람들이 이해하기 쉽도록 이 단어를 사용하고자 한다. 편의상 이 글에서도 '단기선교'라는 단어를 계속 사용할 것이다. 그럼에도 불구하고 굳이 괄호 안에 달아야 했던 이유는 '단기선교'가 '비전 트립'으로 바뀌었으면 하는 바람이 있기 때문이다. 단순히 단기선교 혹은 비전 트립이라는 단어 사용의 문제가 아니라 이 사역을 이해하고 실행하는데 있어서 바른 의도를 가지고 했으면 하는 마음으로 '비전 트립'이라는 단어를 사용할 것을 제안한다.

단기선교라 할 때는 실행하는 사람들의 사역에 중요성을 두게 된다. 사역이라는 단어는 어떤 일을 하는 것을 의미한다. 일을 할 뿐 아니라 어떤 성과를 기대하는 것이다. 그러므로 단기선교라는 단어를 사용할 때는 자연히 선교지 사람보다는 사역하는 사람들에 초점이 맞추어질 가능성이 많다. 반면에 비전 트립은 이 사역에 참여하는 사람들의 배우고자 하는 의도와 마음에 중심을 두게 된다. 비전 트립이란 단어를 사용한다면 실행하는 사람들이 아니라 현지인에 초점이 맞추어질 수 있다. 비전 여행을 통해 배우겠다는 자세가 내면에 있기 때문이다. 이런 의미에서 지금까지 실행해 온 단기선교를 비전 트립이란 단어로 바꾸었으면 한다. 그래야 단기선교를 바른 동기로 할 수 있다.

2) 단기선교의 목표와 동기

단기선교팀의 목표는 세계 복음화를 위해 동참하는 것이다. 단기선교를 통해 단순히 자신이 가진 것, 즉 재능과 물질을 나누는 차원이 아니라 하나님 나라의 확장을 위해 함께 참여하는 것이다. 하나님의 나라 확장에 참여한다는 것은 단기적으로 어떤 결실을 보기보다는 장기적이고 전체적인 입장에서 자기에게 맡겨진 일을 은사에 따라 감당한다는 의미이다. 비록 지금은 눈에 보이는 결실이 없더라도 다른 모든 것과 연관이 되어 결국은 하나님 나라가 확장되도록 하는 것이다. 그럼으로 단기선교의 동기는 이 사역에 동참하는 자신이 드러나는 것이 아니라 하나님이 드러나야 하는 것이다. 하나님이 드러나기 위해서는 사역에 참여하는 자의 만족이 아니라 현지인이 중심이 되고 현지인이 세워지도록 하는 것이어야 한다. 단기선교의 잘못된 동기는 현지인이 소외된채 단기선교에 참여하는 사람이 드러나게 되는 것이다.

그러나 단기선교에 참여하는 사람이 단기선교의 중심이 되어서는 안된다. 많은 단기선교팀은 현지인 중심이 아니라 단기선교팀 중심의 사역을 한다. 안타까운 현실이지만 현지인에게 필요치 않은 것일지라도 단기선교팀의 자기만족을 위해 현지인이 들러리를 서야 하는 경우도 종종 있다. 이것은 여름이나 겨울이면 선교지에서 쉽게 볼 수 있는 풍경이다. 그러나 단기선교에 참여하는 사람들은 현지인을 위해, 현지인을 세우기 위해, 현지인을 섬기기 위해 사역을 한다는 목표와 동기를 분명히 해야 한다.

단기선교의 또다른 잘못된 동기는 자기과시이다. 다른 교회가 하기 때문에 유행처럼 우리도 하겠다는 것도 잘못된 동기이다. 단순히 휴가를 가는 대신에 단기선교나 가는 것이 더 유익할 것 같다는 생각 또한 위험하다. 교회 직분자로서 체면이 있기에 가는 경우도 있다. 교회학교 부서가 성경학교 대신에 단기선교가는 것이 더 좋을 것 같아서 가기도 한다. 이런 단순한 생각은 현지인의 입장에서는 불순한 동기가 된다. 반면에 단기선교의 바른 동기는 바른 사역과 전략을 낳는다.

3) 단기선교의 문제점

단기선교의 문제점은 무엇보다도 단기선교팀의 일방통행이다. 현지인이나 현지 장기선교사의 입장이 아니라 단기선교팀이 원하는 사역을 하고

자 한다는 것이다. 물론 단기선교팀에 참여하는 사람들의 은사를 나누는 것은 필요한 일이지만 그것이 현지인이나 장기선교사의 사역에 아무런 유익이 없음에도 불구하고 시행하고자 하는 일방적인 태도는 큰 문제를 만든다. 단기선교팀들이 무분별하게 물질을 나누어 주면서 현지인들을 무시하고 현지 문화를 존중하지 않는 것도 문제다. 이미 언급했지만 무엇보다도 단시간에 사역의 열매를 얻으려고 하는 태도 그 자체가 문제다. 단순히 외국에 대한 호기심이나 현지인에 대한 값싼 동정심을 가지는 것도 문제이다. 선교의 바른 동기와 하나님의 세계 복음화에 대한 전체적인 그림을 망각하는 것도 주의해야 할 사항이다.

현지인의 삶과 문화를 배우려고 하는 겸손함보다는 현지인들에게 자신을 과시하려는 태도도 문제이다. 자기과시는 단기선교에 있어서 가장 위험한 태도이다. 자시과시는 교만이다. 성도들이 아무리 큰일을 한다 하더라도 하나님은 겸손하기를 원하신다. 겸손한 자가 참 믿음을 가진 자다. 하나님은 단기선교팀일수록 더 많은 겸손을 요구한다는 것을 알아야 한다. 단기선교팀이 가는 지역의 사람들이 정말 어려운 형편에 사는 사람들이기 때문이다.

2. 단기선교를 위한 제언

1) 섬기는 기회로 삼는다.

단기선교는 참여하는 자의 자기만족이 아니라 섬기는 기회가 되어야 한다. 구제는 이미 드려진 그 순간에 하나님이 받으시는 것처럼 하나님은 선교에 참여하는 그 순간에 이미 마음을 받으신다. 선교를 위해 드리고 헌신하는 그 마음과 태도를 하나님이 아신다. 더 이상 자신이 스스로 광고하고 영광을 받을 필요는 없다. 자기 이름을 내고 자신의 사역에 지금 당장 눈에 보이는 열매를 맺으려고 애쓰지 않아도 된다. 그저 섬기고 배우려고 할 때 이미 하나님은 그 헌신을 통해 자신의 일을 하시는 것이고 그들에게 축복하신다.

2) 현지인 중심을 중심으로 한다.

단기선교는 현지인 중심의 사역을 해야 한다. 단기선교팀은 조력자의 역할을 하는 것이지 주인공의 역할을 하는 것이 아니다. 단기선교의 주인공은 단기선교팀도 장기선교사도 아닌 현지인이다. 현지인이 주인이라면 100% 현지인을 중심으로 사역을 해야 한다. 그러기 위해서는 현지인을 알아야 한다. 현지인의 문화와 그들의 세계관을 알아야 그들에게 맞는 사역을 할 수 있다. 단기선교팀은 선교지에 가기 전에 선교지의 문화를 배우는 시간을 가져야 한다. 해야 할 사역을 준비하는 것보다 중요한 것은 현지인과 현지 상황에 대해 정확하게 연구하고 배우는 것이다.

아울러 현지인의 마음을 상하게 하는 행동은 자제해야 한다. 옷차림, 말, 행동, 태도, 카메라 사용, 고가의 물건을 사용하는 것 등은 특별히 조심해야 한다. 이런 물질적인 부요를 보는 현지인들의 마음은 혼돈스럽다. 일방적으로 받기만 하는 현지인들은 오히려 심한 자격지심과 자괴감을 가질 수 있다. 그들도 인격이 있고 자존심이 있다. 아무리 가난하게 살아도 그들만의 자부심이 있다. 현지인은 당장 힘이 없고 가난하기에 표현하지 않을 뿐이다. 많은 경우에 단기선교팀은 현지인의 자존심을 거스른다. 그럴 때 그들 속에서 단기선교팀과 함께 온 복음마저 거부하는 마음이 생길 수 있다. 그러기에 물질로 선교하는 것이 아니라 현지인을 사랑하는 마음으로 단기선교에 임해야 한다. 단기선교팀은 주님의 마음으로 현지인을 진지하게 공경하고 섬기는 태도를 가져야 한다. 현지인들이 마음 상하지 않도록 배려해야 한다. 단 며칠이지만 주님을 닮아가는 연습을 하고 묵상하고 기도할 필요가 있다. 현지인의 삶을 보면서 현재 내게 말씀 하시는 하나님의 음성에 귀를 기울이는 태도를 갖는 것은 본인에게 도 유익이 될 것이다.

3) 사역보다 경험에 초점을 맞춘다.

단기선교팀은 많은 사역을 하고자 하는 것보다는 선교지를 경험하고 배우는 것에 초점을 맞추어야 한다. 단기선교를 통해 당장 어떤 열매를 기대하기보다는 그 선교지를 향한 선교의 시작으로 삼아야 한다. 단기로 눈에 보이는 성과를 기대하는 것은 과도한 욕심일 뿐이다. 선교지에서 살면서 선교하는 장기선교사도 선교의 열매를 맺는 것이 쉽지 않은데 언어와 문화가 생소한 사람들을 향한 일주일 혹은 2주일의 사역으로 많은 결실을 얻겠다는 생각은 욕심이다. 그러나 선교지의 경험과 배우고자 하는 태도는 세계 복음화를 위해 중요한 결실을 맺을 수 있는 초석이 된다. 무엇을 하고자 하는 대신 배우고자 하는 마음으로 프로그램을 준비해야 한다.

4) 장기선교사 중심의 사역을 한다.

단기선교팀은 장기선교사를 돕는 사역을 해야 한다. 장기선교사를 돕는다는 것은 장기선교사의 의도와 사역에 맞는 조력자로 섬기는 것을 말한다. 장기선교사는 장기적인 계획을 가지고 선교지에서 자신의 생애를 드린 사람이다. 그래서 단기선교팀은 장기선교사가 사역을 잘할 수 있도록 조력자의 역할을 해야 한다. 장기선교사에게 꼭 필요한 것이 건축이라면 건축만 하고 돌아와야 한다. 잠잠히 구경만 하라면 구경만 해야 한다. 비록 단기선교팀원의 은사가 많더라도 장기선교사가 현지인들의 가정을 방문하여 청소를 해달라고 한다면 그 사역을 해야 한다. 현지인의 몸을 씻기고 한 끼 식사를 지어 주고 오는 것이 필요하다면 그것만이라도 의미가 있다. 일손이 딸려 장기선교사가 하지 못하는 지역조사를 하는 것도 좋은 사역이 될 수 있다. 장기선교사가 외롭고 힘들 때 함께 먹고 마시고 위로하고 쉬는 것이 단기팀이 하는 다른 사역보다 더 효과적일 때가 있다. 그런 의미에서 단기선교는 장기선교의 대체물이 될 수 없다. 단기선교팀 가운데는 종종 장기선교사보다 자신들이 더 많은 사역을 한다고 착각하는 경우도 있다. 선교지의 외형과 장기선교사의 약점만을 보고 선교를 판단하고 비판하기도 한다. 단기선교팀의 선교지와 장기선교사에 대한 판단은 소경이 코끼리 만지는 것과 같다. 단면만 보고 전체인 것처럼 착각할 수 있다.

단기선교를 하고 와서 선교지나 선교사를 판단하는 것은 미술 전공자가 음악 전공자의 음악을 판단과 같다. 선교지 문화와 현지인들, 그리고 장기선교사의 삶의 이면에는 단기선교팀이 볼 수 없는 숨겨진 다른 내용이 있다. 예를 들어 선교지 사람들은 게으르다고 판단하기 쉽다. 게을러서 못사는 것처럼 보인다. 그러나 더운 지역의 선교지 사람들은 대부분 날씨 때문에 열심히 일하기가 어렵다. 한국사람처럼 열심히 일하다가는 오래 살지 못한다. 더운 나라에 사역하는 선교사들이 한국에서처럼 동일하게 일하다가는 병이 나기 쉽다. 그러기에 선교지에서 10년 이상 일하는 선교사들의 많은 숫자가 건강에 문제가 생긴다. 때로 선교사가 게으르게 보일지라도 그 이면에 숨겨진 알지 못하는 내용이 있음을 알아야 한다. 그래서 단기선교팀은 하고 싶은 판단을 미루어야 한다. 지금 하는 평가가 전체 판단의 한 단면은 될 수 있을 것이다. 단기로 가서 경험하는 것은 이제 단 한두 조각의 퍼즐을 찾은 것과 같다. 그래서 퍼즐을 다 맞출 때까지 판단을 유보해야 한다.

단기팀은 장기선교사를 판단하고 방해하기 위해서가 아니라 돕기 위해 왔다는 사실을 기억해야 한다. 단기선교팀이 장기선교사의 인도에 잘 따라 주지 않을 때 장기선교사의 입장에서는 많은 손해가 있다. 단기선교팀은 한 번 왔다 가면 그만일 수도 있지만 장기선교사는 그곳에 남아서 현지인들과 함께 그 나라의 복음화를 위해 계속 사역해 나가야 하기 때문이다. 단기팀이 장기선교사의 의도를 잘 이해하지 못하고 오히려 문제를 만들고 돌아간다면 장기선교사의 사역에 방해가 된다. 이는 선교를 방해한다는 것을 의미한다. 장기선교사의 요구와 의도대로 잘 따라 주고 함께 연합하는 사역을 잘 감당하는 것이 단기선교팀의 아름다운 모습이다.

3. 단기선교사역에 대한 창의적인 제안

1) 소수로 팀을 구성한다.

　단기 팀은 숫자가 많은 것보다는 소수로 구성하는 것이 좋다. 숫자가 많다는 것은 이미 비전 트립이 아니라 선교사역이라는 것에 초점이 맞추어져 있다. 사역이 중심이 아니고 배우고 섬기는 것이 단기팀의 목표라면 소수가 더 효율적이다. 장기선교사가 인도할 때도 많은 인원보다는 소수가 부담이 덜 된다. 장기선교사에게 다수의 선교팀이 왔을 때 팀을 섬기느라 다른 사역을 못할 수 있다. 장기적인 사역을 중단해야 하는 어려움이 있다. 다수의 선교팀을 인도하는 것만 해도 너무 큰 일이기 때문이다. 반대로 소수일 때는 현재의 사역을 중단할 필요가 없다. 적은 수의 인원이지만 현재의 사역을 직접적으로 꼭 필요한 영역에서 도울 수 있다. 또한 안전과 건강, 위기관리에서도 유리하다. 많은 숫자가 움직이는 것은 현지인들이 눈에 쉽게 띤다. 단체로 움직이는 것은 테러의 표적이 될 수 있다. 다수의 선교팀은 다른 선교사들에게도 위화감을 조성한다. 어떤 선교사에게는 몇 년 동안 단기로 오는 팀이 하나도 없는 경우도 있고, 반대로 어떤 선교사에게는 일 년에 몇 차례씩 대규모의 선교팀이 온다. 이것은 선교사 간에 연합을 방해하는 요인이 된다. 이는 선교사들 간에 서로 견제와 경쟁을 하는 실마리를 제공한다. 다수보다는 소수로 여러 팀이 와서 많은 선교사들이 함께 동역하는 기쁨을 맛보면 좋을 것이다.

2) 가족 중심의 팀을 만든다.

가족 중심으로 선교지에 단기팀으로 오는 것도 하나의 방법이다. 휴가를 맞아 온 가족이 선교지에 와서 선교사들과 함께 지내면서 선교와 선교지에 대해서 배울 수 있다. 가족이 오게 되면 장기선교사 가정과 함께 깊은 교제를 할 수 있다. 교제 가운데 장기선교사를 위로할 수 있고 격려할 수 있다. 온 가족이 함께 선교지에서 현지인을 섬긴다면 현지인은 가족의 중요성을 배우게 된다. 이 모습은 현지인들이 볼 때에는 진정한 (단기)선교사의 모습이 될 수 있다. 단기선교가 사역 이전에 선교에 대해 배우는 기회라면 다수나 다른 사람들과 함께 하는 것보다는 가정이 함께 하는 선교 여행은 더 효과적인 기회가 된다.

3) 전문적인 사역팀을 만든다.

단기선교는 전문적인 사역팀으로 구성하는 것이 좋다. 선교지에서 필요로 하는 재능을 가지고 단기선교로 가야 한다. 전문적인 기술을 가지고 있을 때 선교지에서 효과적으로 사용할 수 있다. 의사들로 구성된 팀을 만든다든지, 혹은 합창단으로 한 팀을 만든다든지 하는 것이다. 사역하기도 쉽고 이를 인도하는 선교사들도 사역으로 인해 큰 부담을 갖지 않아도 된다. 컴퓨터를 할 수 있는 사람이 단기선교로 간다면 한 지역에 있는 선교사들의 컴퓨터를 고쳐 줄 수 있다. 교사들은 방학 때 MK의 공부를 가르쳐 줄 수도 있다.

만약에 전도나 성경학교 같은 사역을 하기 원한다면 언어를 준비하고 프로그램을 철저하게 준비해야 한다. 의료 기술을 가지고 온다면, 단기로 많은 것을 할 수 없다는 것을 알아야 한다. 한국에서도 의료 시술은 많은 장비와 시간과 재정을 요구하는 일이다. 많은 사람에게 혜택을 주었고 치료를 많이 해 주었다는 생각보다는 현지인을 섬겼다는 것으로 만족해야 한다. 그만큼 겸손히 섬기는 자세를 보여 주는 것이 필요하다.

그러나 특별하게 드러낼 만한 사역을 할 수 있는 재능이 없다면 장기선교사와 함께 지내면서 기도하고 선교지를 탐방하는 것이 좋은 방법이다. 모처럼 장기선교사가 쉴 수 있는 기회를 제공해 줄 수도 있다. 미국에 있는 한 한인교회는 단기선교의 목표가 장기선교사를 위로하고 격려하는 것이었다. 다른 사역보다도 장기선교사를 위해 기도하고 함께 나누는 시간을 중심으로 단기선교 프로그램을 진행하였다.

단기로 가는 선교에 너무 많은 자기 공로를 내세우려 하는 것을 조심해야 한다. 비싼 비행기 삯을 지불하면서 단기선교여행을 가는데 좀 더 많은 성과를 거두겠다는 생각을 내려놓아야 한다.

4) 현지인과 선교지를 배운다.

선교지를 배우는 기회라면 현지인들이 사는 모습을 경험하고 오는 것이 좋다. 현지인의 집에서 민박을 하면서 같이 잠도 자고 함께 밥도 먹고 그들이 하는 일도 함께해 보는 것도 좋은 경험이 된다. 선교지의 언어를 배우기도 하고 현지인들과 친구를 사귈 수도 있다. 단기팀이 직접 전도하기를 원한다면 전도의 열매를 기대하기보다는 전도실습이라고 생각하고 해야 한다.

장기선교사가 어떻게 전도하는가를 경험하고 장기선교사를 위해 기도할 수 있는 제목을 삼기 위해 전도해야 한다.

5) 연속적인 사역을 한다.

단기선교팀도 장기적인 사역을 할 수 있다. 단회적으로 끝나지 않고 연속적인 방문이 될 때 많은 효과를 볼 수 있다. S 교회는 장년 300명 정도의 출석 교인을 가진 교회이다. I국의 한 지역에 10년 가까이 매년 단기선교팀을 보내고 있다. 단기선교팀으로 다녀와서는 바로 다음해를 위해 준비한다. 일 년 동안 매주 모여 준비한다. 이 준비 모임 자체가 선교사역이다. 모일 때마다 선교지를 위해 기도한다. 일 년 동안 현지 언어를 공부한다. 각자가 일 년 동안 선교지에서 할 수 있는 자기만의 기술을 익힌다. 예를 들어 다른 일은 할 수 없고 미용을 하겠다고 하면 일 년 동안 미용 기술을 배운다. S교회는 매년 단기로 가는 부족의 언어를 공부할 수 있는 책을 만들었다. 한 교회가 부족 언어를 익히는 책을 만들었다는 것은 그만큼 그 지역에 집중적으로 투자했다는 의미이다. 단기선교팀도 연속성과 집중성을 가져야 한다. 이런 교회들이 많이 나올 때에 한국교회의 단기선교는 세간의 눈총보다는 칭송을 받을 것이다. 그 참다운 칭송은 바로 하나님께로부터 온다.

4. 단기선교팀을 섬기는 장기선교사의 역할과 자질

단기선교에 있어서 가장 중요한 역할은 장기선교사다. 단기선교팀은 현지 사정에 대해서 거의 모른다. 현지의 언어와 문화, 어떤 사역이 효과적인 것인가에 대해 아는 것이 거의 없다. 장기선교사가 이끄는 대로 할 수밖에 없다. 단기팀의 입장에서 장기선교사를 잘못 선택하게 되면 단기선교의 노력이 수포로 돌아갈 수도 있다. 장기선교사의 비전과 자질에 따라 단기선교의 성패가 좌우될 수밖에 없다. 단기선교팀은 장기선교사를 잘 선택해야 할 뿐 아니라 원활한 커뮤니케이션을 할 수 있어야 한다. 장기선교사와 좋은 팀을 이루는 것이 실패하지 않는 단기선교가 될 수 있다.

1) 단기선교팀을 섬긴다.

장기선교사가 단기선교팀을 섬겨야 하는 가장 큰 이유는 단기 팀원과 교회가 계속해서 세계선교에 동참하도록 하는데 있다. 선교는 하나님이 원하시는 분명한 일이다. 먼저 부름 받은 장기선교사는 하나님의 교회와 성도들이 선교에 동참할 수 있도록 인도할 책임이 있다. 단기선교를 통해 교회가 선교에 대한 비전과 마음을 품도록 해야 한다. 장기선교사는 단기선교팀원들이 단기선교를 통해 평생 동안 선교에 헌신해서 살도록 인도해야 한다. 단기로 온 팀원들이 계속해서 선교에 대한 비전을 가지고 기도하거나 후원할 수 있다. 단기팀원 중에는 장기선교사가 되기를 원하는 사람도 있다. 장기선교사는 단기선교가 단기선교팀원들로 하여금 선교사로 부르는 기회임을 알아야 한다. 단기사역은 선교사를 만드는 예비 프로그램이 되는 것이다. 장기선교사는 자신의 사역만이 아니라 미래 선교사를 만드는 일에 참여하는 것이다. 이런 넓은 비전 가운데 단기팀을 섬기는 마음이 필요하다.

2) 현지인 복음화에 초점을 맞춘다.

장기선교사는 단기선교팀으로 인해 현지인을 복음화 시키는 역할을 하도록 해야 한다. 단순히 선교사 자신의 일이나 자신의 삶을 돕기 위해서가 아니라 궁극적으로 현지인을 돕기 위해서 왔다는 사실을 망각해서는 안 된다. 단기선교팀은 장기선교사 개인의 소유물이 아니다. 하나님 나라를 위한 동역자이다. 그러기에 다른 장기선교사와 협력해서 단기선교팀을 섬길 수 있어야 한다.

3) 팀의 안전에 최선을 다한다.

장기선교사는 단기선교팀의 안전에 많은 주의를 기울여야 한다. 현지의 사정을 누구보다도 잘 아는 장기선교사는 단기팀이 안전하게 사역을 하다 돌아갈 수 있도록 최선을 다해야 한다. 단기선교팀원들은 현지에서의 위험이 무엇인지를 잘 모른다. 만약 현지 사정에 대해 단기 팀원들의 실수나 순간적인 사고로 인해 안전에 문제가 생긴다면 단기사역을 안 하는 것보다 못하게 된다. 단기선교팀의 많은 노력과 헌신들이 한순간에 물거품이 될 수 있는 것이 바로 안전 문제이다. 사역이나 단기팀의 경험보다도 중요한 것은 그들의 안전문제이다. 장기선교사는 안전에 최선을 다해야 한다.

4) 바른 인도를 한다.

장기선교사는 단기선교팀을 잘 섬겨야 하지만 그들의 요구가 잘못되었다면 거부할 줄도 알아야 한다. 단기팀은 선교와 선교지에 대해서 장기선교사보다 모르는 것이 당연하다. 선교에 대해서 전문가요, 먼저 부르심을 받은 사람은 장기선교사다. 그러기에 단기선교팀이 무리한 요구를 할 때에 바로 가르쳐야 한다. 아닌 것은 아니라고 해야 한다. 장기적으로 현지인들에게 해가 되는 요구는 거절해야 한다. 예를 들어 큰 프로젝트를 가지고 자신들의 사역을 과시할 목적으로 하고자 하는 일을 요구한다면 거절해야 한다. 그리고 그렇게 하는 것은 현지인들에게 도움이 안 된다는 것을 알려 주어야 한다. 장기선교사는 단기선교팀을 받을 때 모든 팀을 다 받을 것이 아니라 선교에 대해서 재대로 준비되지 못하고 헌신되지도 않는 팀들을 받을 때 모두에게 손해가 된다.

장기선교사는 사전에 단기선교팀을 교육할 필요가 있다. 비록 처음에는 선교에 대해서 잘 모른다고 하더라도 교육을 통해서 단기선교팀으로서 필요한 자질을 갖추도록 해야 한다. 무엇보다도 선교의 전문성과 현지인 중심의 선교에 대해서 가르칠 필요가 있다. 문화의 다름에 대해서도 알려 주어야 한다. 단기팀이 선교지에 도착하기 오래 전부터 필요한 것들을 배워오도록 해야 한다. 할 수만 있다면 장기선교사가 한국에 나가서 교회를 방문하여 필요한 강의를 하고 돌아오는 것도 좋다. 사전에 선교에 대한 전반적인 공부를 하고 안 하는 것에 단기선교의 성패가 달려 있다고 해도 과언이 아니다.

5) 현지인 중심의 사역을 한다.

장기선교사들은 현지인에 초점을 맞추는 사역을 준비해야 한다. 사역을 단기선교팀에 중심을 두어서는 안 된다. 주인은 장기선교사나 단기선교팀이 아니고 당연히 현지인이다. 이런 사실이 당연함에도 불구하고 장기선교사가 그렇게 못하는 이유가 있다. 그것은 바로 단기선교팀은 장기선교사의 후원자들이기 때문이다. 장기선교사는 후원을 기대하고 사역의 도움이 될 만한 후원자를 찾는 것을 생각하지 않을 수 없다. 그래서 단기팀에 초점을 맞추게 된다. 그렇지만 장기선교사는 현지인에게 진정으로 필요한 사역을 하도록 인도해야 할 책임이 있다. 후원자들이 단기팀의 입장을 고려하기보다는 현지인의 입장을 먼저 고려하도록 도울 수 있다. 현지인에게 별 도움이 되지 않는 단기팀의 요구는 과감히 거절할 줄 알아야 한다.

6) 장기선교사는 하나님의 도구이다.

장기선교사는 스스로 자신의 바른 영성과 인격, 그리고 선한 양심을 갖는 사람이 되도록 해야 한다. 단기선교팀으로 가는 교회 입장에서는 장기선교사들의 이런 점을 고려해야 한다. 단순한 사역에 초점을 맞추어 장기선교사를 선택할 것이 아니라 바른 선교관과 영성, 그리고 인격을 소유한 장기선교사를 선택해야 한다. 이것이 단기팀의 입장에서 사역을 성공적으로 할 수 있는 기반이 된다. 아울러 장기선교사는 단기선교팀을 향한 하나님의 심오한 뜻을 생각해야 한다. 하나님은 사람들을 훈련하시고 사용하시기를 원하신다. 이런 하나님의 계획에 장기선교사는 하나의 도

구임을 스스로 알아야 한다.

7) 완벽한 준비를 한다.

장기선교사는 모든 부분에서 단기선교팀을 섬길 수 있도록 완벽하게 준비를 해야 한다. 바른 안내를 위한 오리엔테이션 자료를 준비하는 것이다. 오리엔테이션의 내용은 모든 것을 포함하는 것이어야 한다. 선교 동기, 현지 상황, 자세와 태도, 옷차림 등의 정확한 가이드라인까지 줄 수 있어야 한다. 교육과 오리엔테이션도 하나의 선교사역이다. 일이 순조롭게 진행되도록 세심한 계획까지 세워야 한다. 단기선교팀을 받기 위한 매뉴얼을 만드는 것도 장기선교사가 해야 할 일이다. 위기상황이 발생했을 때를 대비해서 안전대책도 미리 세워 두는 지혜가 필요하다. 단기팀의 방문을 선교사훈련 코스 중의 하나로 생각하여 훈련자의 위치에서 준비해야 한다.

8) 원활한 커뮤니케이션을 한다.

장기선교사는 단기팀과의 커뮤니케이션을 정확히 해야 한다. 사전에 모든 것을 조율해야 한다. 무엇보다도 단기선교팀의 지도자 혹은 인솔자와 좋은 관계를 유지하는 것이 중요하다. 단기선교팀과 장기선교사는 서로 배려하고 존중하는 태도를 가져야 한다.

9) 사역 평가를 한다.

단기선교가 끝났을 때 장기선교사와 함께 사역을 평가하는 시간을 갖는 것도 필요하다. 사역에 대한 평가는 또 다른 중요한 의미의 사역이다. 사역 평가시간에는 서로를 위로하고 자신의 잘못을 인정하고 고백하는 시간도 가질 수 있다.

5. 결론

단기선교는 그 방법론도 중요하지만 단기선교에 임하는 사람들의 태도와 철학이 더 중요하다. 단기선교는 단기팀 자체의 어떤 만족이나 성취를 위해서 가는 것이 아니라 현지인에게 진정한 도움이 되도록 가는 것이다. 그러기 위해서 현지인들을 위해 자신의 인생을 헌신한 장기선교사의 가르침과 지도를 철저히 따라야 한다. 장기선교사는 현지인들에게 장기적으로 필요하고 도움이 되는 것이 무엇인지에 대해서 누구보다도 잘 안다. 장기선교사가 원하는 사역을 할 때 그것이 비록 당장의 성과가 없을지라도 장기적으로 하나님 나라에 참다운 도움이 될 것이다.

제9장
교회건축이 아닌 교회개척 전략

1. 교회개척과 건축의 차이

기독교계 신문의 '선교란'에서 자주 보는 제목이 있다. 그것은 "00교회
00나라에 교회를 개척하다"이다. 내용을 보면 교회를 개척한 것이 아니
라 교회건축을 도와준 것이다. 선교지의 교회건축을 도와주고 그것이 선
교지에서 교회를 개척했다는 제목으로 신문 기사가 나간다.

그러나 교회개척과 건축지원은 다른 얘기다. 교회를 개척한다는 것은
새로운 교회 모임을 시작한다는 의미다. 교회를 건축하는 것은 이미 개척
된 교회의 건물을 짓는 것을 말한다. 건물을 지어놓고 교회를 개척했다
는 말은 상식적으로 맞지 않는 말이다.

어떤 선교사는 수십 개의 교회를 개척했다고 한다. 심지어는 수백 개
의 교회를 개척한 선교사도 있다. 그러나 선교사가 어떻게 생전에 교회
를 수십 개 혹은 수백 개를 개척할 수 있는가? 불가능한 일이다. 이렇게

교회를 개척했다는 선교사들을 보면 교회를 개척한 것이 아니고 교회건축을 도와준 것이다. 심지어는 현지인 사역자가 교회를 시작할 수 있도록 옆에서 재정적인 지원을 하면서 교회를 새롭게 개척했다고 보고하기도 한다.

선교는 재정을 통해 현지사역자를 관리하는 것이 아니다. 선교란 선교사가 현지인들과 함께 살면서 삶과 말씀을 통해 복음을 전하고 양육하는 것이다. 교회개척이란 선교사가 직접 전도하면서 그룹을 만들어 성경공부를 하는 사람들이 함께 모여 예배를 드리고 선교사가 목회를 하는 것이다. 목회를 하면서 교회의 형태를 이루어 가고 성장할 수 있는 기반을 마련해 주는 것이다. 선교사가 교회를 한 달에 한두 번 방문하여 예배를 인도하고 현지인 사역자를 관리하는 것은 엄밀히 따지면 교회개척이 아니다.

2. 선교지에 교회건축을 해 주지 말아야 할 이유

1) 성경적인 이유 때문이다.

예수님은 성전을 헐고 사흘 만에 다시 세우시겠다고 하셨다(마 26:61). 이 말씀에서 성전은 보이는 건물인 교회가 아니라 자신의 죽음과 부활이 기초가 되는 믿음위에 세워진 교회다. 그것은 바로 예수님 자신이 교회의 머리가 되시고 교회는 건물보다는 성도들의 믿음이라는 것을 강조하신 것이다. 예수님은 교회를 건축하신 것이 아니라 예수님을 중심으로 하는 참된 교회 모임을 만드셨다. 예수님은 성도들의 믿음 위에 교회를 세우셨다(마 16:18). 한국교회와 선교사들이 교회건축을 교회개척이라 하는 것은 예수님이 의도하셨던 교회에 대한 본질과 기본적인 정의를 왜곡한 것이라고 볼 수 있다.

사도 바울은 가는 곳마다 교회를 세웠다. 그 교회는 먼저 회당에서 흩어진 유대인들에게 말씀을 가르치는 것으로 시작했다. 사도 바울은 한 지역에 일정 기간 동안 머물면서 하나님의 말씀을 가르쳤다. 그 말씀을 듣는 사람들이 모여 하나님께 예배하며 교회의 기능을 수행하였다. 이것이 바로 사도 바울의 교회개척이었고 현재도 이런 방법으로 교회가 개척되어야 한다. 사도 바울이 교회건축을 했다는 말은 성경에서 찾아보기 힘들다. 가는 곳곳마다 교회를 개척했지만 그의 개척은 말씀으로 전도하고 말씀으로 교회를 세워나가는 방법이었다.

오늘날 많은 한국선교사들은 사람들과 접촉하여 말씀으로 전도하고 말씀으로 교회를 세워나가는 것을 우선적으로 하지 않는다. 그와는 반대로 먼저 건물을 구하고 건물을 중심으로 교회를 시작한다. 교회를 시작하면서 현지인 사역자를 고용한다. 그 사역자로 하여금 목회를 하도록 하고 선교사는 관리 감독을 한다. 선교사가 현지인을 관리 감독하되 처음부터 제자를 만들어 독립하고 자립하여 이양할 때까지 철저한 사람 관리를 하는 것은 오히려 바람직하다. 그러나 선교사와 현지인과의 관계는 계약이나 물질로 이루어진 관계가 되는 것은 문제다.

성경에서 예수님이나 바울은 말씀을 가르침으로 교회를 세우셨다. 말씀을 믿는 믿음 가운데 세워지는 것이 교회개척이다. 건물은 단지 교회를 형성하기 위한 하나의 도구일 뿐이다. 도구가 교회의 본질이 아니다. 그러기에 선교사들이 사람을 구성하는 것보다 교회건축을 먼저 하는 것은 선교의 본질을 벗어난 행위가 될 수 있다. 선교사가 교회건축을 할 수도 있겠지만 교회개척이란 성도들을 모아 말씀을 가르치고 그들을 목회하는 것으로 이루어져야 할 일이다.

한국에서 선교를 많이 하기로 유명한 전주 안디옥교회는 초창기에 '깡통교회'라는 별명을 가졌다. 건물보다 더 중요한 것이 선교하는 것이라고 생각하여 건물보다는 선교하는데 재정의 60%를 지출하였다. 건축을 하는 대신 깡통처럼 된 가건물을 사용하였다. 이처럼 교회의 참된 기능은 건물을 세우는 것보다 선교하고 제자를 훈련하는 것이다. 사람을 세우는 것에 초점을 맞추는 한국교회가 왜 선교지에서는 사람을 세우는 것보다 교회건축을 세우는 것을 중심으로 선교하는지 모른다. 한국교회가 성경에서 요구하는 바람직한 선교를 하기 위해서는 교회건축보다는 사람을 세우는데 초점을 맞추어야 한다.

2) 현지인들의 자립을 방해하기 때문이다.

선교사가 선교지에서 교회를 건축해 주었을 경우에 현지인의 자립과 독립에 좋지 않은 영향을 미친다. 교회건물만 있으면 사람들이 자동적으로 모일 것이라고 생각하지만 교회건물이 있다고 해서 사람들이 교회로 모이는 것이 아니다. 교회는 전도와 양육을 통한 목회로 한 사람 한 사람을 세워나가는 것이 교회이지 건물만 지으면 다 되는 것이 아니다. 한 때 한국교회도 건물만 지으면 부흥할 것이라는 생각을 하였다. 그러나 IMF가 일어났을 때 무리하게 건축을 하다가 부도가 난 교회가 한두 교회가 아니었다. 지금도 교회건축을 무리하게 하다가 교회가 어려움에 처하게 되고 문을 닫는 경우도 있다. 교회의 건물이 자동으로 교회를 부흥시키는 것이 아니라면 교회건축에 초점을 맞추어 사역하는 한국선교사들은 다시 생각해 보아야 한다.

선교사들이 교회건축을 해 주지 말아야 할 이유는 현지인들이 교회건축을 직접 해야 하기 때문이다. 교회건축은 현지인들의 일이지 선교사의 일이 아니다. 만약 선교사들이 교회건축을 해 주었을 때 현지인들은 수동적이 된다. 주인의식을 갖지 못한다. 선교사가 교회를 지어 주어도 현지인들에게는 그 교회가 내 교회라는 의식이 적다. 내 교회라는 의식이 적을 때 교인들은 그 교회를 위해 힘써 일하지 않게 된다. 반대로 교회건축이 자신들의 일이라고 느꼈을 때, 그래서 스스로 교회건축을 위해 헌금하고 노력할 때 내 교회라는 주인의식을 갖게 되고 교회에 대한 애착심이 있게 된다. 교회에 대한 애착심이 있을 때 교인들은 비로소 그 교회를 위해 열심히 일하게 된다. 그러나 누군가 외부에서 돈을 가져와 교회를 건축해 준다면 그 교회는 "나"와는 직접 상관없는 교회가 된다. 그 교회의 주인은 현지인 자신들이 아니라 선교사일 뿐이다. 현지인인 "내"가 주인이 아닌 이상 교회를 위해 헌신하는 것은 쉬운 일이 아니다. "나"의 헌금과 헌신으로 건축된 교회라야 애착심을 가지고 교회가 부흥할 수 있도록 계속해서 노력하게 된다. 현지인들 스스로 교회건축을 했는데 교회의 자리가 차지 않으면 안타까운 마음이 든다. 그래서 자리를 채우기 위해 전도를 하게 된다. 이것이 바로 자립하는 교회를 만들어 가는 과정이다.

외부의 도움이 아니고 현지인 스스로 교회를 건축하는데 참여할 때 현지인 교회가 든든히 서 가는 기초가 된다. 교인들이 서로 힘을 합하여 교회를 건축하였을 때 서로의 애정과 사랑이 깊어진다. "우리"라는 공동체의 교회라는 의식을 갖게 된다. 교회가 공동체 의식으로 세워질 때 건강한 교회로 성장하게 된다.

얼마 전에 필자의 파송교회에서 40주년을 기념해서 사진전을 개최했다. 예배시간에 그 사진들을 모아 빔 프로젝트로 교인들에게 보여 주었다. 그 사진들 중에 교회를 세 번 건축하면서 땅을 고르고 벽돌을 나르고 담을 쌓는 사진들이 매우 인상 깊었다. 그 사진들을 보면서 교회 앞자리에 앉아 계시던 할머니 교인들이 웅성거렸다. 바로 자신들이 직접 교회를 건축한 것에 대해 감격해서 서로 얘기를 나누는 것이었다. 어떤 분은 그 사진을 보면서 진한 눈물을 흘리셨다. 바로 "내" 교회를 "내가" 건축하였다는 자부심과 애착심이 거기 있었다. 자신들이 건축한 그 교회를 지금까지 사랑하며 섬기고 있는 것이다. 성도들은 교회를 개척하는 그 때도 그랬고 지금도 그 기쁨을 감출 수가 없었던 것이다. 선교사가 만약 교회건축을 일방적으로 도와준다면 현지인 성도들의 이런 기쁨을 빼앗는 것이 된다. 성도들에게는 자신의 손으로 직접 올린 벽돌 한 장이 그 무엇보다도 보람 있는 일이다. 선교사가 직접 하는 건축은 이런 기쁨과 감격과 헌신을 빼앗는 것이 된다.

소록도에 있는 한 교회의 할머니가 이렇게 고백하셨다.

"내가 이렇게 힘들게 청소하는 것은 특별한 이유가 있다. 우리 손으로 교회를 지었으니 교회에 대한 마음이 각별하다. 우리 손에서 피가 나고 살점이 떨어져 나가는 게 보여도 아픈 줄 모르잖아. 오히려 병이 있는 게 다행이었거 뭐. 그 덕분에 끝까지 계속할 수 있었으니까, 멀쩡했으면 못했거, 못했을 거야, 벽돌 한 장마다 우리의 피가 묻지 않은 것이 없어. 남자들은 힘쓰는 일을 했고 여자들은 머리카락을 팔기도 했어. 교회 지으려면 돈이 많이 필요하니까. 그 때 나는 몸이 아파서 머리카락을 내 놓거 못했어. 그 때를 생각하면 지금도 가슴이 아파. 이제까지 건축헌금을 하는 것도 그래서야."

할머니의 고백 속에서 교회를 직접 지을 때 얼마나 많은 애착이 키워지는가를 알 수 있다.

필자는 전에 사역했던 선교지에서 한국교회의 간판을 달고 있는 교회들을 보았다. 그 중에는 교회건물만 있지 성도가 전혀 없이 흉가처럼 되어버린 교회도 있었다. 교회건물은 세웠는데 지도자를 세워놓지 않아 교회가 문을 닫은 것이다. 교회건물은 있는데 교인들이 없으니 그 건축은 무용지물이 되어 버린 것이다. 그 교회를 보는 사람마다 교회에 대한 좋지 않은 인식을 가질 것이 분명하다. 선교사가 건축을 해 주었지만 사람을 세우지 않아 문을 닫는 교회가 늘어가고 있다. 사람을 세우지 않는 건축지원은 현지교회가 자립하는 것을 방해하는 요인이 된다.

3) 현지인들에게 의존성을 키우기 때문이다.

선교사가 직접 교회건축을 해 주다 보니 사람을 양육할 시간이 없게 된다. 교회건축을 하고 나면 그 교회를 담당할 수 있는 현지인 사역자들을 세워야 된다. 또한 사역자를 세우는 것이 끝이 아니라 그 사역자의 재정적인 필요, 즉 생활비를 채워주어야 한다. 현지인 스스로 교회를 짓지 못하는 형편이기에 현지교회는 사역자들의 생활비를 책임질 능력이 없다. 자연히 선교사는 그 교회를 담당하는 현지인 사역자의 월급을 주어야 한다. 이렇게 되면 교회건축뿐 아니라 계속해서 현지인 교회는 선교사를 의존하게 된다. 선교사를 의존하게 되면 교회독립이나 성장, 그리고 재생산이 되기 어렵다. 선교사가 무교회 지역에 사람을 세우기 전에 교회건축부터 할 경우에는 현지인 교회자립이 어렵다고 보아야 한다. 처음부터 자체적으로 재정을 충당하지 않은 교회가 시간이 갈수록 상황이 더 좋아지지 않는다.

현지인 사역자의 경우에는 큰 노력 없이도 선교사로부터 생활비를 받게 되기에 교회성장에 대한 필요성이나 긴박성을 느끼지 않는다. 사역자들은 열심히 전도해서 교회를 성장시키지 않으면 굶을 수밖에 없다는 그런 절박함이 때로는 필요하다. 그러나 선교사가 현지인 사역자의 월급을 줄 경우에는 오히려 현지인 사역자의 긴장을 늦추게 만드는 요인이 될 수 있다.

조지 패터슨 선교사는 온두라스에서 사역을 하면서 자립하는 교회를 만드는 것에 초점을 맞추었다. 그는 이렇게 말하였다.

"근대 선교사가 가장 흔히 범하는 죄는 선교지 교회들을 좌지우지하는 일이다. 나는 그렇게 하지 않으려 하였고 본래 가지고 있는 성령의 능력이 사역을 창출하고 그로서 교회들이 자라고 재생산하도록 하였다. 나는 안내하였고, 격려하였으며, 말씀을 가르치고 상담하여 주었지만, 더 이상 밀어붙이지 않았다. 그 다음에는 우리는 연쇄반응이 일어나는 것을 보았는데 한 개척지에서 20년 동안 다섯 세대의 교회가 생겨났다. 재생산의 가장 보편적인 장애 요소는 현지인들 자신들이 헌금하는 일을 막고 의존심을 길러 주는 선교사 후원이다. 가난한 신자들이 희생적인 헌금을 하고 복 받을 기회를 빼앗아서는 안 된다. 하나님께서는 그들의 적지만 정성스런 헌금을 특별한 천상의 수확으로 축복하여 금세와 내세에 번성케 하실 것이다. 외국 돈으로 현지인 목회자들에게 봉급을 주는 일은 거의 언제나 자발적인 재생산을 방해하고 필요가 있는데 더 이상 후원하지 않고 후원을 중단할 때 깊은 분노감을 갖게 만든다."[1]

현지인들에게 의존성을 키워주는 것은 결과적으로 현지교회에 도움이 안 된다는 사실을 강조한 것이다.

글렌 슈바르츠(Glen Schwarts)는 선교사들이 현지인에게 월급을 주었을 때 의존심을 심어줄 수 있다고 다음과 같이 말하였다.

"외국인들이 현지인들을 위하여 교회건물을 지어줄 때, 그들은 부주의하게도 그들의 자존감을 도적질할 수 있다. 외국 돈은 현지인들이 자기들의 예배당들, 병원들, 혹은 학교들을 짓는 특권을 빼앗을 수 있다. 존엄성을 보존해 주기보다는 우리는 우리를 따라다니는 의존심을 조성할 수 있다."[2]

외부에서 선교사들이 주도권을 가지고 주는 재정지원은 현지교회 스스로를 돕는 자립, 자급의 의미를 거세시키는 결과를 낳는다. 그래서 결과적으로는 외부지원 없이는 살 수 없는 교회와 현지인 신자들을 만들게 된다. 의존성은 습관이 되어 영구적으로 현지인이 다시 설 수 없는 기틀을 마련하게 된다.

오늘날 많은 선교지가 선교사의 도움을 필요로 하지만 재정 도움은 현지인들을 더욱 악순환으로 만들기에 재정지원에 대해 선교사들은 특별한 주의를 기울이지 않으면 안 된다. 진정으로 현지인과 선교지 교회를 사랑한다면 재정지원을 중단해야 한다. 그것은 무엇보다도 현지인 스스로 할 수 있는 일을 가로막는 것이기에 그렇다. 현지인들의 자립 의지를

---

1) George Patterson "The Spontaneous Multiplication of Churches" Perspectives, Ed by Ralph D. Winter and Steven C. Hawthorne, Pasadena, Ca: Williams Carey Libery, 1999, p.603,604
2) Glenn Schwarts, "Dependency," Perspectives, Ed. By Ralph D. Winter and Steven C. Hawthorne, Pasadena, CA: Williams Carey, 1999, p.592

꺾는 것만큼 크나큰 위험은 없다. 선교사의 도움이 현지인들의 의존성을 키워 준다면 차라리 돕지 않는 것이 나을 수도 있다. 그 의존성은 현지인들이 스스로의 노력과 헌신에 의해 하나님을 섬기는 섬김을 가로 막는 요소가 된다. 현지인들도 하나님을 섬기는 특권을 누려야 한다. 현지인들도 헌금하고 기도해야 할 책임이 있다. 헌금하고 기도하는 책임 속에서 그들은 참다운 기쁨과 신앙의 진수를 누릴 수 있다. 선교사들이 재정지원을 통해 현지인들에게 의존성을 키워 주었을 때 이런 귀중한 것들을 현지인들에게 빼앗는 것이 된다.

4) 현지인과의 협력 때문이다.

물질의 수혜자와 시혜자는 어떤 상황에서도 서로 동등한 입장에서 함께 사역하기 어렵다. 선교사가 교회건축을 해 줄 때 선교사가 주인이고 현지인이 조력자라는 관계를 벗어나기 힘들다. 주종관계에서는 현지인이 필요한 의견을 제안할 수 없다. 그러기에 하나님 나라의 관점에서 현지인과 선교사가 함께 동등한 입장에서 사역하기 위해서는 재정에 있어서 서로 자유로워야 한다. 하나님 나라의 확장을 위해서는 주종관계가 아니라 협력관계가 되어야 한다. 오히려 현지교회가 자립하고 재생산하는 교회가 되기 위해서는 현지인이 주도권을 가져야 한다. 현지인이 주인이 되어 현지 문화에 맞는 교회를 형성할 때 교회가 성장하고 부흥을 기대할 수 있다. 다만 선교사는 조력자의 역할을 할 뿐이다. 선교사가 현지인이 할 수 없는 일들을 조력할 때 아름다운 협력을 이룰 수 있고 그럴 때 하나님의 교회는 성장할 수 있다.

선교사가 진정으로 교회의 성장을 원하고 선교를 바로 하고 싶은 마음이 있다면 교회건축을 도와주는 것을 멈추어야 한다. 한국교회선교에서 이 부분을 고치지 않으면 한국교회는 진정한 선교를 한다고 말할 수 없다. 선교는 한국교회나 성도 개인의 만족을 위해 하는 것이 아니라 하나님 나라의 확장을 위해서 하는 것이다.

예수님은 먼저 하나님 나라와 의를 구하라고 하셨다(마 6:33). 이 말씀은 인간은 먼저 자신을 위해 구하고 일하는 성향이 있다는 것을 전제하고 하신 말씀이다. 인간이 자연적인 성향을 그대로 놔두었을 때는 하나님 나라가 아닌 자기 나라를 위해 먼저 구할 수밖에 없는 존재이다. 선교에 있어서도 선교사나 한국교회가 자기 왕국이나 자신의 의를 구하는 자연적인 성향이 존재한다. 한국교회는 이런 자연적인 성향에서 돌이킬 수 있어야 한다. 예수님의 요구대로 과감히 잘못된 가치관이 있다면 바로 잡아야 한다. 자기 의가 아닌 하나님 나라와 의를 구해야 한다.

선교사들은 파송 혹은 후원교회가 교회건축을 해 주겠다고 해도 그것은 선교지 교회에 참된 도움이 안 된다면 거부할 줄 알아야 한다. 그렇지 않으면 현지인과 선교사가 서로 협력해야 하는 부분이 깨지게 되고 결과적으로 선교는 물거품이 될 수 있다. 하나님이 기뻐하시는 일과 하나님이 원하시는 방법대로 선교할 때만 참된 선교의 부흥과 성장이 있을 것으로 확신한다.

5) 현지인의 문화를 존중하기 때문이다.

선교사가 주도적으로 교회건축을 할 때 건축양식이나 방법에 있어서도 선교사의 의도대로 할 가능성이 많다. 누가 돈만 주고 알아서 하라고 하겠는가? 교회건축 방식을 현지인에게 맡기는 선교사라면 처음부터 교회건축을 도와주지 않았을 것이다. 건축방식이나 방법을 한국선교사의 입장에서 할 가능성이 있다. 만약 선교사가 선교사의 취향과 문화에 따라 건축을 할 때 현지인들이 어색한 느낌을 갖는 것은 당연한 일이다. 고급스런 옷을 입는데 그 옷이 너무 커서 맞지 않는 경우와 같다. 아무리 좋은 옷이라고 해도 몸에 안 맞으면 소용없다. 교회건축 양식도 마찬가지로 선교사의 문화에 맞는 것이 아니라 현지인의 문화에 맞아야 한다.

필자가 선교지에서 개척했던 교회는 필자가 직접 목회를 하면서 시작하였다. 교인들이 필요를 느껴 스스로 재정을 준비하여 교회건축을 하였다. 그 당시에 필자는 그 교회 목회자였기에 건축에 있어서 필자의 방법대로 하고 싶은 마음이 있었다. 그러나 교회를 건축하는 방법에 있어서 한국인인 필자와 우리 교인들과는 많은 차이가 있었다. 서로의 문화가 달랐다. 건축설계를 할 때 필자는 방들이 확 트이게 하고 실용적으로 하고 싶었다. 그러나 우리 교인들은 많은 방을 만들되 통로를 만들고 방들을 구석구석에 배치하자고 하였다. 이것이 그들의 방식이었기에 그들의 의견을 따르기로 하였다. 마음속으로는 필자의 의견에 따라 주지 않은 것 같아 서운함이 있었지만 결국은 그들의 방식대로 한 것이 그들에게 기쁨을 주고 좋은 결과를 맺을 수 있는 기회가 되었다.

한 번은 교회건축을 하면서 땅을 고르는 작업을 할 때였다. 필자의 입장에서는 땅을 고르는 것은 포크레인을 빌려 하면 비용면에서도 사람이 직접 하는 것보다 더 저렴했고 시간도 빨리 끝났을 수 있었다. 그런데 교인들은 포크레인을 빌리지 않고 자신들이 직접 땅을 고르는 작업을 하겠다고 하였다. 결국 그들의 의견에 따라 교인들이 직접 땅고르기를 하였다. 필자는 함께 땅 고르기를 하면서 그들의 방식대로 하는 것이 더 좋다는 것을 깨달았다. 교인들은 자신들의 힘과 시간을 드려 교회를 짓고 싶어했고 함께 일하면서 서로 귀한 교제의 시간을 갖기를 원했던 것이다. 일 하는 시간은 그저 일만 하는 시간이 아니라 함께 이야기하며 음식을 나누어 먹으며 사랑을 나누는 시간이었다. 함께 일하는 시간은 돈으로 살 수 없는 귀중한 시간이었다. 선교사가 직접 돈을 주어 교회를 건축하게 되면 이런 기쁨과 교제의 시간을 빼앗게 되는 것이다. 현지인 스스로 교회를 건축하게 하는 것은 이처럼 눈에 보이지 않는 이익과 장점들이 있다.

6) 교회 성장 때문이다.

앞에서 이미 언급했지만 선교사들은 교회건물만 지으면 사람들이 모여들 것이라고 생각한다. 교회건축만 하면 교회는 자동적으로 성장할 것으로 믿는다. 그러나 이런 생각은 정반대의 경우를 만들 수도 있다. 교인들 스스로가 아닌 외부의 도움으로 지어진 교회 건물은 오히려 건강한 교회를 만드는데 장애가 될 수도 있다.

식물을 기를 때 비료를 사다가 뿌리는 경우가 있다. 비료는 식물들을 왕성하게 하고 잘 자라게 한다. 그러나 비료를 적당히 뿌리지 않고 너무 많이 뿌렸을 경우에는 오히려 정반대의 현상이 일어난다. 식물의 뿌리가 말라 죽거나, 생명력은 유지했는데 모양이 왜소해 보이는 경우가 있다. 꽃을 제대로 피지 못하는 경우도 있고 변종을 낳기도 한다. 선교지에 선교사들의 재정지원과 교회건축도 이와 같을 수 있다. 스스로의 자립심을 키워 주는 대신 의존성을 키워 주었을 경우에는 오히려 교회가 성장하지 못하는 결과를 낳을 수도 있다.

중국의 선교 역사를 보면 1951년에 중국정부가 모든 선교사들을 추방하고 교회를 박해하였다. 성경을 압수하고 교회들을 폐쇄하는 일이 벌어졌지만 그 후 50년 만에 거의 1억 명 가까운 신자들이 생기게 되었다. 선교사들이 중국에서 철수했을 때 오히려 교회는 부흥이 되었다. 너무 극단적인 예인지는 모르지만 외부의 지원이 없을 때도 교회는 자체적으로 부흥하고 발전할 수 있는 원동력이 있다. 교회의 성장은 자립할 경우에 가장 왕성해진다.

한국교회의 경우에 네비우스의 자전, 자립, 자치의 원리가 적용되면서 성장하게 되었다. 한국교회의 선교 초창기에 서구선교사들이 들어와서 학교나 병원 혹은 교회들을 세웠다. 이런 기관들은 선교사들이 시작하였지만 나중에는 한국인들이 이런 기관들을 유지하였는데 유지비용의 80%를 가난한 한국교회에서 감당하였다는 보고가 있다. 서구선교사들이 교회를 개척하였지만 교회 건물을 짓는 것은 한국교회 교인들 스스로 감당하였다.

패터슨의 말을 귀담아 들을 필요가 있다.

"교회는 자체 안에 자기 자신의 종류대로 재생산 하도록 하는 씨앗을 가지고 있다. 우리가 식사를 할 때마다 식물들과 동물들에게 주신 하나님의 놀라운 재생산의 능력의 열매를 먹는다. 문 밖을 보라. 어디에나 잡초들, 나무들, 새들, 벌들, 아기들과 꽃들이 있다. 모든 피조물들이 소리친다. 이것이 하나님께서 일하시는 방법이다. 재생산은 하나님의 방식이다."[3]

7) 선교사 자신의 삶 때문이다.

선교사가 현지교회의 건축을 중심으로 사역을 할 때 선교사 자신에게 몇 가지 손해가 있을 수 있다. 무엇보다도 선교사의 사역의 중심이 가르치는 것과 제자를 세우는 것에 있지 않을 때 선교사의 사역의 목표를 잃을 가능성이 있다. 교회를 건축해 주는 것도 복음사역의 한 방법이라 말할지 모르지만 선교사가 최우선으로 해야 할 말씀사역을 제대로 하지 못할 가능성이 많다. 선교사에게 주어진 시간과 돈을 건축에 투자할 경우 자연히 가르치는 사역에 시간을 내기 어렵게 된다. 재정과 시간관리를 균형있게 잘한다면 좋겠지만 선교사는 한 가지에 치우칠 가능성이 많다.

또한 사역뿐 아니라 선교사 자신의 영성에 있어서도 깊은 하나님과의 교제를 갖는데 필요한 시간을 찾기 힘들다. 보이는 건축을 잘해 놓게 되면 선교사 스스로도 자랑하게 된다. 선교사도 연약한 인간이기에 '내'가 했다는 자기과시와 의가 나타나게 된다. 선교의 본질을 잃어버리고 오히려 보이는 건물을 사람들에게 자랑하다 보면 스스로의 영성에 문제가 생기게 된다. 영성에 문제가 생기는 것은 선교사역에 심각한 상황을 가져온

3) Patterson 1999: p 604

다. 영성은 다른 영역과 밀접한 관계를 가지고 있기에 그렇다.

하나님께서 선교사 한 사람 한 사람을 사랑하듯이 진정으로 선교사 자신이 자신을 사랑한다면 이런 사역을 하는 것에 대해 주의해야 한다. 선교가 무엇이며, 선교사의 정체감이 무엇인지를 돌아보아야 한다. 선교사의 참된 정체감은 하나님의 관계 속에서 깊은 영성과 삶으로 복음을 전하는 것이다.

8) 세상을 변화시키는 것은 건물이 아니기 때문이다.

선교는 복음을 통해 세상을 변화시키는 것이다. 분명한 것은 건물을 세우는 것과 세상을 변화시키는 것과는 아무 상관이 없다. 세상을 변화시키는 것은 사람 그 자체에 있다. 그래서 선교사는 사람을 세우는데 초점을 맞추는 사역을 해야 한다.

K선교사는 선교지에 1년반 만에 9개의 교회를 개척했다고 보고를 하고 다녔다. 자세히 알아보니 이미 세워진 교회의 건축을 도와주는 일을 했는데 문제는 K선교사가 사람을 양육하거나 말씀을 가르치는 사역은 전혀 하지 않는다는 것이다. 건축만 해 주고 다니면서 건축문제로 현지인 지도자와 문제가 있어서 긴장감이 있는데 말씀으로 무엇을 가르칠 수 있겠는가? 건축이 세상을 변화시키는 것이 아니라 사람이 세상을 변화시킨다면 당연히 사람을 중심으로 사람을 세우는 일을 해야 한다.

3. 교회개척을 어떻게 할 것인가?

1) 토착교회를 세운다.

토착교회라 함은 현지인들이 중심이 되어 그들의 문화와 양식에 따라 그들 손으로 만든 그들의 교회를 말한다. 선교사가 직접 다하는 것이 아니라 현지인 중심의 교회를 세우는 것이다. 선교사의 교회개척의 목표는 현지인 지도자를 세우는 것에 있고 그 지도자를 훈련하여 교회를 이끌어 나가도록 하는 데 있다. 선교사는 현지교회를 영원토록 목회하는 것이 아니라 현지인을 세워 목회하도록 하는 분명한 목표가 있다. 선교사의 교회개척의 목표는 교회성장이 아니라 현지교회의 자립이 되어야 한다. 자립이 되는 교회는 자동적으로 성장될 수 있기 때문이다.

2) 재정적인 독립성을 키워준다.

교회를 세울 때 처음부터 재정적으로 선교사를 의존하지 않도록 가르치는 것이다. 가르치기 전에 선교사가 이에 대한 확신을 가지고 재정적인 도움을 주는 것에 대해 조심해야 한다. 재정에 있어서 더 큰 문제는 의존하고자 하는 현지인이 아니라 재정을 도와주고자 하는 선교사에게 있다. 때로는 선교사 자신의 사역을 위해 건축을 해 주기도 한다. 그러나 선교사는 자신의 사역을 위해 일하는 것이 아니라 하나님 나라를 위해 일해야 하고 현지인을 위해 일해야 한다. 선교사가 자신을 위해 일하지 않는다면 자연스럽게 현지인이 독립하도록 돕는 사역을 해야 한다. 선교사들이 다시 새겨들어야 할 명언이 있다.

"고기를 잡아주지 말고 고기 잡는 방법을 가르쳐 주라."

3) 교회건축이 교회개척의 목표가 되지 않도록 한다.

선교사에게 있어서 교회개척을 할 때 건축이 우선이 되는 경우가 많다. 건축이 교회개척의 중심이 된다. 그러나 교회개척의 목표는 건축이 아니라 사람을 훈련하고 교육하는 데에 있다. 사람을 교육하고 훈련하는 것이 우선이라면 선교사가 벽돌 한 장을 사는 것보다 책 한 권을 먼저 사야 한다. 교육에는 선교사들이 재정을 투자해야 한다. 건축 대신에 교육을 위해 투자하는 것을 우선으로 삼는 것이 좋다. 벽돌을 사서 건축하는 것은 금방 사역의 결과가 눈에 들어온다. 사람을 교육하고 훈련하는 것은 시간이 걸린다. 그런 이유로 선교사가 사람을 교육하는 것보다는 건축에 먼저 투자하게 된다. 그러나 사람을 훈련하여 사람이 세워지면 교회건축은 현지인 스스로 하게 된다.

4) 교회건축을 하는 동기를 부여한다.

교회건축은 현지인의 일이라는 것을 처음부터 가르쳐 주어야 한다. 주위의 다른 교회들이 선교사들로부터 도움을 받아 교회를 건축하더라도 그 영향을 받지 말고 스스로 교회를 건축하도록 격려해야 한다. 그것이 성도들에게 헌신에 대해 바로 가르치는 것이다. 바른 교육을 받은 신앙인은 하나님을 위해 자신의 것을 드릴 줄 아는 자다.

선교사가 현지인을 사랑하고 그들이 참된 신앙인으로 자라기를 바란다면 교회건축을 스스로 할 수 있도록 격려해야 한다. 믿음이 있는 현지인은 순수하게 하나님을 섬기기를 바란다. 선교사들이 생각하는 것만큼 현지인 그리스도인들의 헌신이 부족하거나 재정적인 능력이 없는 것이 아니다. 그들에게 교회건축에 대해 동기를 부여한다면 그들 스스로 건축할 수 있는 능력이 충분히 있다. 교회건축은 돈으로 하는 것이 아니라 헌신과 믿음으로 하는 것이다.

선교사는 믿음의 눈으로 현지인을 바라보아야 한다. 경제적인 눈으로 그들을 보지 말아야 한다. 돈도 없고 가난하다고 생각하지 말아야 한다. 비록 가난하다고 하더라도 그들 속에 참 믿음을 심어줄 때 선교사가 상상치 못할 놀랍고도 엄청난 일을 할 수 있다.

5) 선교사의 재정 사용을 주의한다.

현지인이 선교사를 의존하게 되는 것은 바로 선교사의 돈의 씀씀이 때문이다. 현지인의 눈으로 볼 때 선교사는 차량을 가지고 있고 좋은 집에서 산다. 현지인이 보기에 선교사는 부자이다. 그러기에 당연히 부자가 건축하는 일을 해야 한다고 생각한다. 선교사는 처음부터 현지인이 선교사를 의존하지 않도록 재정 사용을 지혜롭게 해야 한다.

만약 모국 교회나 성도가 현지인을 위해 특별한 선교헌금을 한다면 현지인 교육에 투자하는 것이 좋다. 학생들에게 장학금을 줄 수도 있고 목회자의 재교육을 위해 투자할 수도 있다. 헌신된 신학생들을 도울 수도 있다. 구제를 위해 사용할 수 있다. 구제를 할 때는 항상 조심해야 하는데 하나님의 지혜가 필요하다. 어렵다고 무조건 도와주는 것도 문제의 소지가 있다. 그렇다고 너무 인색하게 구제하면 또 다른 문제가 생길 수도 있다. 구제는 지혜롭게 하되 지나친 의존심을 키워 주는 것이 되어서는 안된다. 돈은 항상 위험이 따른다. 돈은 버는 것도 어렵지만 사용하는 것이 더 어렵다. 선교사가 지혜롭게 재정을 사용해야 하되 너무 인색하거나 너무 부자처럼 보여서는 안 된다.

6) 선교사가 개척한 교회가 모델교회가 되도록 한다.

선교사가 개척한 교회는 다른 교회와 똑같은 또 하나의 교회가 되어서는 안 된다. 선교사가 교회를 개척하여 그 나라 전체의 복음화를 이루기는 어렵다. 결국은 현지인 교회들이 계속해서 개척을 하여 현지인 복음화가 일어나도록 해야 한다. 그런 면에서 선교사가 개척하는 교회는 다른 현지 교회의 모델교회가 되도록 해야 한다. 현지인 교회들은 선교사가 개척한 교회를 보고 배우려는 기대감이 있다. 선교사는 자신만의 교회를 개척하는 것이 아니라 모델교회를 개척하는 마음으로 바른 교회를 개척해야 한다.

그러기에 선교사는 개척하는 교회가 모델교회가 될 수 있도록 최선을 다해야 한다.

7) 사역의 열매를 조급하게 바라지 않는다.

한국에서 후원하는 파송교회가 선교사의 사역의 열매를 너무 조급하게 요구해서는 안 된다. 선교사들이 하는 사역의 열매는 시간이 필요하다. 한국에서도 목회자가 교회를 개척했을 경우에 성장하기 위해서는 많은 시간이 필요하다. 선교지도 마찬가지이다. 선교사를 보냈다고 해서 모든 선교사들이 실패 없이 많은 열매를 맺는 사역을 할 수는 없다. 좋은 열매를 맺기 위해서는 오히려 한국에서 보다 더 많은 시행착오와 시간이 필요하다. 복음을 전하고 사람을 세우며 양육하는 일이 쉬운 일이 아니다. 그러나 파송교회는 선교사들에게 큰 기대를 한다. 선교사가 빨리 좋은 열매를 거두어야 한다고 생각한다. 물론 귀한 선교 헌금을 해서 하는 사역이니 좋은 결과가 빨리 나타나기를 바라는 것은 자연스런 마음일 수도 있다. 그러나 선교는 사람을 세우는 일이다. 그러기에 그 열매를 맺기 위해서는 시간이 필요하다. 파송교회는 시간의 여유를 가지고 선교사를 기다려 주어야 한다.

C선교사는 현지인 토착교회를 세우기 위해 오랫동안 사역을 하였다. 사역을 하는 동안 눈에 보이는 열매가 별로 없었다. 그러나 10년이 지난 후 C선교사가 사역하는 교회에서 진실된 그리스도인이 많이 나오게 되었다. 교회도 부흥되고 영향력 있는 지도자들도 많이 배출되었다. 그 교회는 그 나라에 좋은 영향력을 끼치는 교회가 되었다. 이런 사례에서 볼 수 있듯이 파송교회는 선교사를 기다려 줄줄 알아야 한다. 선교사도 눈에 보이는 성과 중심으로 일하지 말고 사람을 세우는 일에 초점을 맞추어 장기적인 계획 가운데 사역해야 할 필요가 있다.

8) 성령께 의지한다.

선교사가 진정으로 의존할 분은 성령이다. 성령을 의존하는 선교사는 현지인들이 성령을 의존하도록 가르친다. 선교사는 현지인들이 의존할 대상은 선교사가 아니라 성령이라는 것을 가르쳐야 한다. 교회를 이끌어 가시는 분은 성령이시고 성령에 의해 교회가 자립하고 부흥할 수 있다는 것을 알려주어야 한다. 선교사가 성령의 살아계심을 날마다 체험하며 그것을 성도들과 나누는 삶을 살 때 현지인들이 성령을 의존하게 된다. 결국은 이 세상의 모든 것은 무너지고 헛되더라도 성령은 존재하며 영원하며, 이 세상의 주인으로 역사하신다. 선교를 이루시는 분도 성령이시며, 세상의 복음화를 이끌어 가시는 분도 성령이시다. 현지인을 책임지시는 분도 성령이시고 교회를 세우시고 부흥케 하시는 분도 성령이시다. 철저하게 성령을 의지할 때 선교와 현지 복음화, 그리고 교회는 확장되어 나갈 것이다.

9) 사람을 세우는 사역을 한다.

지금까지는 선교사들이 건축이나 눈에 보이는 프로젝트에 초점을 맞추었다면 이제는 사람을 양육하는 사역에 초점을 맞추도록 해야 한다. 사람들이 바로 세워졌을 때 교회건축은 문제가 안 된다. 그 사람들이 감당하기 때문이다. 만약 선교사가 교회건축을 위해 도움을 주더라도 선교사가 양육한 성숙된 사람이 많은 교회는 문제가 되지 않는다. 사람이 세워지지 않았기에 교회건축을 도와주는 것이 문제가 된다. 교회건축은 두 번째 일이다. 사람을 양육하는 일이 첫 번째 일이다. 두 번째 일은 뒤로 미루어야 한다. 두 번째 일이 먼저 되어지기 때문에 문제가 된다.

무교회 지역이 있다고 가정해 보자. 그곳에 선교사들은 교회를 건축하면 많은 사람들이 교회에 출석할 수 있는 기회를 가질 수 있다고 생각한다. 그러나 이것은 잘못된 순서다. 교회가 없는 지역이라면 선교사가 들어가서 먼저 전도를 하고 성경공부를 해야 한다. 그리고 예배를 드리면서 사람을 훈련하고 양육하는 일을 해야 한다. 그런 작업이 일정한 시간 동안 이루어져서 사람을 세우되 선교사가 없어도 그 모임이(비록 적은 숫자라고 하더라도) 지속될 수 있다면 그 때에 교회건축을 시도해 볼 수 있다. 현지인들이 자발적으로 할 수 있다고 생각될 때 현지인들로 하여금 교회를 건축하도록 격려해야 한다. 순서를 지키는 것이 중요하다.

10) 현지인들 속에 있는 잠재력을 본다.

선교사는 눈에 보이는 현지인의 모습이 전부인 것처럼 착각할 수 있다. 겉으로 보기에 가난하여 밥도 제대로 먹지 못하는 현지인들이 안타깝기 그지없다. 그들 손으로 무엇을 한다는 것이 불가능해 보이기도 한다. 그들이 땅을 사고 교회건축을 한다는 것은 선교사의 눈에는 불가능한 일이다. 그러나 그들 속에 역사하는 분은 성령이시고 그들의 믿음의 헌신이 이루어진다면 불가능이 가능으로 바꾸어질 수 있다.

E국에 사역하는 Y선교사는 교회를 개척하였다. 교회를 개척하여 목회하면서 1년이 지나자 교인들이 늘어갔다. 처음에 빌렸던 조그만 모임 장소가 좁았다. 교회건축이 필요했다. Y선교사는 교인들에게 땅을 사고 교회건축을 하자고 제안하였다. 처음에 그들은 Y선교사의 제안을 거부하였다. 땅값과 건축비용은 그들이 상상할 수 없이 큰 예산을 필요로 했기 때문이었다. 그러나 Y선교사는 계속해서 격려하였다. 그들이 하나님을 믿는 믿음으로 시작한다면 하나님께서 이루실 것을 믿어 보자고 했다. 마침내 적절한 땅이 나와 계약을 하였다. 가격은 미화 만 불이었다. 6개월 만에 잔금을 치러야 했다. 30-40명밖에 안 되는 교인들로서는 무리였다. 그들의 수입은 일인당 한 달에 100불도 안 되었다. 그것으로는 가족들이 세 끼 먹는 것도 부족하였다. 그들이 사는 집도 제대로 짓지 못한 채 살

고 있는 어려운 형편이었다. 그런 현지인의 사정에도 불구하고 Y선교사는 땅값을 위해 자신이 먼저 헌금하지 않았다. 현지인들이 스스로 감당해야 한다는 철학 때문이었다.

교인들은 그 때부터 열심히 일하기 시작하였다. 일한 수입으로 부지비용을 위한 헌금을 하였다. 어떤 교인은 빵을 만들어 길거리에 나가 팔기도 하고 또 다른 성도는 집에서 기른 닭이나 돼지를 팔아 땅값을 위해 헌금을 하였다. 꼭 필요할 때 쓰려고 모아 두었던 저축통장을 털었다. 이 소식이 전해지자 주위의 다른 교회가 함께 헌금에 동참해 주었다. 결국 6개월 만에 빚이 없이 잔금을 치렀다. 잔금을 치른 날 교인들은 감격해서 함께 감사의 눈물을 흘렸다. 교인들은 기적이라고 하였다. 하나님이 도우셨다고 하였다. 건축을 통해 또 한 번 더 하나님의 기적을 체험하자고 하였다. 그리고 그 날 건축을 하기로 결의를 하고 그날부터 건축은 시작되었다. 공사를 위해 교인들은 매주 모여 함께 노동을 하였다. 어린 아이들까지 돌을 나르고 땅을 고르고 벽돌을 쌓았다. 6개월 만에 1층이 완공되었다. 1층까지 공사비용은 만 불이 들었다.

그 동안 Y선교사는 건축을 위해 한국교회에 따로 모금하지 않았고 자신도 특별건축헌금을 하지 않았다. 교인들에게는 매정한 일처럼 느껴졌을지 모르지만 건축은 교인들의 일이라고 생각하였고 그것을 교인들에게 가르쳤다. 그리고 Y선교사는 그 교회를 교인들에게 맡기고 한국으로 철수하였다. Y선교사가 나온 한 달 후에 그들은 새로 건축한 교회로 이사하였다. Y선교사는 그들 스스로 이룬 교회, 그들 스스로 기쁨을 만끽하는 기회를 주고 싶었다. Y선교사는 개척한지 2년 만에 현지인을 지도자로 세우고 그들로 하여금 교회를 건축하게 하고 그리고 그곳을 떠나왔다. 지금도 그 교회는 Y선교사가 양육한 현지인 사역자에 의해 성장하고 있다. 그 동안 2층 건축도 완공을 하였고 새로운 교인들도 많아졌다.

현지인들 마음속에 있는 믿음을 주관하고 역사하시는 분은 하나님이시다. 하나님의 역사로 하나님의 교회들은 이루어져가고 있다. 선교사들이 생각하는 것처럼 교인들이 가난하지만은 않다. 교인들이 다 가난한 것은 아니다. 그들 중에는 교회건축을 위해 헌금할 수 있는 잠재력을 가진 교인들이 있다. 만약 교회가 있는 지역이 가난한 지역이라면 땅값도 다른 지역보다 싸고 건축도 그들이 사는 수준으로 지으면 된다. 교회가 있는 지역이 부자 동네라면 그 교회에 나오는 사람들도 그 수준에 맞는 사람들이다. 그들이 할 수 있다. 교인들이 각자가 움막을 짓고 산다면 전 교인이 힘을 모아 건축을 한다면 움막보다는 좀 더 나은 건물을 지을 수 있다. 선교사는 현지인들 속에 있는 믿음을 볼 줄 알아야 하고 믿음의 역사를 기대할 수 있어야 한다. 현지인들의 손으로 교회건축이 이루어진다면 그 교회들은 계속해서 성장해 나갈 것이다.

11) 자기 이름을 드러내지 않는 선교를 한다.

교회건축을 도와주는 대부분의 후원교회는 자신들의 이름이 드러나기를 원한다. '지교회' 혹은 '개교회'라는 이름으로 선교지에 후원교회의 이름이 붙이기를 바란다. 지금도 선교지에 교회건축을 도와주었던 후원교회와 동일한 이름으로 세워진 교회가 많이 있다. 여기서 생각해 볼 것이 있다. 교회는 원칙적으로 지역교회를 의미한다. 교회는 크게 둘로 나뉜다. 우주적인 교회와 지역교회이다. 시대와 지역을 초월한 참된 그리스도인들과 공동체가 바로 우주적인 교회이다. 지역교회는 눈에 보이는 교회로서 그 지역에서 하나님을 섬기는 사람들의 모임이다. 지상에서 우리는 지역교회의 테두리 안에서 교회를 이룬다. 그것이 본질적인 교회라면 자연히 교회의 이름도 그 지역의 이름을 따는 것을 기본으로 해야 한다.

그러기에 선교지에 후원교회의 이름을 붙여 주는 것은 재고해 보아야 한다. 선교지교회가 다른 의미가 있어서 후원교회의 이름을 사용하는 것이라면 문제가 안 되겠지만 대부분의 교회는 후원교회의 눈치를 보거나 후원교회의 지교회 형식으로 세워지는 것이다. 이것은 지역교회의 성격에 맞지 않을 뿐 아니라 후원교회에 종속된 교회임을 그대로 드러내는 것이기에 토착된 교회를 이루기 위해서는 해서는 안 될 일이다. 이렇게 할 경우에 현지교회는 독립하기 어려워진다.

그런 교회는 이미 건강한 교회로서 출발을 할 수가 없다. 더구나 후원교회가 자신의 이름을 내기 위해서라면 하나님께 드려진 헌금의 의미도 사라지게 된다. 하나님이 주실 상급을 받은 것이다. 물론 사람이기에 자기 이름을 내기를 바라는 마음은 이해하지만 하나님 나라의 원리에는 맞지 않는 것이다.

선교는 진정으로 자기 이름이 드러나는 것이 아니라 하나님의 영광과 현지인이 드러나야 하는 것이다.

12) 약함의 역사를 인정한다.

사도 바울은 고린도교인들에게 다음과 같이 말했다.

> "내 능력이 약한 데서 온전하여짐이라"(고후 12:9)
> "내가 약한 그 때에 강함이라."(고후 12:10)
> "우리가 약할 때에 너희가 강한 것을 기뻐하고"(고후 13:9)

사도 바울은 자신이 약해질 때 오히려 고린도교회가 강해졌다고 고백한다. 선교사가 오히려 약함을 드러낼 때 현지인들은 더 강해지는 것이다. 선교사가 약함을 드러낼 때 선교사나 현지인 모두가 성령님만을 의지하게 된다. 그 성령님께서 강하게 만드신다. 일제시대에 중국선교를 하셨던 방지일 목사님은 서구선교사들이 강하게 선교할 때 자신은 약하셨다. 아무것도 가진 것이 없어 오히려 중국교인들이 방 목사님을 돌보았다고 한다. 서구선교사들이 했던 능력있고 물질적으로 풍부한 사역보다도 방지일 목사님이 하셨던 약함의 사역이 오히려 더 많은 열매를 맺을 수 있었다. 서구선교사들이 할 수 없었던 교회개척을 하고 서구선교사들이 1951년에 중국에서 다 철수했지만 유일하게 공산치하에서 남아서 중국선교를 할 수 있었다. 선교사가 약할 때 현지인이 강하게 된다. 이것이 성경의 원리이다. 주님도 약한 모습으로 이 땅에 오셔서 위대한 사역을 하셨다. 선교사가 너무 강하게 되려고만 하지 말고 현지인들과 동일하게 혹은 더 약한 모습으로 다가갈 때 참된 복음의 역사는 이루어질 것이다.

4. 결론

한국교회의 선교가 제자리를 잡기 위해서는 기본적인 것을 점검해 볼 필요가 있다. 잘못되어졌던 것들을 인정하는 것은 가슴 아픈 일이지만 이제라도 바른 방법으로 선교 하는 것이 필요하다. 선교는 선교사나 후원 교회 자신의 의나 나라를 위해 하는 것이 아니라 하나님 나라와 교회개척을 통한 선교지 복음화를 위해 일하는 것이다. 진정 하나님 나라와 선교지가 복음화 되기 위해서는 교회건축은 현지인에게 맡기는 것이 필요하다. 이제 한국교회선교는 선교한다는 것에 초점을 맞추는 것이 아니라 그 방법론과 전략에 집중해야 할 때다.

제10장

선교사 재배치의 문제와 추수지역 선교전략

1. 미전도지역에로의 재배치

몇 년 전에 선교를 많이 하는 교회에서 선교 지도자들을 초청하여 선교 세미나를 열었다. 그곳에서 한 강사가 선교사들을 재배치해야 한다는 것과 미전도지역 선교지의 필요성에 대해 강하게 주장하였다. 그 강사의 주장은 지금 한국선교사들은 몇몇 지역, 특별히 추수지역에 많은 선교사가 들어가 있다는 것이다. 그래서 추수지역에 있는 선교사들을 미전도지역으로 재배치를 해야 한다고 주장하였다. 이 세미나에 참석했던 사람들은 이 문제를 가지고 열띤 토론을 벌였다.

그 후에 한국선교계는 계속해서 선교사 재배치에 대한 이야기가 나오고 있다. 선교사 재배치에 대해 논하는 사람들은 세계선교 통계를 가지고 그 당위성을 주장하고 있다. 그들은 세계를 네 지역으로 나누어 한국보다 복음화율이 더 높거나 기독교인이 많은 나라에는 더 이상의 선교사를 파송하지 말아야 한다고 한다. 그리고 아직 복음이 들어가지 않은 미전도지역을 중심으로 사역을 해야 한다고 주장한다. 그 결과 현재 한국 교회에서는 미전도지역, 복음화가 덜된 지역, 닫힌 지역에 선교사를 집중적으로 보내는 결과를 가져왔다. 반면에 추수지역은 그 용어조차도 생소하게 되었고 추수지역으로 가는 선교사는 점점 줄어들고 있다. 무엇보다도 현재 추수지역에서 사역하고 있는 선교사들은 선교가 필요 없는 지역에서 사역하고 있다는 눈총가운데 사역하고 있는 현실이다.

이런 주장을 그대로 받아들일 때 균형을 잃은 선교가 될 가능성이 많다. 균형을 잃을 때는 나가야 할 방향을 찾지 못하게 된다. 방향 없이 하는 선교는 하지 않은 것보다 못할 수도 있다. 선교사 재배치에 대해서 언급해야 할 이유가 여기에 있다.

2. 선교사 재배치의 문제

1) 성경적 관점

선교사 재배치는 성경적 관점에서 문제가 있다. 성경은 온 세계에 복음을 전해야 한다고 명령하고 있다. 온 세계에 복음을 전한다는 것은 복음을 들어보지 못한 사람이 한 사람이라도 있다면 그곳에 가서 복음을 전하라는 뜻이다. 우리가 선교해야 할 대상, 복음을 전해야 할 대상은 이 세계 모든 사람들이다. 전략이 중요하지만 그 전략이 하나님의 전체 인류를 향한 구원 계획에 앞설 수는 없다. 이 전략을 세운 사람들이 주장하는 원리는 복음화 비율이 높은 곳에는 선교사를 적게 보내야 한다는 것이다. 그 주장이 성경에서 말하는 진정한 하나님의 계획인가 아니면 인간의 전략인가를 살펴 볼 필요가 있다.

선교는 성경에서 말하는 것과 같이 "예루살렘과 유다와 사마리아와 땅 끝까지"(행 1:8) 동시에 복음을 전해야 한다. 하나님은 전 세계에 관심이 있다. 복음화가 덜된 곳에만 관심이 있는 것이 아니다. 우리가 선교를 해야 할 곳에서 제외시킬 곳은 이 지구상에 하나도 없다. 그러기에 선교사가 일정 지역에 편중되었다는 지나친 주장은 오히려 하나님의 구속 계획을 반대하는 결과가 되는 것이다.

2) 선교적인 관점

① 선교에 대한 정의를 내리는데 있어서 선교사 재배치 전략은 모순이 있다.

선교란 무엇인가? 선교를 한마디로 정의한다면 타문화권에서 복음을 전하고 그리스도인을 양육하는 것이라고 할 수 있다. 타문화권에서 복음을 위해 일하는 모든 것이 선교이다. 만약 선교사 재배치 전략을 말하는 사람들의 주장대로라면 선교는 복음화율이 낮은 지역에 선교사를 파송하는 것이라고 정의를 내려야 할 것이다. 그러나 선교적인 관점에서 선교는 모든 타문화권에서의 복음전도 활동이다. 한국교회는 한국에 있는 외국인 근로자들을 위해서 선교사를 파송하고 있다. 외국인 근로자를 위해 일하는 사람도 타문화권을 향해 일하기에 이들도 선교사이다. 그러나 재배치 전략대로라면 선교는 한정된 지역에서 하는 전도활동에 불과한 것이 된다. 복음화가 덜된 지역에서 전도하는 것으로 선교의 정의를 축소하게 되는 것이다.

② 선교의 범위에 있어서도 재배치 전략은 문제가 있다.

선교사역을 하는 범위는 전도와 신자들을 양육하는 두 가지 차원이 있다. 이 두 가지는 선교지에서 동시에 균형 있게 이루어져야 할 일이다. 선교는 단순히 복음을 전하는 것(전도) 그 이상이다. 현지인을 양육하고 제자를 삼는 것도 포함된다. 그러나 선교사 배치 전략대로라면 선교는 단순히 전도하는 것일 뿐이다. 그들에게 있어서 선교는 전도를 위해서 존재하는 것이다. 그러나 선교는 다양한 지역에서 다양한 방법으로 이루어진다. 전도만 하는 선교사는 없다. 선교사는 전도한 사람을 양육하고 지도하고 전략을 세우는 일을 동시에 감당한다. 모든 선교사가 전도와 양육을 위해서 함께 일하는 것이다. 선교사 배치 전략에서 주장한 바에 의하면 선교에 있어서 양육은 포함되지 않는다. 우리는 복음화 된 지역일지라도 양육과 제자 삼는 일을 위해 선교사를 파송해야 한다.

③ 선교의 목표차원에서도 문제가 있다.

선교의 목표는 현지인들을 재생산하는 단계까지 가야 한다. 현지인들을 재생산한다는 의미는 그들이 완전히 자립하고 선교사를 파송하는 나라가 되는 때까지이다. 이것이 선교의 목표이다. 이것이 선교의 목표라면 우리는 복음화가 되었을지라도 아직 재생산을 하지 못하는 지역에도 선교사를 계속 파송해야 한다. 현재 교회가 자립을 해서 선교사를 스스로 파송할 수 있는 나라가 얼마나 있는가? 심지어 선교사를 두 번째로 많이 파송한 한국도 지금 서구선교사들이 일하고 있다. 우리는 모든 나라에 복음을 전해야 할 책임이 있다. 선교사 재배치 전략을 내세우는 사람들의 주장대로 복음화 율에 따라서만 선교사를 파송해서는 안 된다.

3) 전략적인 관점

① 선교사 배치 전략에서 조사한 자료에서 숫자상에 나타난 그리스도인의 비율을 보면 명목상 그리스도인이 포함되어 있다.

명목상 그리스도인은 겉으로는 그리스도인이지만 진실된 그리스도인이 아니라는 말이다. 자료들에는 진실된 그리스도인이 아닌 많은 사람들이 그리스도인으로 나타나는 허구가 있다. 참된 복음주의자가 아닌 가톨릭이나 다른 비슷한 종교도 이들의 조사에 그리스도인으로 포함되고 있다. 가톨릭을 기독교로 분류하는 통계자료에 근거하여 선교전략을 만든다면 이 전략이야말로 문제가 있는 전략이다. 그것은 가톨릭교회에도 구원받지 못한 사람들이 많이 있기 때문이다. 가톨릭 국가에서 태어났다고 해서 미전도지역보다 복음을 들을 기회가 적어진다면 그것은 하나님의 인류를 향한 계획과는 상반된다. 모슬렘 국가에 태어났던지, 불교 국가에서 태어났던지, 가톨릭 국가에서 태어났던지 간에 복음을 듣지 않았다면 차별 없이 복음을 들을 권한이 있다.

특정한 국가에 태어난 것으로 인해 복음을 듣지 못한다면 그것은 전 인류를 사랑하신 하나님의 원리에 반대되는 것이다. 어느 지역도 재배치 전략에서 주장하는 것으로 영향을 받아 역차별을 당하면 안 되는 것이다. 재배치 전략을 논하는 사람들은 전략에 앞서 기독교의 기본 정신을 되새겼으면 한다. 오히려 세계선교를 위해 더 많은 선교사를 동원시켜야 한다. 지금은 차별성을 두고 전략을 내세우는 것이 우리의 할 일이 아니다. 재배치 전략으로 지역의 차별성을 내세우는 시간에 오히려 더 많은 사람이 선교에 동참하도록 부르는 일을 하는 것이 우리가 급하게 해야 할 일이다.

② 복음화 되었다고 하더라도 신자들의 구성은 다양하다.

영적으로 더 많은 보호와 도움을 필요로 하는 어린 신자도 있다. 아울러 성숙한 그리스도인도 있다. 안타깝게도 선교사 재배치전략의 통계는 영적으로 어린 신자가 성숙한 그리스도인으로 포함되고 있다. 그들의 숫자가 성숙한 신자보다 더 많다. 영적으로 어린 신자는 신체적으로 막 태어난 어린 아이와 같이 비교될 수 있다. 어린아이를 낳았으면 부모가 그 아이를 양육해야 한다. 수십 년에 걸쳐서 아이를 양육하는 것이 부모의 책임이다. 어린 아이와 같은 그리스도인을 누군가 양육해 주지 않으면 그들은 스스로 자랄 수가 없다. 전도하여 어린 신자를 만들어 놓기만 한다면 그 어린 신자는 죽을 가능성이 많다. 다시 믿음에서 떠날 수 있다.

그러기에 선교사는 이 어린 신자를 양육할 책임이 있다. 선교사 재배치 전략을 주장하는 사람들의 원리를 따라서 어린 신자를 놓아 둔 채 다른 지역으로 선교사를 재배치한다면 그 어린 신자는 더 이상 그리스도인으로 살아가기 어렵다.

③ 선교지에는 교회 지도자가 부족한 형편이다.

지도자를 누가 배출하고 양육할 것인가? 선교사들이다. 지도자를 교육하고 현지인을 지도자로 세우는 사역이 선교사에게 있어서 무엇보다도 중요한 사역이다. 세계의 거의 모든 나라는 다 교회 지도자가 부족하다. 현지인 지도자를 많이 세우는 사역이 거의 모든 나라에 필요하다면 우리는 모든 나라에 선교사를 파송해야 하는 것이다.

④ 전략은 전략일 뿐이다.

지금까지 선교역사상 700개 이상의 전략이 있었다. 어떤 전략도 완전한 것이 아니며, 모든 전략은 지역과 시대에 따라서 한계가 있었다. 그러나 선교사 재배치전략을 주장하는 사람들은 "어떤 나라들에는 선교사를 보내지 말아야 한다."고 강하게 주장하고 있다. 자신의 선교전략이 중요하고 필요하고 효율성이 있다면 다른 선교전략도 인정해야 한다. 그리고 반대되는 입장도 수용해야 한다. 전략의 다양성을 고려하지 않는다면 문제가 있다. 전략은 더 효과적인 일을 하도록 하는 방법이다.

⑤ 재배치전략은 선교사의 소명을 고려하지 않은 전략이다.

한 사람이 선교사가 되기까지, 한 선교사가 선교지를 결정하기까지 단순히 결정하지 않는다. 선교사는 하나님이 주시는 분명한 소명이 있어서 선교지를 결정한다. 선교사에게 있어서 소명은 무엇보다도 중요하다. 그러나 재배치전략은 하나님의 개인적으로 주시는 소명에 대해 전혀 고려하지 않고 있다. 하나님이 택해서 하나님이 보내신 귀중한 선교사를 전략이라는 이유만으로 다른 나라로 보낸다는 것은 위험한 일이다. 현재 한국선교사들이 많이 있는 나라는 주로 동남아 지역으로 필리핀이나 태국이 대표적인 예이다. 이 두 나라는 한국선교사들이 사역을 해 오고 있다. 어느 날 갑자기 선교사 재배치 이야기가 나오면서 이 두 나라가 재배치를 해야 할 대표적인 나라가 되었다. 선교사 재배치의 소리가 들릴 때마다 이 지역 선교사들은 소명에 따라 이 나라에 왔는데 이 지역이 선교지가 아니라고 주장하는 것으로 인해 정체감에 심각한 타격을 받고 있다. 재배치를 주장하는 사람들 때문에 이 지역 선교에 대한 관심과 후원이 줄어들게 된다. 그러나 필리핀 같은 지역은 개신교 인구가 전체 인구 9,700만 명 중에 5% 정도이다. 필리핀은 아직도 9천 만 명 이상의 인구가 복음이 필요한 지역이다. 필리핀에 선교사가 너무 많이 있다고 생각하는 것은 오해이다. 지금 우리의 문제는 재배치 문제가 아니다. 더 많은 지역에 더 많은 선교사를 보내는 것이 문제다. 하나님이 부르신 소명에 따라 각자가 선교지에 와서 생명을 바쳐 일하는 선교사들을 격려는 못하더라도 사기는 떨어뜨리지 말아야 한다. 논리와 현실에 맞지 않는 전략을 주장하며 오히려 선교사들을 혼란스럽게 만드는 일들은 중단되어져야 한다.

⑥ 선교사의 현실적인 면을 고려하지 않은 것이다.

선교사가 한 곳에 정착하기 위해서는 많은 어려운 과정과 스트레스를 겪어야 한다. 한국 내에서 다른 곳으로 이사하는 것도 쉬운 일이 아니다. 그런 것들을 고려하지 않고 책상에 앉아서 통계자료를 가지고 선교사를 다른 나라로 옮기려고 하는 전략은 문제가 있다. 지금까지 기반을 잡고 이루어놓은 사역을 뒤로 하고 다른 나라로 옮기는 것은 쉬운 일이 아니다. 선교사가 선교지를 한 번 옮기기 위해서는 적어도 한 사역기간(term)은 더 소요가 된다. 사역의 효율성을 따진다면 오히려 정착한 곳에서 더 전략적인 사역을 연구하고 발전시켜 나가는 것이 바람직하다고 본다. 이경우에는 오히려 재배치가 시간과 재정을 낭비하는 비효율적인 전략이 될 수 있다.

4. 추수지역 선교

선교사의 재배치를 논하면서 재배치 지역에서 제외되는 추수지역의 선교의 필요성을 찾아보고자 한다. 추수지역은 정말 선교사가 필요한 지역이 아닌가? 정말 집중적으로 선교해야 할 지역은 미전도지역인가? 추수지역을 외면하지 말아야 할 이유들이 있다. 그것은 오히려 전략적인 면에서 추수지역 선교가 효과적일 수 있기 때문이다.

1) 교회성장학적인 면

교회성장학적인 면을 고려할 때 추수지역은 선교의 우선지역이 될 수 있다. 교회 성장이론에서 교회성장이 잘 되는 지역은 복음의 수용성이 높은 곳이다. 복음의 수용성이 높은 지역은 열린 지역이고 추수지역이다. 추수지역은 이미 복음에 대한 문이 활짝 열려 있다. 특별히 가톨릭 국가는 정확한 예수 그리스도에 대한 복음의 이해가 부족하지만 하나님이나 기본적인 신앙에 대한 문이 열려 있다. 이미 열려 있는 그들에게 정확한 복음전파는 그들을 구원하는데 필요한 요소가 된다. 그들이 복음을 받아들이는 수용도가 다른 지역에 비해 높다. 이는 같은 노력을 가지고 더 많은 영혼을 구원하는 장점이 있다.

2) 재생산의 전략

재생산이라 함은 현지인들을 양육해서 그들이 또 다른 선교지로 나가도록 하는 것을 말한다. 한국만이 세계선교를 다 감당할 수 없다. 그러기에 선교지 그리스도인들이 선교사가 되도록 해서 그들도 세계선교를 감당하도록 해야 한다. 그것이 바로 선교이다. 한국교회의 초창기 역사를 보면 한국교회는 처음부터 선교하는 교회였다. 1907년 장로교에서 첫 목사 안수를 받은 일곱 사람 중의 한 사람인 이기풍 목사님은 그 때 당시에 타문화권인 제주도에 선교사로 나갔다. 19012년에 장로회총회가 세워질 때도 선교사를 파송하였고, 총회의 주된 안건이 선교에 대한 것이었다. 일제하에서 자립이 안 된 상황에서도 한국교회는 수많은 선교사를 보냈다. 한국교회는 처음부터 선교사를 파송했기에 교회가 성장할 수 있었다. 이는 현재의 선교지들이 선교사를 보내는 재생산하는 교회가 되는 것이 그 나라의 복음화에 중요한 역할을 한다는 것을 알 수 있는 증거이다. 그래서 재생산하도록 만드는 작업이 선교사들의 주된 사역이 되어야 한다. 그런 면에서 열린 지역은 재생산할 수 있는 선교지이다.

3) 투자의 효율성

이제 막 열린 추수지역을 두고 미전도지역으로 다시 옮긴다면 지금까지의 투자가 헛되게 된다. 추수지역 중에는 얼마 전까지만 해도 미전도지역이었던 곳도 있다. 미전도지역이 열릴 때까지 많은 선교사들이 씨를 뿌리는 사역을 했고 이제 사역을 잘하고 있는데 그 지역을 내버려 두고 또 다른 지역으로 옮긴다면 그 동안의 수고가 다 헛되게 된다. 뿐만 아니라 또다시 그 지역이 미전도지역이 될 수 있는 가능성이 있다.

영국은 얼마 전까지만 해도 세계선교사 파송 2위국이었다. 그러나 지금은 그리스도인 인구가 2%정도밖에 안 된다. 지금 영국이 바로 미전도지역이 되었다. 유럽의 많은 나라들이 영국과 비슷하다. 한국교회는 90%의 그리스도인이 있는 르완다에 선교사로 간다고 하면 박수를 치고 보낸다. 그러나 그리스도인이 1%도 안 되는 프랑스에 선교사로 간다고 하면 부자 나라에 갈 필요가 없다고 말한다. 지금도 이 세상에 새로 태어나는 추수 지역의 어린이들은 복음을 접할 기회가 없다. 많은 선교사들을 미전도지역으로만 보낸다면 그 어린이들을 누가 전도할 것인가? 새로 태어나는 추수지역의 어린이들이 바로 미전도종족이다.

우리는 지금 시간이 급하다. 씨는 언제든지 다시 뿌릴 수 있다. 그러나 이미 씨를 뿌려 자란 곳에 열매가 익었는데 그 열매를 거둘 시기를 놓쳐 버리면 열매를 거둘 수가 없다. 추수 때를 놓치면 많은 시간과 노력이 다시 투자되어야 한다. 필자는 어렸을 때 시골에서 자라면서 추수 때가 되면 유난히도 더 바빴던 기억이 있다. 추수 때가 씨 뿌리는 때보다 더 바빴다. 이와 같이 추수지역이 닫힌 지역보다 더 급하다.

4) 은사적인 면

우리는 은사에 따라 선교를 해야 한다. 하나님은 은사에 따라 각 사람을 부르신다. 추수지역에 은사를 받은 사람이 미전도지역에 간다면 그것은 효과적이지 않다. 음악을 전혀 배우지 못한 운동선수가 음악을 위해 일하는 것과 같이 은사가 추수지역에 있는 사람이 미전도지역으로 가면 비효율적이다. 전도가 은사인 사람은 미전도지역으로 가고 가르치고 양육하는 은사가 있는 사람은 추수지역으로 가는 것이 좋다. 이것이 하나님이 주신 은사의 원리이다. 선교지를 결정할 때 자신의 은사에 따라 결정하는 것이 바람직하다고 본다.

한국인의 일반적인 성품과 기질과 은사는 추수지역에 더 가깝다고 볼 수 있다. 한국인의 성품은 다른 나라 사람보다도 더 급하다. 일을 많이 한다. 일을 하지 않으면 못 견디는 성품을 지녔다. 그런 의미에서 한국 사람들의 특성은 추수자에 가깝다고 볼 수 있다. 추수지역은 마음껏 일할 수 있는 곳이다. 복음을 위해서 열심히 뛸 수 있는 곳이다. 복음을 위해 일하는데 방해받지 않는다. 중국과 같은 닫힌 지역에서 공안원의 눈치를 볼 필요도 없다. 모슬렘 지역에서 사람들에게 몰래 전도하지 않아도 된다. 그저 한국인의 본래의 모습처럼 열심히 일하면 된다. 전도, 양육, 훈련, 재교육 등 추수지역에는 할 일이 많이 있다. 한국사람들의 일반적인 성향은 추수지역 선교를 하기에 적합하다.

현재 한국선교사의 70% 정도가 목회자 선교사(부인 선교사를 포함)들이다. 목회자 선교사들이 닫힌 지역에도 가야 하지만 목회자들의 전공이나 은사는 열린 지역에 적합하다. 닫힌 지역은 전문인선교사들이 더 필요하다. 닫힌 지역에서는 전문 직업을 가지고 들어가 복음의 씨를 뿌리는 작업이 적합하다. 목회자선교사는 열린 지역에서 가르치고 훈련하고 사람을 세우는 사역이 효과적이라고 볼 수 있다.

5. 결론

때로 선교 사역을 효과적으로 하기 위해 세우는 선교전략들이 하나님의 나라의 확장을 방해하기도 한다. 한쪽으로 지나치게 치우친 전략들은 많은 선교사들을 절망하게 하고 오히려 세계 복음화를 가로막고 있다. 재배치전략이나 미전도종족 중심의 선교전략이 여기에 속하지 않기를 바랄 뿐이다. 한국교회선교가 이성적이고 균형 잡힌 선교전략들로 계속 발전했으면 한다.

제11장

새로운 선교전략을 위한 사역의 기초

선교사가 훈련을 잘 받고 선교지에 간다고 하더라도 선교지의 실제 상황은 많이 다르다. 그래서 이 장에서는 선교사의 사역의 기본과 방향에 대해서 다루고자 한다. 건강하고 바람직한 선교를 하기 위해서 한국인 선교사들이 선교지에서 주의해야 할 기본적인 사항들을 살펴본다.

1. 문화 이해

한국인은 단일민족, 단일문화와 단일언어를 가진 민족이다. 지금은 한국에 사는 외국인이 100만 명을 넘어 가며 타문화를 접할 기회가 과거보다는 많아졌지만 아직도 타문화에 대한 이해도가 낮다. 그러나 선교사가 한국인으로서 가지는 문화적인 관점이 아닌 현지인의 문화와 입장에서 복음을 전할 때 현지인들은 복음을 쉽게 이해하고 받아들인다.

선교사가 복음을 전할 때 먼저 죄에 대해 설명을 한다. 이 때 죄에 대한 개념이 선교사와 현지인이 다를 수 있다. 어떤 선교지에는 다른 사람의 것을 말없이 사용하고 가져가는 문화가 있다. 그들에게는 다른 사람의 물건을 마음대로 가져가 사용하는 것이 죄가 아니다. 그런 문화를 가진 사람들이 당신들은 다른 사람의 물건을 가져갔으니 죄를 지은 것이고, 그 죄 값을 치러야 한다고 말하면 그들은 이해하지 못한다. 그들에게는 죄 문제가 해결되지 않으니 복음을 전하기가 어렵다. 선교사들이 복음을 전하기 전에 문화를 배워야 할 필요가 여기에 있다.

　　선교사들이 현지 문화에 민감하지 않을 경우에는 크고 작은 실수를 하게 되고 결국은 선교사로서 일할 수 없는 경우도 생기게 된다. 남미에서는 사람을 앞에 놓고 직접 항의하거나 싸우는 것을 자제한다. 할 이야기가 있어도 다른 사람을 통해서 한다. 똑같은 말이라도 직접 지적하는 것과 다른 사람을 통해 지적하는 것은 큰 차이가 있다. 한국인들은 길거리나 어디서든지 쉽게 싸운다. 사소한 것을 가지고도 큰소리로 싸운다. 누군가 잘못하면 바로 그 자리에서 쉽게 항의한다. 그러나 남미인들은 아무리 화가 나는 상황이라도 직접적으로 싸우는 일은 거의 없다. 남미인들이 직접적으로 싸울 때는 서로 마지막까지 가는 것을 의미한다. 현지인 동역자가 잘못했을 때도 그 자리에서 훈계하고 야단을 친다. 그러나 이런 방법은 현지인들의 마음을 닫게 한다. 이런 일이 반복될 때 남미인들은 마음속에 분노를 품고 있다가 결정적인 순간에 선교사를 배반하든지 손해를 입힌다. 그 때 한국인 선교사는 얼마나 잘해 주었는데, 배반할 수 있느냐고 원통(?)해 한다. 그러나 이것은 배반이 아니라 선교사가 잘못 행동한 결과이다. 문화적인 차이로 인해 그들 속에 사소한 일로 큰 분노를 만들었기 때문이다. 문화를 모르면 이런 큰 실수를 범하게 된다. 그 실수는 선교사들이 선교지에서 철수하는 결과를 만들어 내기도 한다.

　　태국에서 있었던 일이다. 태국에서는 그들이 섬기는 우상을 함부로 대하는 것에 대해 아주 민감하다. 한 한국인 선교사가 태국 사람에게 전도

하였다. 그 태국인이 예수님을 영접했을 때 선교사는 그동안 섬겼던 우상들을 불사를 것을 요구하였다. 태국인은 믿음이 약한 상태에서 그 일을 하기가 두려웠기에 선교사에게 그 일을 부탁하였다. 그 선교사는 태국인과 함께 우상들을 불살랐다. 마침 한국에서 단기선교팀이 방문했을 때였는데 그중의 한 사람이 그 광경을 사진으로 찍었다. 한국 그리스도인의 입장에서는 감격스러운 일이었기 때문이다. 그러나 그 사진이 어느 날 다른 현지인의 손에 들어갔고 그것은 바로 신문기자에게 전해졌다. 신문에 그 사진이 나오게 됨으로 그 선교사는 그 자리에서 철수해야만 했다. 다시는 태국에 들어갈 수 없는 상황이 되었다. 선교사는 그 일을 좀 더 신중히 했어야 했고 자신과 현지 회심자를 보호하기 위해서는 사진을 찍지 않았어야 했다. 또한 그 부분이 현지인들에게 얼마나 예민한 부분이었는지 알았다면 그처럼 사진을 관리하지는 않았을 것이다.

선교사가 선교지 문화를 오해하는 것뿐만 아니라 선교지 사람들도 선교사의 사소한 것을 가지고도 오해를 할 수 있다. 폴 히버트는 다음의 이야기를 통해 문화의 다른 점에 대해 설명한다.

"콩고의 몇몇 선교사들은 사람들과 교감을 형성하는데 어려움을 겪고 있었다. 마침내 한 노인이 왜 콩고인들이 선교사들과 사귀는 것을 주저하는지 설명했다. '당신들이 왔을 때 당신들은 이상한 행동 방식도 함께 가져 왔소'라고 그는 말했다. '당신들은 깡통을 든 음식물을 가져 왔소, 어떤 깡통 겉에는 옥수수 그림이 그려져 있었소. 그리고 당신들이 그 깡통을 열었을 때 그 안에는 옥수수가 들어 있었고 당신들은 그것을 먹었소. 또 다른 깡통의 겉면에는 고기 그림이 그려 있었고, 안에는 고기가 들어 있었소. 그리고 당신들은 그것을 먹었소. 그리고 나서 당신들이 아기를 낳자 당신들은 조그만 깡통을 가져왔소. 겉에는 아기 그림이 그려 있었는데, 당신들은 그 깡통을 열더니 내용물을 아이에게 먹였소.' 우리가 보기에 그들이 이렇게 혼란스러워하는 것은 좀 어리석은 것처럼 들린다. 하거만 그것은 너무나도 논리적이었다."[4]

　선교사들은 현지인들의 시간 개념을 이해해야 한다. 남미 에콰도르에서 사람들은 약속 시간보다 좀 늦게 나가야 한다. 정확한 약속 시간에 나가는 것은 그 사람들을 당황하게 만드는 일이다. 또한 사람들을 초청하여 삐에스타(Piesta: 함께 모여 춤을 추고 노는 행사)를 할 경우 그 시간이 오후 8시라면, 에콰도르 사람들은 오후 8시에 도착하지 않는다. 만약 선교사나 외부인이 이를 모르고 정확히 오후 8시에 간다면 그것은 아주 큰 실례가 된다. 오후 8시란 말은 오후 8시부터 삐에스타를 준비한다는 뜻이다. 그 시간은 주인이 음식도 차리고 옷도 차려 입고 손님 맞을 준비를 하는 시간인 것이다.

　선교사는 현지 문화를 알기 위해 현지인들의 행동을 유심히 관찰할 필요가 있다. 현지인들의 행동 중에 선교사가 느끼기에 좀 어색하거나 뭔가 이상하다고 생각하는 것에 대해서는 특별한 관심을 가지고 관찰을 해야 한다. 한국인의 정서나 문화와는 다른 특별한 행동 양식이 바로 현지인의 문화이고 그 속에는 현지인의 세계관이 들어 있기 때문이다.

　선교사가 되려고 할 때 문화의 중요성에 대해 배우게 된다. 선교사로서 선교지 문화를 이해하고 문화를 관찰하는 방법과 그 문화 속에서 복음을 전하는 방법도 배우게 된다. 그러나 안타깝게도 훈련을 받을 때 배운 것과는 상관없이 사역을 하는 선교사들이 있다. 훈련 때 배운 것은 그저 이론적인 것일뿐 선교현장에서는 자기 문화를 고집하며 사역하는 선교사들이 있다. 현지인의 문화가 중요한 것이 아니라 선교사 자신의 문화를 더 중요시 여기는 것이다.

　한국선교사들은 현지인의 문화를 인정할 줄 아는 태도부터 배워야 한다. 한국문화는 고급스런 문화이고 현지인들의 문화는 저급한 문화라고

---

4) 윈터 랄프, 스티븐 호돈 공동편저, 2000 "미션 퍼스펙티브"(Mission Perspectives), 정옥배 역, 서울:도서출판 예수전도단. p.321

생각하는 것을 바꿀 필요가 있다.

선교사들은 현지 문화를 인정할 뿐 아니라 배워야 한다. 현지인들이 자국인들의 문화로 복음을 듣고 하나님을 섬기도록 해야 한다. 현지 문화를 존중하려는 태도, 배우려는 태도, 문화 차이를 인정하는 태도, 한국문화 우월의식을 버리는 태도, 문화의 이론을 적용하는 태도가 한국선교사들에게 더 요청되는 부분이다.

2. 섬김의 선교

한국선교사들의 선교지는 몇 나라를 제외하고는 한국보다 가난한 나라들이다. 한국의 교육수준은 어느 나라와 비교해도 뒤떨어지지 않는다. 한국은 불과 40-50년만에 가장 가난한 나라에서 세계 10대 선진국으로 발전함으로 인해 자부심이 대단한 나라가 되었다.

이런 자부심이 때로 현지인들 앞에서 권위주의로 나타날 때가 있다. 자연히 선교사는 현지인을 몸과 마음으로 섬겨야 한다는 생각은 없어지고 오히려 현지인에게 명령하게 된다. 선교사와 현지인과의 관계는 고용자와 피고용자 관계가 된다. 선교사는 명령하는 사람이 되었고 현지인은 이에 따르는 사람이 되었다.

현지인을 섬기러 간 선교사가 현지인의 섬김을 받고 있다면 뭔가 잘못된 것이다. 현지인의 권위 아래로 들어가 현지인의 명령을 받고 사역하는 한국인 선교사가 얼마나 될까? 주님은 말씀하신다.

"인자가 온 것은 섬김을 받으려 함이 아니라 도리어 섬기려 하고 자기 목숨을 많은 사람의 대속물로 주려 함이니라."(막 10:45)

선교사는 이 주님의 말씀을 다시 새겨보아야 하고 선교사의 삶에서 적용해야 한다. 주님처럼 현지인을 섬기는 사람이 되어야 한다. 권위적인 태도에서 벗어나야 한다.

우리 예수님은 섬기러 오셨다. 그리고 제자들의 발을 친히 씻겨 주셨다. 이것이 주님의 섬김이다. 주님의 섬김의 마음을 깊이 되새기지 않고는 선교지 교회가 바른 주님의 도를 따를 수가 없다. 선교사의 권위주의적인 태도로 인해 기독교에 대한 잘못된 인식으로 심어질 수 있다. 기독교는 말만의 종교가 아니라 행동의 종교이다. 선교사가 그런 행동을 보이지 않는다면 참된 기독교가 선교지에 전파되기 어렵다. 섬기는 선교가 될 때 참다운 선교는 이루어진다.

3. 은사에 따른 선교

은사는 하나님이 주신 재능이나 능력이다. 성경은 은사에 따라 복음을 위해서 살아야 한다고 강조한다. 하나님은 각자에게 다른 은사를 주셨다. 각자 다른 은사를 주신 이유는 함께 협력하도록 하기 위해서다. 사람은 한계가 있는 존재이기 때문에 자신의 은사를 가지고 다른 사람과 협력해야 한다.

그러나 한국인들은 은사에 따라 사역하는 분위기보다는 권위나 서열 의식에 따라 사역하는 것을 좋아한다. 은사에 관계없이 연장자이기에 하는 경우도 있고 은사보다는 당장의 필요에 따라 자신의 은사가 아니어도 그 일을 하게 된다. 은사에 따라 사역하기 위해서는 서로 팀을 이루어 협력 사역을 해야 효과가 극대화 된다. 그 협력이 잘 이루어지지 않기 때문에 은사에 따라 사역하지 못한다. 협력 사역을 한다는 것은 혼자 일하는 것이 함께 일하는 것보다 익숙한 한국인들에게는 쉽지 않은 일이다. 그러나 은사에 따라 협력사역을 해야 한다. 은사의 원리에 따라 일을 하는 것은 성경적인 기본 원리이다. 그래야 함께 하나님의 나라를 확장시켜 나갈 수 있다. 각자 가진 은사에 집중해서 일을 할 경우에는 그 분야에서는 전문가가 될 수 있다. 어떤 분야이건 그 분야에서 전문가가 되면 그것은 하나님 나라를 위해 크게 기여하는 것이 된다.

4. 위임하는 선교

위임이란 선교사가 하던 사역을 현지인에게 적당한 시기에 넘겨주어 그들로 하여금 그 사역을 계속 진행하도록 하는 것을 말한다. 그런데 선교사가 모든 주도권을 가지고 사역을 하면 위임할 수 없다. 위임에 있어서 여러 가지 유형의 선교사가 있다.

첫째는 아예 위임이라는 것에 대해 생각조차도 없이 사역을 하는 선교사다. 선교사가 선교지에 있을 때 하는 사역이 전부이다. 선교사가 철수하면 그 사역은 그것으로 끝이다. 이런 종류의 선교사에게 위임이 없는 이유는 위임할 사람을 키우지 않기 때문이다. 선교사역의 방향이나 철학이 사람이 아니라 사역 그 자체에 있기에 위임할 사람을 키울 여유가 없다. 사람을 양육하는 것이 중심이 아니라 눈에 보이는 사역에 집중하다보니 사람을 키우는 일에 관심이 없는 것이다. 이런 선교사의 사역은 현지인에게 계속해서 이어지기 어렵다. 선교사가 선교지를 떠나게 되면 그의 사역은 지속되기 어렵다.

두 번째는 위임을 너무 빨리 하는 선교사다. 위임을 받을 만한 현지인의 상태가 되어있지 않는데도 불구하고 위임을 하는 것이다. 위임은 되었지만 현지인이 능력이 안 되기에 당연히 그 사역은 이어지지 못한다. 위임을 해 준 선교사는 위임을 해 주었는데 현지인이 그것을 잘 유지하지 못한다고 말한다. 그러나 위임의 시기가 너무 빨랐던 것이다.

세 번째는 위임을 너무 늦게 하는 선교사다. 위임의 시기가 이미 지났는데도 계속해서 선교사가 위임을 안 하는 것이다. 때로 일부 위임을 하기도 하지만 그것은 전문성과 독립성이 결여된 단순한 분야에서만 위임을 하는 경우일 것이다. 이런 선교사는 단순한 일을 맡겨놓고 위임을 하고 있다고 말한다.

네 번째는 적절한 시기에 적절한 사람에게 위임하는 선교사다. 이런 선교사는 위임에 대한 분명한 철학이 있다. 이들에게는 사역의 초점이 사람을 양육하고 세우고 훈련하는 데 있다. 위임을 위해 장기적인 계획이 준비되어 있다. 현지인의 양육 수준에 따라 그 때 그 때 위임을 해 준다. 이런 선교사는 현지인의 독립과 전문성을 인정한다. 이처럼 위임이 적절히 잘된 선교사역이야 말로 계속해서 하나님 나라를 위해 많은 기여를 하게 된다.

한국선교는 사역위임에 대해 다시 생각해야 한다. 그 사역이 건강한 사역인가, 아닌가 하는 것은 위임에 달려 있기 때문이다. 성공적인 위임이 이루어질 때 선교사의 사역과 책무에 대한 평가가 자동적으로 나오게 된다. 위임은 사역평가의 기준이 될 수 있을 만큼 중요한 요소다. 위임이 잘되면 선교사역의 목표가 분명하다는 증거가 된다. 한국선교사들은 위임의 철학과 방법에 대해 나누고 함께 그 과정을 만들어 가기 위해 더 노력해야 한다.

5. 현지인 중심의 선교

한국선교사들은 현지인 중심의 사역을 심각하게 생각해야 한다. 대부분의 선교사들은 현지인 중심의 사역을 한다고 말하지만 조금만 깊게 들어가 보면 선교사 위주의 사역을 하는 것을 볼 수 있다. 현지인 중심의 사역은 바로 주님의 성육신적인 정신에서 나와야 한다. 주님은 인류를 구원하기 위해서 성육신하셨다. 성육신은 인간의 편에서 하신 구원의 방법이다. 하나님의 입장에서 인류를 구원하기를 원하셨다면 굳이 성육신하실 필요가 없으셨다. 하나님은 인류를 구원하실 때 자신의 주권적인 말씀이나, 기적이나, 권능으로 충분하셨다. 하나님은 선택한 인간을 그대로 천국에 데려가실 만한 능력이 있으신 분이시다. 하나님은 다른 노력이 필요치 않고 말씀 한 마디로 천사를 통해 전 인류 구원을 쉽게 이루실 수 있는 분이시다.

그러나 하나님은 예수님의 성육신이라는 방법을 구원을 위해 사용하셨다. 우리가 선교를 하는데 있어서 성육신의 의미를 되새겨 볼 필요가 여기에 있다. 선교는 우리가 가진 능력과 재물과 지식으로 하는 것이 아니라 예수님의 성육신처럼, 현지인과 같아지고 그들을 존중하고 그들의 입장에서 하는 것이다. 현지인이 중심이 되는 선교야말로 진정한 하나님이 원하시는 선교의 방법이다. 그러면 현지인 중심의 선교란 무엇인가?

1) 현지인의 문화를 배우는 것이다.

현지인 중심의 선교를 하기 위해서는 현지인을 알아야 한다. 선교사가 언어를 배울 때 현지문화를 함께 배우는 시간으로 삼으면 좋다. 선교사의 첫 1-2년 기간에 대한 용어도 '언어훈련기간'보다는 '언어와 문화습득기간'으로 불렀으면 한다. 선교사가 처음 언어를 배울 때 한국을 소개하고 싶은 마음이 많이 생긴다. 그러나 한국 소개보다는 현지 문화를 배우도록 노력하는 것이 좋다. 언어를 배우면서 문화뿐 아니라 현지인의 역사와 세계관을 배우면 더욱 좋다. 선교지에 대해서 모르면서 선교한다는 것은 벽에 대고 말하는 것과 같다. 언어의 중요성만큼 문화를 배우는 것이 중요하다는 인식을 갖는 것이 필요하다. 한국선교사들이 현지문화에 좀 더 예민해지는 것이 선교를 더 발전적으로 할 수 있는 방법이 된다.

2) 선교사 자신을 내려놓는 것이다.

현지인 중심의 선교를 하기 위해서는 선교사가 자신을 내려놓아야 한다. 자신의 욕심을 내려놓고 자신의 문화를 내려놓아야 한다. 선교사 자신을 내려놓고 현지인들에게 하나님이 직접 일하시도록 해야 한다. 선교는 하나님께서 선교사를 훈련하는 과정이라고 말할 수 있다. 하나님 앞에서 자신을 내려놓는 과정이 선교다. 사도 바울은 자신의 자랑에 대해 날마다 죽는다고 하였다(고전 15:31). 자신을 자랑하는 것을 날마다 내려놓는다는 것이다. 그래서 선교사가 자신에 대해 날마다 죽는 훈련을 하는 과정이 선교다. 선교사가 주인이 아니라 현지인이 주인이 되도록 선교사 자신을 죽이는 훈련이 선교다.

3) 현지인과 함께 하는 것이다.

선교는 현지인을 위해 무엇을 하는 행위라기보다는 현지인과 함께 사는 것이다. 현지인을 '위해'가 아니라 현지인과 '함께'하는 것이다. 현지인 친구를 만들고 현지인과 함께 즐기고 노는 것이 선교다. 선교사가 현지인을 선교 대상자 이전에 친구로 삼고 그 친구와 삶을 나누는 것이 현지인 중심의 선교이다. 현지인이 친구라면 선교사가 일방적으로 돕는다든지 일방적으로 가르치는 개념은 아니다. 친구는 서로 주고받는 것이다. 사람이 어려울 때 함께 있어 주고, 아파해 주고, 울어 주고, 도와주는 사람이 바로 친구다. 함께 식사도 하고 소풍도 가고 운동도 하고 그렇게 함께 즐기는 것이 친구관계이다. 그래서 선교사가 물질이 부족할 때 현지인이 참된 친구라면 헌금해 주는 관계까지 가야 한다. 한국인 선교사들이 현지인에게 얼마나 많은 물질적인 도움을 받는가도 현지인과 친구관계를 잘 맺었는가에 대한 하나의 예가 된다. 선교사도 부족할 때 현지인에게 받아야 한다. 왜냐하면 진실한 친구이기에 그렇다. 한국선교사들에게 이런 현지인 친구가 많을 때 현지인 중심의 선교를 한다고 말할 수 있다.

4) 현지인이 직접 하도록 한다.

선교사는 현지인들에게 동기부여를 하고 위로하고 비전을 나누어 준다. 선교사가 주인처럼 일을 다 하는 것이 아니라 현지인이 주인이기에 그들이 일을 하도록 해 주는 것이다. 일을 하도록 자리를 만들어 주는 것이다. 현지인들도 얼마든지 많은 것을 할 수 있다. 현지인이 수동적이 되고 일을 하지 않으려고 하는 것은 바로 선교사가 스스로 모든 것을 다 하려 하기 때문이다. 현지인 훈련이 안 되는 것은 현지인에게 할 수 있는 기회를 주지 않기 때문이다. 전장에서 언급한 것처럼 현지인도 스스로 교회를 건축할 수 있다. 현지인도 스스로 학교를 운영할 수 있다. 현지인도 병원을 운영할 수 있다. 현지인도 구제하고 나누어 줄 수 있다. 현지인이 안 하거나 못하는 것은 선교사의 책임이다. 바로 현지인 중심이 아닌 선교사 자신을 중심으로 사역을 하기에 현지인이 일을 안 하는 것이다. 선교사는 현지인이 할 수 있도록 과감히 맡겨야 한다. 일의 진행이 안 되어도, 일을 실패해도 하도록 기회를 제공해야 한다. 현지인이 수동적으로 하는 것이 아니라 적극적으로 스스로 알아서 할 수 있는 능동성을 길러 주어야 한다. 현지인이 일을 했을 때 일단 잘 안 되는 것이 있으면 그 책임을 선교사 자신에게 돌릴 필요가 있다. 그리고 현지인에게 맡겼는데 안 되는 것은 훈련의 과정으로 생각하면 된다.

5) 현지인을 주인으로 인정한다.

현지인은 선교사에게 있어서 수단이 아니라 목적이다. 엄밀히 따지면 현지인은 사역의 대상이 아니라 사역 그 자체이다. 곧 현지인이 진정한 주인이라는 말이다. 사업하는 데 있어서 손님이 왕이라는 의미는 손님 중심으로 모든 초점을 맞춘다는 말이다. 선교도 현지인이 선교의 왕이다. 현지인이 선교의 전부이다. 선교사는 종이요, 섬기는 자요, 이방인이요, 잠시 있다가 갈 나그네다. 선교사는 책임질 사람이 아니라 도와주는 사람에 불과하고 현지인이 최종적인 권한과 책임을 가지고 있다. 선교사는 이런 현지인 중심의 철학을 날마다 되새겨야 한다. 선교사는 현지인을 존경하고 그들을 귀하게 생각하고 그들이 모든 일의 핵심이 되도록 노력해야 한다. 선교사가 현지인에게 이런 말을 자주하고 행동도 그렇게 했으면 한다.

"당신이 주인이고 저는 종입니다."

그리고 종이 주인처럼 행세를 하지 않아야 한다.

6) 현지인의 자존심을 세워준다.

선교사는 한국과 선교지 국가를 비교하는 것을 조심해야 한다. 선교지 나라의 정부와 국민을 비판하지 말아야 한다. 현지인들의 약점을 들추어내지 말아야 한다. 특별히 선교사들은 현지인이 게으르다고 말한다. 현지인들이 도둑질을 잘한다고 말한다. 성실하지 못하다고 말한다. 동네와 사람들이 더럽다고 말한다. 선교지 나라의 잘못된 점을 쉽게 불평한다. 문화의 잘못된 점들을 지적한다. 선교사의 이런 행동과 말들은 은연중에 나타난다. 현지인들은 선교사의 이런 말들이 '사실'임에도 불구하고 기분 나쁘게 받아들일 수 있다. 그것이 쌓이면 그들도 선교사를 존경하지 않고 신뢰하지 않게 된다. 나중에 선교사를 배반하게 되는 것은 이런 작은 실수들이 쌓임으로 인해서 일어난다. 그래서 선교사는 선교지의 장점을 자주 말해야 한다. 질책보다는 칭찬을 자주해 주어야 한다. 자존심을 세워주어야 한다. 사람의 감정은 동일하다. 가난하게 살아도 감정이 있고 못 배웠어도 자존심이 있다. 그래서 선교사는 현지인의 감정을 좋게 만드는 말을 하도록 노력해야 한다.

필자가 에콰도르에서 가끔 방문하는 시골 교회가 있었다. 그곳은 몇 시간 동안 차를 타고 들어가는 곳이다. 길도 험하였다. 그들의 삶은 열악하기 그지없다. 그곳 교인들은 힘들게 농사를 지으면서 산다. 그들의 모습만 보아도 안타깝기 그지없을 정도로 어려운 삶을 산다. 어느 날, 미국 선교사와 함께 그곳을 방문하게 되었다. 그 미국인 선교사는 도착하면서부터 카메라로 사람들의 사진을 찍기 시작하였다. 필자는 선교지에 있으면서 가능하면 사진을 찍지 않는 원칙을 세웠었다. 사진을 찍다 보면 가난하고 열악한 모습을 담을 수밖에 없고 그 사진 속의 주인공들의 마음을 상하게 할 수 있기 때문이다. 그런데 그 미국인 선교사는 계속해서 사진을 찍었다. 이 모습을 보고 있던 그 교회 교인 중의 한 사람에 필자에게 다가와 이런 말을 하였다.

"저 미국 선교사는 이곳에서 사역도 안 하면서 왜 사진을 찍느냐? 그 사진을 찍어 미국으로 보내 선교후원금을 모금하려는 것이 아닌가?"

필자는 그 말을 들으면서 깜짝 놀랐다. 시골 외진 곳에 사는 사람이 처음 방문하여 사진을 찍는 미국인 선교사를 보고서 후원금을 모금하려고 자신들을 찍지 않느냐는 질문을 하는 것은 선교사를 너무도 잘 알고 있다는 의미였다. 선교사의 행동 하나 하나가 현지인들의 눈에 세심하게 관찰되어지고 있다는 사실과 선교사들의 그런 행동들의 의미까지 알고 있는 현실은 현지인을 함부로 대하지 말아야 한다는 교훈을 깨닫게 된다. 현지인들은 선교사가 생각하는 것보다 많은 것을 알고 있다. 현지인들도 선교사의 행동에 예민하다. 선교사는 그들의 마음을 헤아리고 자존심을 세워 주도록 노력할 필요가 있다.

7) 선교지의 경제적인 수준에 맞게 일한다.

교회를 개척할 경우에는 다른 현지교회들이 하는 수준에서 물건들을 사용하는 것이 좋다. 다른 교회들은 OHP(Over Head Project)도 사용하지 못하고 흑판을 사용하는데 선교사가 개척한 교회는 빔 프로젝트 (Beam Project)를 사용한다. 이럴 때 현지인들은 겉으로는 좋아하지만 속으로는 자기들의 수준과는 맞지 않기에 어색하게 느낀다. 그래서 선교사는 최첨단의 기구를 사용할 때는 항상 주의해야 한다. 많은 나라의 현지인들은 아직 컴퓨터를 갖기 어렵다. 선교사가 이런 도구를 사용할 때 선교사가 떠나게 되면 어떻게 되겠는가를 한번쯤 생각해 보아야 한다. 선교사가 떠나고서도 아무 문제없이 모든 것이 진행되도록 해야 하는 것이 현지인 중심의 선교이다. 선교사가 현지인의 수준에서 도구를 사용하는 것이 지혜로운 태도다.

현지인들의 입장에서 너무나 큰 프로젝트성 사역은 그것이 아무리 좋은 목적이 있다고 하더라도 조심해야 한다. 후원교회에서 원하는 사역일지라도 현지인에게 위화감을 조성하는 프로젝트 사역은 좋은 열매를 맺기 어렵다. 좋은 선교사역이란 현지인의 마음을 얻고 현지인의 도움을 받아 함께해 나가는 사역이어야 하기 때문이다.

6. 하나님 나라 관점의 선교

선교사는 문화가 다른 곳에서 사역을 한다. 문화를 넘어 가는 사람은 하나님 나라의 관점에서 세상을 바라보는 사람이다. 세상과 인간의 관점과 틀을 넘어서는 사람이 선교사다. 선교사는 문화를 넘고, 세상의 전통을 넘고, 사람들의 가치관을 뛰어 넘는다. 하나님 나라의 관점에서 자신과 세상을 바라보고 사는 사람이다. 선교사가 하나님 나라의 관점에서 사는 것은 당연한 일이다. 그런데도 실제 생활에서는 아직도 하나님 나라의 관점과 다르게 행동하는 모습이 보인다. 문화를 초월하고, 민족을 초월하고, 인종을 초월하고, 언어를 초월하고, 교단을 초월하고, 신앙의 색깔을 초월한 사람들이 오히려 더 좁고 소극적인 세계관으로 행동한다. 이런 세계관으로 현지인을 대할 때 바른 기독교의 세계관을 가르치기가 어렵다.

선교사는 모든 것을 뛰어 넘어 하나님 나라의 세계관으로 살아야 한다. 하나님 나라의 관점으로 사는 선교사는 사람중심, 제자훈련중심, 교회개척중심의 사역을 한다. 이런 사역들이 사역의 초점이다. 하나님의 나라의 세계관으로 사역하는 선교사는 현지인의 독립과 재생산을 목표로 사역하는 선교사다. 이런 선교사는 선교의 목표가 분명하다. 그것을 위해 장기 계획을 세운다. 사역을 할 때 단회적 혹은 단기적으로 하지 않는다. 아무 계획 없이 하지 않는다. 사람의 눈을 의식하는 것이 아니라 하나님 앞에서 사역을 한다. 자기 공적을 세우는 것을 내려놓는다. 자기 욕심을 내려놓는다. 후원교회의 요구가 잘못되었을 때 아니라고 거절할 줄 아는 선교사가 된다. 후원교회의 후원을 눈치 보지 않는다. 돈 중심의 선교를 하지 않는다. 모든 기준이 자기 관점이 아니라 하나님의 관점에 있다. 자기의 뜻보다는 하나님의 뜻을 먼저 찾는다. 비판을 받아들일 줄 아는 열린 마음을 가졌다. 하나님의 마음을 품고 사역하는 온유한 선교사가 바로 하나님 나라의 관점으로 사는 선교사다.

하나님 나라의 관점에서 이익이라면 자신에게 손해가 되더라도 실행하는 선교사다. 예를 들어 협력사역이 하나님의 관점에서 도움이 된다면 자신의 이름이 드러나지 않아도 협력한다. 선교사 자신에게는 이익이 없을지라도 다른 선교사에게 이익이라면 기꺼이 감사하며 도와준다. 자신의 교회가 비록 이익이 없더라도 다른 교회에 이익이 된다면 그 일을 행한다. 자신이 손해 보더라도 선교부에 도움이 된다면 그대로 순종한다. 자기 손해를 감수하고 하나님 나라를 위해 포기할 줄 아는 선교사가 하나님 나라의 관점에서 사는 선교사다.

선교사 중에는 이중회원(Dual Membership) 선교사가 있다. 동시에 교단선교부와 초교파선교단체의 회원이 되는 것이다. 이런 이중회원 선교사가 가능한 것은 교단선교부와 선교단체가 협약이 되어 있기 때문이다. 가끔씩 행정비 공제 문제로 이중회원 선교사가 어려움을 당할 때가 있다. 두 단체가 각자 자기 단체의 행정비를 그대로 공제할 때 선교사의 행정비는 이중선교사가 아닌 사람에 비해 두 배를 내야 한다. 그래서 선교단체들이 협약을 할 때는 이중회원 선교사를 고려하여 행정비 공제를 낮추어서 결정한다. 이중회원 선교사의 입장에서 손해가 안 되도록 해 준다. 문제는 이중회원이 아닌 선교사들이 가끔씩 이 문제를 제기한다. 이중회원이 아닌 선교사는 자기가 속한 단체에 온전한 행정비를 내는데 이중회원 선교사는 자기보다 50% 정도 덜 내게 된다. 재정적인 면에서 이중회원 선교사는 자기 단체에 기여도가 다른 선교사에 비해 절반밖에 안 되는 것이다. 이런 문제가 발생했을 때 각자 자기의 관점에서 생각할 때는 해결책이 없다. 그러나 하나님 나라의 관점에서 풀 때 해결책이 있다. 이중회원의 입장에서는 자신이 좀 더 희생하는 마음을 갖는 것이다. 만약 재정이 충분하다면 두 선교부에 각각 온전한 행정비를 공제하는 것이다. 그렇게 되면 이중회원 선교사는 자신의 입장에서는 행정비를 다른 선교사들에 비해 두 배를 내게 되기에 손해를 보는 것이지만 하나님 나라의 관점에서는 다른 사람보다 두 배의 기여를 하는 것이다. 하나님 나라의 관점에서는 전혀 손해가 아니다.

또 이중회원이 아닌 선교사들은 이중회원인 동료 선교사가 재정적으로도 두 배를 지출하게 되었으니 긍휼히 여기는 마음을 갖는 것이 필요하다. 그래서 선교단체들이 협약한 대로 행정비 공제를 삭감해 주는 것을 기쁨으로 지원해 줄 필요가 있다. 이것이 바로 하나님 나라의 관점이다. 하나님 나라의 관점에서 서로가 돕고 자기가 희생하는 정신이 필요하다.

7. 결론

새로운 선교전략을 위한 사역의 기초에 대해 살펴보았다. 선교사는 하나님 나라의 관점에서 사역을 해야 한다. 현지인 중심의 사역을 하기 위해서 현지 문화를 배우며, 현지인을 주인으로 섬기는 태도가 필요하다. 한국인 선교사들은 은사에 따라 사역을 해야 할 필요가 있으며, 현지인에게 위임을 잘하는 선교를 해야 한다. 이것이 장기적으로 현지인과 현지 복음화를 위한 사역의 기초가 되기 때문이다.

제12장
선교의 핵심적인 전략

1. 전략의 시대

한국교회선교가 지금까지는 보내는데 열심이었다면 이제는 선교사역을 위한 우리만의 전략들을 만들 시기가 되었다고 본다. 한국인 선교사들에게 필요한 전문적이고 효율적인 전략이 필요하다는 전제하에 세계 복음화를 위한 장기적이고도 검증된 전략들을 만들어가야 한다.

전략이 없으면 선교사들은 제각기 자기 마음대로 사역을 한다. 그래서 어떤 사람은 지금이 선교의 사사 시대라고 말하기까지 한다. 모두가 자신의 방법이 옳다고 한다. 그래서 전략을 말하고 전략을 세우는 것조차 관심이 없다. 서로 건전하고도 창조적이며 생산적인 전략에 대한 대화의 시도가 많지 않다. 전략이 없이 사역하다 보면 효율적인 것을 떠나서 잘못된 방향으로 선교할 가능성이 많아진다. 한 사람의 잘못된 선교 방향으로 인한 나쁜 영향은 보통 생각하는 것보다 크게 나타난다. 전략을 세우지 않으면 한국선교는 꽃을 피어보지도 못하고 질 수 있다. 시대 상황에 맞는 효과적인 전략을 세워나가는 것이 한국선교의 미래를 결정하게 될 것이다.

2. 예수님의 사역의 전략

예수님은 사역에 대한 분명한 목표와 전략이 있었다. 예수님의 사역은 전략적이었다.

1) 예수님의 가장 중요한 전략은 사람을 세우는 것이었다.

제자를 훈련하는 방법이 예수님의 가장 큰 전략이었다. 예수님은 제자를 통해 인류를 구원하시고자 하셨다. 주님은 인류 구원을 자신의 구속사역을 통해 이미 이루셨지만 아직 이루어지지 않는 부분이 있었다. 그 이루어지지 않은 부분을 제자들에게 맡기셨다. 제자들을 훈련하시고 마지막으로 주님은 제자들에게 "너희가 이 모든 일의 증인이라"(눅 24:48)라고 하셨다. 제자들을 활용하여 자신의 구속을 이루신 것을 전파하시는 것이 주님의 전략이었다. 그래서 3년 동안 초점을 맞춘 사역이 제자를 선택하고 훈련하시는 것이었다. 예수님은 많은 사람들에게 가르치기도 하시고, 병자를 낫게도 하시고, 배고픈 무리들에게 먹을 것을 주시기도 하셨고, 귀신 들린 자를 낫게 하셨고, 죽은 자를 살리셨고, 외로운 자를 위로하셨다. 가난하고 소외된 자들을 세워주셨다. 정의를 부르짖으셨고, 잘못된 것을 비판하셨고, 부자를 질책하셨다. 이 모든 것들의 중심에는 제자들이 있었다. 이상의 모든 행동과 사역들이 바로 제자들을 훈련하는데 쓰인 도구였고 과정이었다. 제자를 훈련하시는 것이 사역의 초점이었고, 중요한 전략이었다. 그 제자를 통해 인류를 구원하시고자 하셨던 분명한 사역 철학이 있으셨다. 그와 더불어 주님은 사람의 생명, 사람 자체에 초점을 맞추셨다. 사람을 가장 귀히 여기셨다. 사람을 귀히 여기는 사역을 하셨다. 어떤 사역이든지 사람을 세우고 살리는 것이 목표였다. 그의 죽음도 사람을 구원하기 위한 최종적이며, 유일한 방법이었다.

2) 예수님의 전략은 자신의 관리를 철저히 하는 것이었다.

예수님이 전략적이었다는 것은 시간관리가 분명하셨다는 데서도 찾아볼 수 있다. 예수님은 사람들을 위해 시간을 사용했지만 자신의 영성을 위해서도 적절한 시간을 관리하셨고 쉼의 시간도 가지셨다. 우선순위를 잘 지키셨다. 사역과 자신의 영성과, 쉼의 균형을 이루셨다.

3) 예수님의 전략은 인류 구원이라는 목표를 향해 끝까지 나아가는 것이었다.

무엇보다 주님은 비전을 따라 살아가셨다. 목표가 분명했고 그 목표를 향해 나아가셨다. 주님의 비전과 목표는 십자가를 지시는 것이었다. 제자들에게 그 십자가를 가르치셨고 그 십자가를 지는 의미를 보여 주셨다. 제자들을 위해 발을 씻기셨고, 자기의 목숨을 희생하는 모습을 보이셨다. 때가 되매 십자가를 지시기 위해 예루살렘에 올라가셨다. 그리고 인류를 구원하시려는 분명한 비전을 이루시고 십자가에 죽으셨다.

예수님의 전략이 사람이었다면 선교사도 마찬가지로 그 전략이 사람이어야 한다. 사람이 소외되거나, 사람을 상하게 하거나, 사람을 이용하거나, 사람을 세우지 않는 사역은 바른 전략이 아니다. 제자를 훈련하고, 사람 중심의 사역을 하고, 자기희생을 하는 선교사가 전략을 가진 선교사다.

말로만 전략이 아니라 사람 중심이 되는 것이 참된 전략이다. 사람이 중하게 여겨지지 않거나 사람을 세우는 것이 우선순위에서 제외된 전략은 아무리 좋은 전략이라도 잘못된 것이다.

3. 선교단체 본부

한국교회의 선교전략을 말할 때 중요한 역할을 감당해야 할 기관은 각 선교단체의 본부이다. 현지에 있는 선교사들이 선교전략의 중심에 있기에는 한계가 있다. 선교사들은 선교지에서 다양한 경험들을 하게 되지만 그것을 종합하여 전략을 구상하기에는 한계가 있다. 선교단체의 본부는 다양한 지역의 선교사들을 관리하고 있으며 많은 자료들과 사역의 사례들을 가지고 있다. 선교단체는 선교사들이 서로 연구하고 의논하고 협력하여 전략을 만들어 갈 수 있도록 조정자의 역할을 할 수 있다.

그러나 선교단체 본부의 현실은 전략을 다루기 위해서는 많은 인력이 필요하지만 선교사들을 돌보는 일에도 일손이 부족한 형편이다. 전략을 만들어 가는 데 필요한 재정도 부족하다. 무엇보다도 전략에 대한 비전이나 마음이 부족하다. 전략의 중요성을 알고 그것을 만들어 가기 위해서는 전략에 대한 비전이 공유되어야 한다. 그러나 선교단체 본부가 이런 이유들로 선교전략은 뒤로 하고 선교사를 뒷바라지 하는 것에 얽매여 있다면 선교단체의 기능을 다하지 못하는 것이다. 선교단체가 전문성이 있다는 말은 선교에 대한 전략이 있다는 말이다. 전략에 대해 비전을 가지고 투자해야 하고 전략을 세우기 위한 시스템을 만들어 가야 한다. 이를 위해 본부인력을 확보하는 것을 선교부의 최우선의 숙제로 삼아야 한다. 전략은 그냥 만들어지는 것이 아니라 사람이 만들기 때문이다.

1) 선교단체의 전략을 만드는 연구와 시스템 자체가 새로운 선교전략이다.

선교단체가 전략을 만들어 가기 위해서는 먼저 세밀한 연구와 계획이 필요하다. 선교사 중에서 전략에 대해 연구할 수 있는 사람들을 지원하고 격려하는 일도 필요하다. 무엇보다도 전략을 세우기 위해서는 선교사들의 모임을 바꾸어야 한다. 현재 선교사들은 선교대회 등 다양한 모임을 가지고 있다. 그러나 많은 모임이 친교나 영성수련회, 선교대회, 혹은 회의로 끝난다. 선교단체는 회의 중심의 모임 형태를 이제는 전략 형태로 바꾸어 나갈 필요가 있다.

선교단체가 얼마나 전문적이며, 좋은 선교단체인가를 평가하기 위해서는 그 단체의 전략을 보면 알 수 있다. 그 단체에 속한 선교사들의 전문성을 보면 선교단체를 평가할 수 있다. 한국선교는 지금까지 일회성 혹은 행사성 선교대회를 많이 개최해 왔다. 선교대회의 수준이 선교동원의 차원을 넘지 못하는 경우가 많았다. 선교사들이 모이는 선교대회는 몇몇 주제 강의를 듣는 것을 중심으로 이루어진다. 문제는 선교대회 이후에 선교대회에서 다루었던 주제에 대한 후속 작업이 거의 없다는 것이다. 한 번 강의를 듣고 마음에 감동을 받고 그때의 결심으로 끝나는 것이다. 이런 큰 선교대회 중심의 선교사 모임을 지양하고 선교사들의 연구 모임을 더 활성화시켜야 한다. 그것이 바로 한국선교가 발전하고 전략을 세우는 길이기 때문이다.

선교단체가 전략을 구상하는 시스템으로 바꾸어 나가는 것 자체가 한국선교의 새로운 전략이다. 전략을 위해서는 선교사들이 연구를 해야 한다. 선교사들이 연구를 하는 것 자제가 현 선교의 하나의 전략이 된다. 지금까지는 선교사들이 군대의 보병처럼 열심히 발로 뛰는 사역을 하였다. 그러나 이제는 군대가 첨단 기술과 무기, 전술로 싸우는 것처럼 선교사들도 전략과 연구의 사역을 해야 한다. 물론 선교사가 선교지에서 함께 삶으로 현지인들과 동화되어 복음을 전하고 가르치는 것이 선교의 기본이다. 이런 기본을 무시하는 것이 아니라 이런 기본을 잘 지키기 위해서 또 다른 전략이 필요하다.

현재의 한국선교사들은 고학력과 재정적인 여유를 가진 선교사들이다. 현지인들과는 외형적인 면과 사회적인 면에서 동화되고 함께 성육신하기에는 서로의 차이가 너무 크다. 그런 면에서 한국선교사들은 연구하고 전략을 만들어서 현지인들이 자국의 복음화를 위해 사역할 수 있도록 도와야 한다. 선교지의 그리스도인들이 또 다른 나라에 선교사를 보낼 수 있도록 전략을 만들어야 한다. 필자는 이것을 한국선교의 새로운 전략으로 제시하고자 한다. 선교전략을 연구하고 만들어 내는 자체가 한국교회가 해야 할 선교전략이다. 지금까지 한국선교사들이 했던 경험을 가지고 함께 연구하고 포럼을 열어 효과적인 전략을 만들어 가야 한다. 선교전략 중심의 구조를 만들어 나가기 위해서 선교단체가 먼저 체질을 개선할 필요가 있다.

2) 선교단체는 전략을 위해 선교사들의 재교육 시스템을 구축해야 한다.

선교단체는 현장 선교사들의 리더 교육 시스템을 구축할 필요가 있다. 교육만이 사람을 바꿀 수 있고 시스템을 바꾸어 나갈 수 있기 때문이다. 교육 받은 사람이 많이 존재한다면 선교단체의 발전이나 전략에 대한 구상, 전문성을 개발하는 것은 어려운 일이 아니다. 선교단체가 전략을 위해 투자해야 할 부분은 선교사들에 대한 리더십 교육과 더불어 그중의 리더들을 선발하여 전문적이고도 체계적인 재교육을 지속적으로 해야 한다. 선교단체가 좋은 전략을 만들어 나가기 위해서는 현재 선교사 관리 시스템에서 선교사 재교육 시스템으로 바꾸어 나가는 것이 해야 할 우선적인 일이다.

4. 토착교회 선교전략

1) 토착교회 선교전략의 정의

선교의 목표는 복음을 전하고 가르치는 것이다. 어떤 선교전략이든지, 어떤 선교사의 사역이든지 간에 이 복음전파의 목표를 향해 나아가야 한다. 복음전파의 목표가 무시된 전략은 전략이 아니다. 그 전략이 아무리 논리적이고 경험적이며, 학문적일지라도 복음전파에 목표를 두지 않으면 소용이 없다. 복음전파를 더 신속히 효과적으로 하기 위한 것이 선교전략이다.

세계 복음전파를 신속히 감당하기 위해서는 토착교회설립전략이 효과적이다. 토착교회란 선교사가 없이도 현지인 스스로 교회의 기능을 감당하는 교회를 말한다. 선교사는 언젠가는 떠나야 하는 존재이기에 선교는 선교사의 지원 없이도 현지인 중심으로 스스로 독립하여 성장해 나가는 교회가 바로 토착교회이다.

2) 토착교회 선교전략의 역사

역사적으로 토착교회 전략이 적용된 예가 많이 있다. 중세기의 예수회 선교사들이 토착화 전략을 사용하였고, 19세기 중국에서 영국선교사들에 의해 자급, 자치, 자전의 삼자교회 전략이 있었다. 서구선교사들에 의한 한국선교도 네비우스 전략이 있었고, 이는 한국교회 성장에 중요한 요소가 되었다. 도날드 맥가브란(Donald McGavran)의 교회성장전략도 토착교회전략이 기초가 되었다. 교회성장전략을 이루는 개념 중에 종족집단개념, 동질집단원리는 토착교회전략의 기초가 된 개념들이다. 그밖에 문화 수용 전략이나 네비우스파의 상황화 전략은 철저하게 현지인 중심으로 이루어진 전략들로 토착교회전략과 연결되어 있다. 선교역사에서 복음전파를 목표로 한 전략의 핵심에는 토착교회전략이 있었고 이는 역사적으로 효과적이었다는 증거가 있다. 선교역사에서 가장 효과적이고 중심적인 전략은 바로 토착교회전략이라고 해도 과언이 아니다. 요즈음도 토착교회를 세우기 위한 전략들이 나오고 있는데 그 대표적인 예가 지역사회보건선교전략(CHE: Community Health Evangelism)이라고 할 수 있다. CHE는 철저하게 토착교회를 세우는 철학 가운데 만들어진 전략이고 이 전략을 통해 세계 곳곳에서 열매들이 나타나고 있다.

3) 토착교회전략을 방해하는 요인

토착교회 선교전략은 역사적으로나 경험적으로 볼 때 효과적인 전략이다. 그리고 성경에서 요구하는 정신에 합당한 전략이다. 예수님의 성육신의 선교라든지, 사도 바울의 말씀을 가르치는 중심의 선교가 바로 토착교회전략을 지지한다고 볼 수 있다. 안타까운 것은 토착교회전략이 우선시 되어야 함에도 불구하고 한국선교는 오히려 토착교회전략의 정반대로 사역을 해 오고 있는 인상을 지울 수 없다. 이는 물질과 프로젝트 중심으로 사역을 해 온 서구선교를 그래도 배우고 본받은 영향이 크다. 선교가 섬기고 함께 하는 것보다는 있는 자가 없는 자에게 무엇인가를 주어야 한다는 생각으로 지금까지 진행되어 왔다. 그것이 토착교회설립전략을 방해하는 요소가 되어 왔다.

4) 토착교회설립전략을 성공하기 위한 방법

토착교회설립을 위해서는 선교사의 철학이 중요하다. 철저하게 토착교회설립을 하겠다는 철학과 결단 없이는 불가능하다. 왜냐하면 선교사가 토착교회를 설립하려 할 때 방해가 많기 때문이다. 먼저는 파송교회에서 토착교회설립을 이해하지 못할 수 있다. 파송교회는 눈으로 보이는 교회 개척을 요구할 수 있다. 파송교회는 토착교회설립을 위해 필수적인 언어 훈련 기간을 기다려 주지 않을 수도 있다. 파송교회는 프로젝트성 사역을 하도록 요청하고 사역비를 보내올 수도 있다. 선교사 자신이 사역의 열매가 눈에 안 보이는 토착교회 사역에 대한 자부심이 없을 수도 있다. 다른 선교사들과 자신의 사역을 비교할 수도 있다. 이런 것들이 토착교회설립보다는 선교사 중심의 사역을 할 수밖에 없는 요인들이 된다.

이런 방해 요인들을 극복하고 토착교회를 하기 위해서는 선교사의 철저한 철학이 필요하다. 토착교회설립이야말로 하나님 나라를 위한 효과적인 전략이라는 철학을 가지고 주위의 눈을 의식하지 않고 이 사역을 위해 지속적으로 해 나갈 수 있어야 한다.

　　토착교회설립을 위해서 선교사는 어떻게 토착교회를 설립해야 하는지에 대한 기술적이고 방법론적인 면을 배워야 한다. 토착교회를 이루기 위해서 선교사는 현지인에게 훈련과 교육을 할 수 있는 기본적인 역량이 있어야 한다. 선교사로 나오기 전부터 토착교회설립을 위해 준비해야 하고 토착교회설립을 위한 계획을 세워야 한다. 토착교회설립에 필요한 교육 자료들을 준비해야 한다. 이 자료를 바탕으로 더 많은 실제적인 토착교회설립 프로그램들이 나와야 한다. 토착교회 모델을 많이 접하는 것도 도움이 된다. 선교의 기본 원리를 잘 배운 선교사라면 토착교회를 할 수 있는 기본을 가지고 있다고 볼 수 있다.

　　현지교회가 독립할 수 있도록 훈련을 할 뿐 아니라 선교사도 그 기반을 마련해야 한다. 선교사가 사역을 진행할 때 현지인 독립을 기준으로 해야 한다. 선교사는 항상 "현지교회 독립을 위해 도움이 될 수 있을까?"를 질문해야 한다.

5) 재생산 전략

　　선교사의 전략이 토착교회를 설립하는 것으로 끝나는 것은 아니다. 토착교회를 기반으로 재생산하는 교회를 만들어야 한다. 선교사가 직접 교회를 개척하는 방법으로는 세계 복음화가 이루어지기에는 불가능하기 때문이다. 한 선교사가 평생 두 개에서 다섯 개 정도의 교회를 개척한다고 볼 때 현재 선교사의 수를 계산하면 세계 복음화를 위해서는 턱없이 부족하다. 전 세계에 필요한 교회가 개척되기 위해서는 수백만의 선교사가 필요하다. 그런데 그런 숫자는 앞으로 수백 년을 기다려도 나오지 않을 것이다. 세계 인구 증가를 고려할 때 선교사로는 세계 복음화가 불가능하다.

대안은 현지 토착교회가 재생산할 때 가능해진다. 재생산하는 교회란 토착화된 교회가 또 다른 교회를 개척하는 것이다. 아울러 토착화된 교회가 또 다른 나라에 선교사를 파송하여 세계 복음화에 참여하는 것이다. 어린 아이가 태어났으면 자라야 하고 자라서는 스스로 독립을 해야 한다. 독립을 하면 결혼을 해야 하고 당연히 자녀를 낳아야 한다. 이런 순환이 선교에서도 계속되어야 한다.

교회개척은 어린 아이를 낳는 것과 같다. 어린아이가 자라는 것처럼 교회는 성장해야 한다. 성장한 교회는 반드시 재생산을 해야 한다. 그래서 선교사는 처음부터 재생산하는 교회를 목표로 해서 교회를 개척해야 한다. 그래야만이 세계 복음화의 과제를 효과적으로 이룰 수 있다. 이것이 한국선교가 집중하고 계속해야 할 선교전략이라고 생각한다.

5. 선교협력 전략

협력이라는 말은 팀보다는 확대된 개념으로 이해할 수 있다. 협력은 여러 가지 팀 형태를 포함할 뿐 아니라 자기 팀이 아닌 단체나 사람들과도 협력하는 의미로 사용할 수 있다.

1) 협력의 필요성

선교에서 협력사역이 왜 필요한가? 그것은 하나님께서 원하시는 사역의 원리이기 때문이다. 성경은 여러 구절에서 협력의 필요성과 효율성에 대해 언급한다. 성경에서 협력은 단순히 효율성을 극대화시키는 수단만이 아니라 하지 않으면 안 되는 필수적인 것으로 말한다.

하나님께서 각자에게 다른 은사를 주신 것은 하나님의 자녀들이 협력하도록 하기 위해서다. 다른 은사로 서로 협력하도록 하신 것은 협력이 필수적인 것이라는 것을 나타내는 것이다. 선교사역에서 협력은 선택이 아니라 필수다. 필수라는 것은 선교에서 하지 않으면 안 되는 우리의 책임이라는 뜻이다.

협력을 하지 않는 선교사가 있다면 선교를 제대로 하지 못하는 것이다. 아무리 혼자 잘 한다고 하더라도 협력이 부족한 사역은 문제가 있는 사역이다. 아무리 자기가 속한 선교부가 사역을 잘 하더라도 다른 선교부와 협력하는 모습을 볼 수 없다면 그 선교부는 중요한 하나님의 원리를 무시하고 있는 것이다.

2) 협력의 어려움

한국선교사들의 팀이나 협력에 대해 말할 때 긍정적인 면보다는 부정적인 면이 더 많다. 협력이 잘 된다는 이야기보다는 협력이 잘 안 된다는 소리가 많이 들려온다. 한국선교사들은 협력이나 팀 사역이 어렵다고 한다. 한국인들이 협력이 어려운 것은 여러 가지 이유가 있다. 선교사 간에 세대 차이가 나기 때문에 어렵고, 협력사역의 경험이 없기 때문에 어렵다. 그러나 우리는 어렵더라도 협력을 시도해야 하고 노력해야 한다.

3) 협력의 방법들

① 자신의 정체감을 직위에 두는 것이 아니라 사역 그 자체에 둔다.

직위를 사역보다 더 중요하게 여길 때는 협력하기 어렵다. 대부분의 선교사들이 협력이 안 되는 것은 직위에 대한 욕심 때문이다. 말로는 직위에 대한 욕심이 없다고 하지만 직위를 사역보다 더 중요하게 여기고 직위에서 자신의 정체감을 찾으려고 한다. 그러나 자신의 정체감을 직위에서 찾지 말고 사역 그 자체에서 찾을 때는 협력하는 것이 어렵지 않다. 외형적인 직책보다는 사역의 내용을 더 중요시 여기고 자신의 사역에 만족하면 협력사역은 쉽게 이루어진다.

② 자신의 전공을 개발하고 실력을 키운다.

자신의 전공이 확실하면 다른 사람과 구별되고 서로 부딪칠 일이 많지 않다. 자기 일만 열심히 하면 되기 때문이다. 자기 전공에 대한 실력이 있고 자신감이 있으면 외형적인 것은 그리 크게 문제가 되지 않는다. 협력을 못하거나 서로 사이가 좋지 않은 것은 각자가 자기가 가진 전공분야가 분명하지 않고 하는 일이 중복되기 때문이다. 그래서 선교사는 자기만이 할 수 있고 잘할 수 있는 전공을 개발하고 실력을 키워나가야 한다. 협력사역이 안 되는 문제는 다른 사람에게 있는 것이 아니라 바로 자신에게 있다는 사실을 늘 기억하며 실력을 쌓아가야 한다.

③ 자신의 은사를 이해한다.

자신의 은사를 잘 분별하는 지혜로운 사람이 협력을 잘할 수 있다. 자신의 은사가돕는 것이라면 그 역할을 잘 감당하면 된다. 굳이 일인자가 되려고 하는 것이 문제다. 리더가 되기에는 실력도 안 되고 하나님이 주신 은사는 보좌하고 섬기는 것인데 리더가 되려는 욕심이 협력을 못하게 만든다. 자신이 일인자의 은사를 받지 않았는데 일인자가 되려고 하는 것은 자신과 다른 사람에게까지도 손해를 끼치게 된다.

④ 팀 사역의 경험을 쌓는다.

한국문화는 상대를 세워주고 협력하여 공동체를 만들어가기보다는 상대를 끌어내리고 자신이 올라가려는 문화를 가지고 있다. 그래서 우리는 팀 사역 경험을 해야 한다. 협력의 문화를 만들어 가야 한다. 자신이 노력하면 팀사역의 경험을 가질 수 있다. 자신을 위해 준비만 하는 것이 아니라 하나님 나라를 위해 자신이 희생하면서 조직과 공동체의 문화를 경험하도록 하는 것이 필요하다.

⑤ 관계를 조직보다 우선해야 한다.

좋은 관계는 조직을 초월하여 협력사역을 할 수 있게 만든다. 서구는 조직이 관계보다 앞선다고 볼 수 있다. 그러나 협력의 기본원리는 조직보다는 관계가 앞서는 것이다. 서로가 완전히 신뢰한다면 규칙이나 약속이 필요 없다. 서로가 신뢰하고 서로가 자신의 일을 잘 감당하기 때문이다. 그러나 신뢰가 부족하기에 조직과 법을 만드는 것이다. 신뢰는 좋은 관계 속에서 이루어진다. 관계를 무시한 조직으로만 묶여진 팀은 서로가 메마른 환경에서 사역하게 된다. 조직과 일은 성공을 할 수 있을지 모르지만 사람의 내면에는 상처를 남긴다. 사람에게 상처를 남기는 조직이 안 되기 위해서는 관계를 중요시 여겨야 한다.

⑥ 상대의 입장을 먼저 생각한다.

모든 선교사들은 하나님의 형상으로 지음을 받았다. 그런데 하나님의 형상을 지닌 그 사람이 상처를 입힌다. 자신에게 상처를 주는 선교사를 보면서 그 선교사도 원래는 하나님의 형상이었지만 많은 상처를 받아 그렇게 되었다고 이해해야 한다. 서로의 입장을 고려하고 그 사람의 입장에서 생각해야 한다. 요즈음 선교사들이 협력하는데 가장 어려운 것은 세대 차이다. 선배과 후배와의 갈등이 심하다. 선임은 자기가 고생한 옛날을 추억하며 신임 선교사들을 대한다. 신임 선교사들은 너무 오랜 옛날만을 고집하는 선배를 이해하기 어려워한다. 시대도 변했고 상황도 변했는데 옛적 풍습을 강요하는 선배를 이해하기 어렵다. 이럴 때 서로가 상대의 입장에서 생각해야 한다. 선배 선교사는 자신은 고생했지만 후배 선교사는 이런 고생을 할 필요 없다고 생각해야 한다. 후배 선교사는 자신이 선배의 입장이라면 자신은 후배에게 더 강요할 수 있다고 가정하고 선배를 이해하고 도와주도록 노력해야 한다. 상대의 입장에서 생각하는 것이 협력 사역을 이루는 중요한 열쇠이다.

⑦ 나누는 습관을 갖는다.

선교사들이 협력이 안 되는 경우는 중요한 문제가 아니라 작은 문제 때문에 일어나는 경우가 많다. 조그만 것을 나누지 않아 서로 서운하기도 한다. 선교사들이 자기 것을 자기 것으로 여기지 않고 나누기를 좋아하는 습관이 되어 있다면 협력을 잘 할 수 있다. 사람은 누구나 욕심이 있다. 주기보다는 받는 것을 더 좋아한다. 특별히 선교사들은 받는 것에 익숙해 있다. 후원자들로부터 받기만 하다 보면 주는 습관을 잃어버릴 수 있다. 선교사들이 많이 받았으니 많이 나누어 주면 하나님이 더 채워 주시련만 오히려 더욱 더 인색해져 가는 것이 사실이다. 그러나 자기 욕심을 버리고 나누려는 태도가 있을 때 협력은 이루어질 수 있다. 무엇이든지 나누고, 주는 습관을 갖고, 자기는 손해 보겠다는 마음을 가진 선교사들이 모인 팀은 팀이 잘 이루어질 수 있다.

⑧ 자신의 내면의 상처를 치유한다.

협력을 방해하는 모든 원인들 가운데 가장 큰 것은 선교사 각자가 가지고 있는 내면의 상처들이다. 상처가 많은 사람은 협력 사역을 하기 어렵다. 협력이 잘 안 되는 선교사가 있다면 다른 사람에게서 원인을 찾기보다 자신의 상처를 점검해 볼 필요가 있다. 자신에게 남아 있는 상처가 크다면 그것이 팀사역을 방해하는 요인이 되어 있을 것이다. 그래서 자신의 상처를 솔직하게 인정할 필요가 있다. 그 상처를 치유하기 위해서 상담을 받거나 쉼을 가질 필요가 있다. 상처에 대해 회복이 되어야만 협력 사역을 잘 할 수 있다.

⑨ 팀사역 전략이 한국선교의 열쇠임을 이해한다.

세계 복음화를 위해, 선교를 효과적으로 하기 위한 열쇠는 결국은 팀

사역이다. 선교에 있어서 많은 문제들이 있고 한계가 있는데 그것을 극복할 수 있는 대안은 바로 팀사역이다. 팀사역이 효과적으로 이루어질 때 경쟁으로 하는 선교가 없어질 것이고, 선교의 열매도 분명하게 드러나게 될 것이다. 팀사역을 할 때 혼자 하지 못하는 부분을 함께 할 수 있고 자신의 한계를 극복할 수 있게 된다. 무엇보다도 팀사역을 할 때, 현지인을 세우고, 훈련하고, 토착교회를 이루는데 효과를 볼 수 있다. 팀사역이 앞으로 한국선교의 문제를 풀어가는 열쇠라고 본다. 팀사역이 이루어질 때 한국선교는 비전이 있다. 지금은 팀사역이 어렵고 안 되는 부분이 있더라도 팀에 대해 포기하지 말고 끝까지 노력해야 할 것이다. 한편으로 팀은 하나의 전략일 뿐 아니라 팀을 이루는 것 자체도 하나의 사역이라 할 수 있다. 팀이 아름답게 이루어질 때 그 때 아름다운 선교의 열매가 나타난다. 협력의 열매는 구원을 이루는 것이다(참고: 시편 133:1-3)

⑩ 팀 조직을 만들어 간다.

지금까지 한국선교에 있어서 팀은 서열 중심의 조직을 가지고 있었다. 리더가 시키는 대로 밑에 있는 사람은 순종해야 했다. 그러나 요즘세대의 선교사들은 이를 받아들이기 어려워한다. 새로 선교사가 되는 사람들은 리더의 강압적이고 권위적인 것을 인정하려 하지 않는다. 그러나 선임 선교사들은 이전에 배우고 경험한 것이 서열 중심의 팀밖에 없기에 양보하기 어렵다. 서로의 차이를 인정하고 모두가 협력할 수 있는 적절한 팀을 이루는 것이 우리의 과제이다. 십자가 형태의 팀을 이루는 것이 대안이다. 수직으로 최종 결정권과 권한에 대한 권위를 인정하고 질서를 지킨다. 수평으로는 모두가 의견을 자유롭게 낼 수 있는 분위기를 만드는 것이다. 그리고 각자의 인격은 서로 동등하다. 그러기에 누가 누구를 지배하는 것이 아니다. 권위에 대한 질서의 수직과 은사와 평등한 인격에 대한 수평이 조화를 잘 이룬 팀이 건강한 팀이다. 이런 팀을 만드는 것은 쉬운 일은 아니지만 함께 노력할 때 이런 팀을 이룰 수 있다고 확신한다.

팀조직은 조직과 규약을 만들 때는 사람을 살리는데 초점을 맞추어야 한다.

6. 결론

좋은 선교전략은 균형 잡힌 전략이다. 성경에 근거해야 하고 선교의 분명한 목표를 성취하는 전략이어야 한다. 무엇보다도 좋은 전략은 다른 전략을 무시해서는 안 된다. 이 전략만이 만사요, 최고의 전략이라고 말할 전략은 없다. 다른 전략을 인정하며 균형 있게 만들어진 전략이 좋은 전략이다. 너무 세상의 요구와 시대 상황에 민감하다 보면 균형을 잃을 가능성이 있다. 전략이 균형을 잃고 한 쪽으로 치우칠 때에는 좋은 성과를 거둘 수 없을 뿐 아니라 선교라는 우리의 목표를 이루는데도 방해가 된다. 이제는 이런 전략이 아니면 선교가 어렵다는 식으로 내세워서는 안 된다. 한국에서 지금 일어나고 있는 전략들을 이런 관점에서 평가해야 한다.

전략이 중요하지만 유일한 전략은 없다. 그 전략이 가진 약점도 많이 있다. 그러기에 전략을 말할 때는 균형 있게 말해야 하고 또한 그 전략에 대한 구체적인 방법론까지 준비되어야 한다.

덧붙여서 역사적으로 검증되거나 선교지 상황에서 결실이 있었던 전략이 건강한 전략이다. 이론과 책상에서 만든 전략이 아니라 선교현장에서 실제로 일어나서 좋은 열매를 맺었
져야 좋은 전략이다. 선교전략의 시ㄷ
방해하는 일이 없었으면 한다.

제13장
선교사의 책임과 생활

1. 한국선교사들에 대한 현지인들의 평가

　얼마 전 한국선교사들과 필리핀 목회자들이 함께 모임을 가진 자리에서 필리핀 목회자들이 선교사들에게 이런 말들을 했다고 한다.

　"왜 한국선교사들이 현지인을 상대로 자기 마음대로 하느냐? 왜 선교사들이 선교지에 투자한 재정을 다시 거두어 가느냐? 선교사들이 왜 현지인을 믿지 못하고 현지 지도자를 세우지 못하느냐? 현지인인 자신들이 자신들의 교회를 책임질 수 있으니까 이제 한국선교사들은 이곳에서 왕 노릇하지 말고 나가라."

　구체적이면서도 듣기에 거북한 비판을 들은 선교사들은 이렇게 반응을 하였다고 한다.

　"현지인들에게 맡겨 주어도 제대로 관리를 못하고 지도자로 자질이 없기에 맡길 수 없다. 거짓과 배반을 여러 차례 경험했기 때문에 현지인에게 쉽게 넘겨줄 수 없다. 아직 현지인 교회 스스로 하는 일도 별로 없고 선교사가 없으면 스스로 설 수 없기 때문에 선교사가 이 땅에 있어야 한다. 믿을 만한 사람을 찾아서 재투자를 하려고 한 것이지 선교헌금으로 투자된 돈을 다시 회수해가려는 것이 아니다."

태국교회 지도자인 아누썬 장로는 한국선교사들에 대해 이런 비판을 하였다.[5]

"한국선교사들이 일반적으로 지도자를 세우는 것을 등한시 하는 경향이 있습니다. 언어적인 한계가 있을 수 있습니다. (중략) 한국인선교사들은 태국에서 20년간 사역했어도 신뢰할 수 없습니다. 그래서 보다 장기적인 사역으로 전개하는 것이 좋겠습니다. (중략) 한국선교사들에 대해 태국인들이 보는 것은 그들이 하나가 되지 못한다는 것입니다. 선교사간의 경쟁, 열매에 대한 욕심들을 볼 수 있습니다. 돕지 못하고 정보를 공유하지 못하는 등의 모습입니다. 서로간의 갈등이 선교사 안에서의 갈등에 멈추지 않고 교회에까지 들어왔습니다. 이 원인 가운데 하나가 비슷한 일을 경쟁적으로 하는 것에 있습니다. 태국의 경우 한국선교사가 신학교를 세운 경우가 꽤 있습니다. 서로 경쟁적으로 신학교를 세우다 보면 교수문제, 유치할 학교 문제 등이 발생합니다. 공부하고자 하는 학생보다 학교가 더 많아 학교는 자격을 묻지 않고 학생들을 무조건 받는 경향이 있습니다. 결국 학생들의 질이 떨어집니다. 상호 경쟁하는 부분에 대한 해결책은 좀 더 큰 그림을 보고 하나님 나라의 필요를 채우는 부분으로 나아가야 할 것입니다."

필자는 태국 아누썬 장로님의 글을 읽으면서 부끄러운 마음을 가졌다. 선교지의 현지인이 한국선교사들의 약한 부분을 정확히 지적했기 때문이다. 장로님의 평가가 한국선교사들의 가장 약한 부분을 꼬집었기에 마음이 아팠다. 아누썬 장로님의 평가와 판단은 정확했고, 우리 한국선교사들이 귀담아 들어야 할 내용이다. 지금이라도 이런 현지인의 충고를 듣는

---

5) 방콕선교포럼 선교위원회, 『한국선교와 책무』, 서울:도서출판 혜본. 2006. pp.316 -318

다면 한국선교는 비전이 있을 것이지만 그렇지 않다면 현지인들은 계속해서 한국선교사들을 비판할 것이다. 그렇게 되면 한국선교는 총체적으로 흔들릴 가능성이 있다.

이제는 마음을 찢는 심정으로 현지인들의 평가를 듣고 반성해야 할 때다. 선교는 현지인이 느끼는 것이 바로 열매요, 결과이기 때문이다. 선교사들은 스스로 자기가 하는 사역이 어떤 상황에 있는가에 대해 잘 모른다. 그 때 현지인의 평가를 듣는다면 정확히 알 수 있다. 선교사는 자신의 사역과 삶을 평가하기 위해 노력해야 한다. 정직하게 자신의 사역을 평가하지 않으면 잘못된 길로 가고 있는지 조차도 모른다. 평가는 선교사에게 가슴 아픈 일이지만 할 것은 해야 한다. 지금까지 오랫동안 잘못해 왔다고 하여도 남은 인생 동안은 고쳐야 한다. 그래서 바로 사역해야 할 책임이 있다. 이미 잘못된 방향을 바로 잡기에는 시간이 너무 지났다고 생각하지 않아야 한다. 평가해 볼 때 잘못되었다면 지금까지 했던 사역을 포기해야 하기에 머뭇거릴 수 있지만 그것도 내려놓아야 한다. 그것이 자신과 하나님 나라를 위한 태도이기 때문이다.

2. 현지인 중심 선교를 위한 평가 질문

우리는 현지인 중심의 선교를 해야 한다. 그러면 그 현지인 중심의 선교는 어떤 것인가? 필자는 다음과 같은 질문들을 만들어 보았다.

1) 마을 주변 현지인들이 현재의 사역(교회)에 대해서 어떻게 생각하는가? 선교사가 하고 있는 사역(교회)에 대한 이미지가 어떠한가?

2) 사역(교회)을 통해 마을 사람들과 어떻게 교류하고 있으며, 사역(교회)이 마을을 복음화하기 위해 어떤 일을 추진하고 있는가? 사역(교회)이

지역사회에 어떤 영향력을 주고 있는가? 지역사회의 도움을 주기 위해 교회의 문이 열려 있는가?

3) 현지 동역자, 혹은 교인들이 마을에 어떤 이미지를 주고 있으며, 그리스도인들이 복음을 위해 어떤 착한 행실을 하고 있는가? 예를 들면 교인들이 마을회의나 행사에 동참하며, 마을사람들과 좋은 유대관계를 맺고 있는가? 교인들이 마을에 나쁜 이미지를 줌으로 인한 복음의 장애요소는 없는가?

4) 사역에 동참하는 현지인 사역자들이 현재 사역에 대해 설립자(선교사)의 의도를 어느 정도 이해하고 있는가?

5) 사역에 동참하는 현지 사역자들이 주인의식을 가지고 동참하고 있는가? 얼마나 주도적이고 독립적으로 사역에 동참하는가? 현지인 사역자들이 사역(교회)에 대해서 얼마나 애착을 가지고 있는가? 재정은 얼마나 독립을 했는가? 현지인 혹은 현지교회가 재정을 어느 정도 감당하고 있는가?

6) 선교사가 자신의 삶을 현지인들에게 얼마나 개방하고 있는가? 현지인 동역자들이 선교사의 삶과 삶의 형태와 경제적인 여건에 대해 얼마나 이해하고 있는가?

7) 선교사가 복음으로 현지인을 제자양육을 하고 있으며, 그 결과 복음을 위한 헌신자를 얼마나 세웠는가?

8) 사역을 계획하고 준비할 때 현지인이 얼마나 동참하는가? 현지인이 갖는 결정권은 어느 정도인가? 사역진행 방법이 현지인들의 방법과 문

화에 따라 하고 있는가, 아니면 선교사의 의도와 문화와 수준에 맞게 진행되고 있는가?

9) 선교사가 사역에 대한 장기 계획(평생)을 가지고 있는가? 사역 이양에 대한 계획이 있으며 시기가 적절하게 진행되고 있는가? 사역에 대한 이양은 어떻게 진행되고 있는가? 만약 오늘 선교사가 사역을 그만 둔다면 이 사역은 어떻게 이루어져 가며, 현지인이 이 일을 어느 정도 계속 이어갈 수 있는가?

10) 선교사와 현지인 동역자와의 관계가 주종관계인가? 아니면 수평적인 관계인가? 선교사가 주인인가? 아니면 종인가? 현지 리더십의 권위와 주도권을 어느 정도 인정하는가?

11) 현지인 동역자가 사역에 대해 선교사와 동일한 애착심을 갖고 있는가? 현지인이 선교사와 동일한 애착심을 갖게 하는 방법이 있는가? 동일한 애착심을 갖지 못하는 이유는 선교사 자신에게 있는가?(이 경우는 선교사가 사역에 대해 너무 큰 애착심을 가질 경우 현지인들이 애착심을 가질 수 있는 것을 방해하는 요소가 될 수 있다.) 현지인이 사역에 대해 애착심을 갖지 못하는 이유가 현지인에게 있는가?

12) 선교사가 현지인들의 자존심을 세워 주기 위한 사역을 하는가? 아니면 선교사 자신의 사역과 자존심을 위한 사역을 하는가? 선교사에게 있어서 사람(현지인 혹은 현지인을 세우는 일)이 우선인가, 혹은 사역이 우선인가를 스스로 질문해 보는가? 선교사에게 있어서 선교사 자신이 우선인가, 현지인이 우선인가를 질문해 보는가?

13) 현지인이 동역자라면, 선교사와 현지인과의 커뮤니케이션이 잘 이

루어지고 있는가? 잘못된 커뮤니케이션이 얼마나 자주 일어나고 있는가? 현지인 동역자가 선교사의 의도와 대화를 어느 정도 이해하는가?

14) 현지인이 소외감을 갖게 하는 사역과 선교사의 태도는 없는가? 사역 프로젝트를 통해 현지인 동역자가 소외감을 갖는 부분은 없는가?

15) 선교사는 현지 문화를 기본적으로 존중하는가? 선교지 문화에 대한 바른 이해가 있는가? 현지인 문화를 역행하여 사람을 대하거나 사역을 하는 부분은 없는가?

16) 선교사는 현지교회가 재생산하는 그림을 가지고 있는가? 선교사의 사역을 통해 현재 현지인이 재생산 하는 영역은 무엇인가?

17) 엄밀하게 말해서 현지인은 사역을 위한 도구이며, 방법인가? 아니면 현지인이 사역의 진정한 목표인가? 진심으로 현지인을 사랑하고 존중하는 마음이 있는가?

18) 선교지 나라 교회 전체를 보면서 현지교회가 자립하고 독립하고 재생산하는데 있어서 선교사가 어떤 역할을 하고 있으며, 현재의 선교사의 사역이 그 역할을 감당하고 있는가?

19) 현재 사역이 나라 전체를 복음화 하는데 어느 정도의 역할을 하고 있다고 생각하며, 선교지의 복음화가 빨리 되기 위해 어떤 사역을 해야 한다고 생각하는가?

20) 선교사는 위의 내용으로 현지인 동역자와 대화를 나눌 용의가 있으며, 그들의 평가를 들을 마음이 있는가? 현지인 동역자와 제 삼자이 선

교사가 당신의 사역을 평가한다면 허락하겠는가? 평가를 통해 잘못된 것이 있다면 고칠 의향의 있는가?

필자는 이상의 질문들을 만들면서 선교사의 현지인에 대한 태도가 중요하다는 것을 생각해 보았다. 선교사가 열린 마음이 없이는 평가하기 어려울 것이다. 냉정하게 말해서 이런 평가를 현지인에게 듣기를 원하지 않는다면 이미 현지인 중심의 선교를 하지 않고 있다고 볼 수 있다. 진정한 동역자는 함께 사역과 삶과 철학을 나누어야 하기 때문이다.

3. 선교사와 현지인과의 좋은 관계를 위한 제언

선교사와 현지인이 서로 대적이 아니라 동반자요, 동역자이기에 좋은 관계를 맺어야 하기에 서로가 서로의 입장을 생각해 주는 것이 필요하다. 좋은 관계를 맺기 위한 몇 가지 방법을 제시한다.

첫째는, 선교사가 자신이 누구인가를 알아야 한다. 선교사는 현지인과 비교할 때 더 많이 가진 자다. 재정과 지적인 능력을 더 많이 가졌다. 그래서 가진 자는 더 겸손해져야 한다.

둘째는, 선교사는 일단 현지인들의 음성을 듣는 자세를 가져야 한다. 선교사는 현지인을 비판하거나 먼저 변명하려 해서는 안 된다. 모든 것을 다 설명해 줄 필요는 없다. 그러나 적대적인 관계에서 그들의 지적을 거부하거나 정면으로 반박하지 말아야 한다. 그저 들어 주어야 한다. 듣고 수긍하고 인정하고 이해할 때 그들의 감정이나 분노가 해소될 수 있다. 선교사는 더 잘 말하고 더 논리적으로 변명할 수 있는 능력까지 있다. 그러나 이 힘과 능력을 그대로 나타내서는 안 되고 현지인의 말을 들을 자세가 필요하다.

셋째는, 선교사는 현지인들의 입장이 되어 보아야 한다. 선교사가 현지인이라고 가정해 보아야 한다. 선교사가 자기보다 훨씬 더 높은 위치, 더 가진 자들에 대한 감정이 어떤지를 생각해 보아야 한다. 때로는 아무 일 없이도 그저 감정이 나빠질 수 있고 무조건 가진 자에 대한 반감을 가질 수도 있다. 선교사는 부자를 어떻게 생각하는가?

'좀 더 나누어 주지, 좀 더 어려운 선교사를 생각해 주지, 좀 더 여유로운 마음을 품지, 돈 모아 무엇에다 쓸 것인가?'

이런 생각들을 할 수 있다. 어떤 이들은 무조건 부자는 도둑질 하고 사기꾼이라고 생각하지는 않는가! 선교사보다 많이 갖지 않은 현지인들도 선교사를 보면 보통 사람이 부자에 대해 생각하는 것보다 훨씬 더 많은 기대감을 갖는다. 부자야 자기돈 자기가 벌어 쓰는 것이지만 선교사는 현지인보다 돈도 많고 나누어 주는 직분이기에 선교사에 대한 기대감이 더 크다는 것이다. 그런 위치에 있는 선교사가 조금만 잘못했을 때는 기대감이 무너지면서 많은 비판을 당하게 된다. 선교사는 이런 현지인의 입장을 생각해야 한다.

넷째는, 서로가 동반자라는 사실이다. 서로 대적자가 아니라 동반자라면 서로 비판하는 것을 조심해야 한다. 상대가 원하지 않는 비판은 안 하는 것이 좋다. 상대가 들을 만하고 듣기 원할 때에 그 비판은 유효하다. 선교사와 현지인은 적이 아니라 동반자이다. 동역자요, 자기가 사랑하는 형제이다. 자기가 사랑하는 육신의 형제가 잘못할 때, 어떻게 하는가? 용서해 주고 감싸 준다. 형제의 잘못을 보았을 때 자신의 잘못인양 뼈아픈 고통을 안고 조언해 준다. 선교사는 현지인 동반자를 포용하고 용서하는 마음을 가져야 한다.

4. 선교사의 양심

선교사는 시간과 재정을 스스로 관리한다. 사역도 조직이나 사람에 얽매이지 않고 스스로 판단하여 할 경우가 많다. 선교사는 본국보다는 현지에서 더 자유로운 생활을 한다. 이런 환경에서 책임감을 가지고 사역을 잘 감당하는 것은 선교사의 양심에 달려 있다. 재정이나 시간도 선교사의 스스로의 도덕성과 양심에 따라 조절되고 관리가 된다. 선교사의 양심은 사역과 생활의 책임성에서 가장 중요한 부분을 차지한다. 규율과 조직이 잘 되어 있는 기관에서 일하는 사람은 양심에 의해서가 아니라 시스템에 의해서 책임성을 판단 받는다. 그러나 선교사는 잘 조직된 기관 속에서 일하는 것이 아니라 대체적으로 자유롭게 사역하기에 양심이 책임성을 판단하는 기준이 된다.

그 양심은 하나님 앞에서와 사람 앞에서의 양심이다. 하나님 앞에서 부끄러움이 없이 성실히 노력하는 양심이다. 선교사는 자신의 마음을 스스로 알고 있다. 선교보고는 얼마든지 미화할 수 있다. 때로는 속일 수도 있다. 그러나 그 보고서를 작성하는 선교사는 스스로 얼마나 정직한가에 대해서 알고 있다.

선교사들은 양심에 거리끼는 삶을 살지 않도록 노력해야 한다. 누가 보아도 깨끗하고 정직한 선교사들이 되어야 한다. 자신의 일에 최선을 다해야 한다. 하나님과 사람 앞에서 부끄럽지 않는 양심을 가지고 살아야 한다.

5. 선교사와 돈

선교사가 된다는 것은 세상의 것들을 포기하는 사람이 된다는 의미이다. 세상의 명예와 재물을 포기한 사람이 선교사다. 그런데 선교사가 되어서 오히려 돈을 포기하지 못하는 경우가 있다. 모든 것을 포기하다 보니 적은 것이라도 붙잡으려는 욕심 때문인지 모른다. 선교사의 생활에서 재정이 풍요롭지 못하기에 오히려 돈에 대한 집착이 있는지 모른다. 선교사가 되면서 돈에 대한 욕심을 포기했는데 선교사역을 하다 보니 돈이 들어갈 곳이 생겨 돈에 대한 욕심이 다시 생기는지도 모른다.

오래된 서구선교단체들은 선교사의 돈에 대한 규율이 분명하다. 선교사들은 돈에 대해 정직해야 하고 철저한 관리를 해야 한다. 돈을 사용하는데 절약해야 하고 검소한 생활을 해야 한다.

반면에 한국선교단체들은 돈에 대한 규약이 느슨하다. 심지어는 선교단체에서 선교사들의 후원금을 관리하지 않고 선교사 개개인이 관리하는 단체도 있다.

재정 시스템도 국내선교단체와 서구단체와는 다르다. 그래서 재정정책이나 재정사용에 대해서 일률적인 규칙을 정하기는 쉽지 않다. 어떤 것이 옳은지에 대해서는 누구도 판단하기 어렵다.

재정에 대한 우리의 기본 원칙은 성경적인 근거 속에서 찾을 수 있다. 성경적인 재정원칙은 청지기 정신으로 재정을 사용하는 것이다. 하나님 앞에서 맡은 이로서 성실하게 관리해야 할 책임이 있다는 것이다.

선교사가 가진 돈은 선교사의 것이 아니다. 하나님으로부터 나온 하나님의 것이다. 하나님의 돈을 어떻게 써야 할 것인가를 생각해야 한다. 다른 사람과 비교해서 돈이 부족하다고 해서 자존심 상할 필요도 없다. 돈이 많다고 해서 교만할 필요도 없다. 모든 돈이 하나님으로부터 나오기 때문이다. 하나님은 필요하실 때 주실 것이다. 이것이 우리의 믿음이다.

6. 선교사와 시간 사용

서구인들은 공적인 시간과 사적인 시간을 철저하게 구분한다. 그러나 한국인은 그렇지 않은 면이 있다. 공적인 시간과 사적인 시간 구분이 잘 안 되어 조직이나 팀에서 어려움을 당하는 경우가 있다. 한국에 있는 미국인 회사에서는 근무시간에는 신문을 보거나 인터넷을 사용하는 것을 금하는 대신 휴식시간은 분명하게 지킨다. 반면에 한국인은 근무하는 시간에 사적인 일을 하는 것을 쉽게 생각한다. 누가 옳고 그른가의 문제보다는 문화의 차이라고 할 수 있다.

선교사의 시간관리도 이와 같다. 서구선교사들은 공적인 시간을 분명히 구분하여 사용한다. 사역하는 시간에는 개인적인 일을 자제한다. 그러나 한국선교사는 사역시간과 개인시간의 구분이 명확하지 않다. 서구선교사들의 경우는 하루에 8시간씩 정확히 출근하여 일을 한다. 본국에서도 이렇게 일하기에 선교사가 시간관리를 철저히 하는 것을 당연한 것으로 받아들인다. 하루에 정해진 시간 동안 사역을 해야 하는 분명한 팀 규칙이 있기 때문에 이렇게 일하는 것은 자연스러운 일이다. 반면에 한국인 선교사들은 하루 8시간씩 정확히 근무하는 경우가 많지 않다. 대체적으로 시간에 대해서는 자유롭게 사역을 한다. 시간 중심이 아니라 행사나 하는 그 사역 자체를 중심으로 일을 한다. 이런 문화적인 차이를 인정함이 필요하다.

선교현지는 서구적인 문화라기보다는 한국적인 문화에 가깝다고 보아야 한다. 그들도 시간사용이 규칙적이지 않고 공사의 구분이 명확하지 않다. 서구선교사들은 정해진 규칙 속에서 그 시간에는 일을 잘하지만 그 외에 자신의 사적인 시간에는 일을 하지 않는다. 그럴 경우에 현지인들의 문화와 대치되는 경우가 있다. 때로 선교지에서는 시간에 상관없이 사역을 해야 할 때가 많다. 이럴 때 서구선교사들은 선교지 사정이 아무리 중요하고 급하다고 하더라도 사적인 시간을 사용하여 사역을 하는 것을 원하지 않는다.

필자가 미국 한인교회에서 설교자로 사역을 할 때 있었던 일이다. 섬겼던 한인교회가 미국교회를 임대해서 사용하였기에 그 미국교회 사정을 알고 있었다. 미국인 교회는 일 년에 한 번 새벽 기도회를 한다. 바로 부활주일 아침이다. 교인들은 예수님의 부활을 기념해서 일 년에 한 번 새벽기도회를 하기를 원했다. 그런데 그 교회 담임목사는 새벽에 예배를 인도하는 것은 자신의 근무시간 이외의 일이라고 하였다. 새벽에 일찍 일어나게 되면 일상의 리듬이 깨지고 피곤하기 때문에 새벽기도를 인도하기 어렵다고 한다. 그래서 그 교회는 특별강사를 초빙해 와서 부활절 새벽예배를 드린다. 담임목사는 시간 외의 근무라서 예배에 참석도 안 한다. 한 해만 그런 것이 아니라 매년 이 미국인 교회는 그렇게 한다. 일 년 내내 새벽기도하는 한국의 목사님들, 한밤중이라도 교인이 필요하면 언제든지 달려가는 한국인 목사님들은 이해하기 어려운 미국인 목사다. 그러나 미국사람들에게는 그것이 자연스러운 것 같다. 한국인들은 그를 소명이 없는 삯군 목사라고 비난하겠지만 미국인들은 그렇게 생각하지 않고 그 목사를 이해하고 받아들인다. 이런 현상은 선교지에서도 미국인 선교사들에게 비슷하게 나타난다.

선교지에 있는 한국인 선교사는 새벽이건, 한밤중이건 시간에 상관없이 중요한 일이 있으면 언제든지 달려간다. 그리고 근무시간에는 공사 구분을 하지 않고 자유롭게 시간을 사용한다. 한국에 있는 목회자들도 대체적으로 항상 바쁘게 일한다. 그러나 때로는 시간사용에 있어서 공사의 구분이 안 될 때가 있다. 이것이 한국인의 문화이다. 그렇다고 해서 한국인 선교사가 시간의 책무를 잘못했다고 말할 수는 없다. 이것은 문화적인 차이가 있기 때문이요, 그 사역의 결과나 효과는 누구도 판단할 수 없기 때문이다. 오히려 선교지에서는 한국인의 문화가 더 잘 어울릴 수 있다.

그래서 더욱 선교사들의 자기관리능력과 선교사의 양심이 중요하다. 자기관리 능력이 있는 선교사는 자기가 속한 문화 속에서 시간사용에 대한 책무를 잘 감당한다. 그리고 양심 있는 선교사는 사역 이외에 지나치게 균형을 잃는 생활을 자제한다. 한국인 선교사들이 시간 사용에 대해서 서구인들보다는 그 습관과 문화가 자유롭기에 지나치게 시간을 낭비하는 것을 조심해야 한다. 그 시간낭비는 여러 가지가 있을 수 있다. 잦은 모임이나 회의, 인터넷 사용, 과도한 취미 생활 등은 조심해야 할 부분이다. 이 부분이 한국인 선교사들에게는 약한 부분이다. 이 부분만 잘 관리를 하고 하나님 앞에 양심을 지켜 시간을 사용한다면 큰 문제가 없을 것이다. 아울러 한국선교단체 소속 선교사들도 점차적으로 팀으로 사역을 해 나가고 팀 마다 시간에 대한 규율을 만들어 좀 더 책임성 있는 시간 관리를 하는 것도 필요하다.

7. 결론

선교사의 선한 양심이 선교사역의 성패를 좌우한다고 해도 과언이 아니다. 그 양심은 하나님과 사람 앞에서 부끄럽지 않은 양심이다. 그래서 선교사는 도덕적인 기준이 높아야 한다. 분명한 성경적인 세계관을 가져야 한다. 여전히 세상적인 가치관을 가지고 있다면 양심마저 속일 수 있는 것이다. 양심적인 선교사가 많아질 때 한국선교는 건강한 선교를 감당할 수 있을 것이다.

제14장

믿음으로 하는 선교

선교만큼 믿음으로 해야 하는 일은 드물다. 모든 일을 믿음으로 해야 하지만 특별히 선교의 일은 믿음 없이는 하기 어렵다. 그 믿음이란 하나님의 역사하심을 믿는 믿음이다. 아울러 믿음으로 행동하는 것을 말한다. 인간이 믿음으로 구원을 얻지만 살아가면서 그 믿음의 원리 가운데서 살아가는 것 또한 중요하다. 고백하는 믿음과 행동하는 믿음이 같아야 한다. 선교사는 믿음의 원리 가운데 살아야 한다. 믿음이 있는 사람들의 태도는 믿음이 없는 사람과 달라야 한다. 믿음을 가지고 선교를 한다는 의미를 생각해 보고자 한다.

1. 감사의 삶

믿음으로 산다는 것은 늘 감사하면서 사는 것을 말한다. 선교사는 믿음으로 사는 사람들이기 때문에 감사하면서 살아야 한다. 그런데 선교사들의 삶 가운데서 감사를 잃어버리는 모습이 종종 나타난다. 보통 사람보다도 더 감사하지 못하고 사는 경우도 있다. 선교사의 삶이 너무 힘들어서 긴장과 탈진으로 감사를 잃어버렸는지 모른다. 선교지에서 살아남기 위해서는 때로 모질고 강해야 하기에 넉넉함과 감사를 잃어버렸는지도 모른다. 선교지에서 사는 동안 부정적인 면을 많이 보고 경험하다 보니 불평과 비판이 늘어났는지도 모른다. 그러나 선교사들이 믿음으로 사는 사람들이라면 감사를 회복해야 한다. 성경에서 말하는 대로 범사에 감사해야 한다. 진정으로 하는 감사는 어려운 중에 하는 감사가 참된 감사다. 좋은 환경에서는 누구나 감사할 수 있다. 선교사가 믿음이 있는 자라는 사실은 바로 어려운 선교지의 삶에서도 감사하는 삶을 사는데 있다. 선교지에서의 어려움은 그래서 더 값진 것이다. 어려운 중에도 믿음으로 감사하는 삶을 살 수 있기 때문이다.

고난이 있을 때는 하나님이 훈련해 주시는 것으로 인해 감사할 수 있다. 재정이 부족할 때는 기도하라는 의미로 받아들이면서 감사할 수 있다. 현지인들이 선교사를 괴롭히고 힘들게 한다면 그것 때문에 선교사가 선교지에 있어야 할 이유이기에 오히려 감사할 수 있다. 선교사에게 비자를 안 주거나 뇌물을 요구하는 일이 있다면 바로 그들을 변화시키기 위해 우리를 사용하시는 하나님의 부르심이 확실하기에 감사할 수 있다. 선교지에서 몸이 아프면 사도 바울에게 자고하지 않게 육체의 가시를 주신 동일한 하나님께 감사할 수 있다.

선교사들은 때로 현지인 앞에서 교만해질 수 있는데 여러 가지 약함을 통해서 겸손케 하시는 하나님께 감사할 수 있다. 가족이 문제가 있을 경우에는 선교에 가족 모두가 헌신된 것으로 인해 감사할 수 있다. 하는 사역이 마음대로 안 될 때는 더 큰 하나님의 뜻을 발견하는 기회를 주신 것으로 알고 감사할 수 있다. 모든 일을 감사로 바꾸는 삶, 감사로 이해하는 삶이 바로 믿음으로 산다는 의미이다. 오늘도 무엇이 선교사인 당신을 힘들게 만드는가? 그것을 오히려 감사로 바꾸는 믿음이 있는가? 그 믿음이 하나님 앞에서 가장 중요한 자격이라는 것을 받아들이는가?

선교사들이 모이면 항상 감사하고 긍정적인 이야기를 하는 분위기가 되면 좋겠다. 선교사들이 모이면 하나님이 하신 일을 나누고 함께 기뻐하는 분위기가 되었으면 좋겠다. 그런 모습이 바로 선교사의 삶이기 때문이다. 만약 감사를 잃어버린다면 그것은 선교사의 정체감을 잃어버린 것이라고 생각해야 한다. 감사 없이 선교지에서 사는 것은 별 의미가 없기 때문이다. 선교사는 거칠고 고생만 한 사람처럼 보이고 개척자로서 괴로운 모습을 보이는 사람이 아니다. 항상 힘들도 나약하고 지친 사람도 아니다. 오히려 선교사는 풍성하고 나누어 주는 여유 있는 모습을 보이는 자이다. 불평보다는 감사하는 모습이 바로 선교사의 상징이 되어야 한다.

2. 역지사지(易地思之)의 삶

선교사는 문화를 뛰어 넘는 사람이다. 문화를 뛰어 넘어 선교지의 문화를 이해하고 그 문화에 따라 선교지 문화 속에서 사는 사람이다. 그 문화의 관점에서 복음을 전한다. 선교지 문화를 인정하고 존중한다. 자국 문화를 일방적으로 강요하지 않는다. 선교사가 문화를 뛰어넘는다는 의미는 자신의 입장에서 사는 것이 아니라 상대의 입장에서 사는 것을 의미한다. 만약 선교사가 선교지 문화를 바로 이해하지 못한다면 효과적으로 복음을 전하지 못하게 된다. 그래서 선교사의 복음전파의 시작은 선교지의 문화를 이해하는 데부터 시작된다.

선교사에게 있어서 문화이해만큼 중요한 것이 바로 사람이해이다. 사람을 이해하는 것이 선교사역의 시작점이 된다. 상대를 이해하지 못하고서는 선교사가 아무리 좋은 것을 가지고 있다고 하더라도 전해 줄 수 없다. 사람을 이해하는 마음, 상대의 입장에서 생각하는 마음이 선교사가 가져야 할 중요한 자세이다. 의사소통을 잘하려면 듣는 사람이 잘 이해하도록 말해야 한다. 아무리 논리적이고 지적이고 훌륭한 언변이라도 상대가 이해하지 못한다면 아무 소용이 없다. 선교사에게 있어서 상대를 이해하고 인정하는 마음, 그 상대의 입장에서 생각하는 마음을 갖는 것이 필수다. 이것을 역지사지라 한다. 상대의 입장에서 생각하는 것이다.

사람들은 자기중심으로 이해한다. 그래서 자신이 상처받은 것에 대해서만 기분 나쁘게 생각한다. 그러나 선교사는 상대가 오죽했으면 그런 일을 했어야 했는가 생각하고 그 입장과 행위를 이해하는 것이다. 선교사 자신이 그 입장에서라면 어떻게 했을 것인가? 선교사의 마음을 아프게 하는 현지인이 있다면 그 현지인이 그렇게 해야만 했던 배경을 이해하는 것이 역지사지이다. 동료 선교사가 힘들게 하였다면 그 동료 선교사와 입장을 바꾸어 생각해 보는 것이 역지사지다. 선교단체 본부에서 명령하는 것이 부당하다고 느낄 때 그것을 결정한 본부의 입장을 생각할 줄 아는 것이 역지사지다.

선교사는 상대를 이해하는 것에서 한 걸음 더 나아가 그 문제를 잘 해결하는 것까지 마음을 써야 한다. 상대가 상처가 있어서 일을 어렵게 만들었다면 그 문제를 해결해 나가는 것뿐 아니라 상대의 상처까지 치유하는 방법을 생각하는 마음을 가져야 한다.

선교사는 다른 종교를 가진 사람들, 그리스도인을 핍박하는 사람들에 대해서도 긍휼의 마음을 가져야 한다. 타종교인은 선교사의 원수가 아니다. 오히려 선교사가 이해하고 싸매고 고쳐야 할 사람이다. 그 사람들을 사랑으로 대하는 것이 선교사의 태도이다. 선교지 정부에서 선교사를 억울하게 했다고 해서 그 정부를 비방해서는 안 된다. 오히려 복음을 듣지 못한 사람들이기에 그렇게 할 수밖에 없다고 이해해야 한다. 선교지에서 보면 좀도둑이 많다. 집에서 일하는 사람도 믿을 만한 사람을 찾기가 어렵다. 그런 모습을 볼 때마다 선교사는 선교지에 있어야 할 이유가 바로 이 사람들을 돕기 위해 왔다고 생각해야 한다. 예수님은 의인을 부르러 온 것이 아니라 죄인을 부르러 오셨다(막 2:17). 악한 사람을 볼 때마다 그 사람들을 미워하는 것이 아니라 오히려 사랑하고 도움을 주어야 한다.

필자는 필리핀 바기오에 아내와 함께 회의가 있어서 갔다가 어이없는 일을 당하였다. 회의를 마치고 돌아올 때, 좌석이 있는 버스표를 구입하고 출발시간을 기다렸다. 터미널 의자에서 같이 동행했던 선교사님과 이야기를 하다가 출발 시간 10분 전에 버스를 타러 갔다. 그런데 그 버스가 출발하고 있는 것이 아닌가! 황급히 손을 들어 세워 자리예약표를 보여 주면서 타려고 하자 안내원이 자리가 이미 다 찼기에 탈 수 없다고 하였다. 아직 시간이 안 되었고 우리는 자리를 이미 예약했기에 타고 가야 한다고 말해도 자리가 다 찼다는 이야기만 하고 떠나 버렸다. 버스를 타기 위해 거의 한 시간을 기다렸는데 다음 버스를 기다리는데 또 한 시간을 기다려야 했다. 사무실에 가서 따져도 그들은 아무런 대꾸도 없었다. 부당한 일을 당했다고 생각하니 참으로 억울하였다. 마음에는 당장 '이런 나라가 어디 있어!'라는 생각이 들었다. '내가 왜 이런 나라에서 살아야 하나!' 하는 생각도 들었다.

그러나 다시 생각해 보았다. 이런 부당한 일이 없다면 선교사가 굳이 이곳에 있어야 할 필요는 없는 것이다. 그 부당성을 위해서 선교사는 선교지에 와 있는 것이다. 나중에 안 사실은 버스 예약시간과 좌석은 그저 종이일뿐 먼저 타는 사람이 임자이고 자리가 다 차면 버스는 출발한다는 것이었다. 필리핀에 온지 얼마 안 되어 겪은 문화충격이었다. 그들의 문화를 이해했다면 필자는 실수를 하지 않았을 것이다. 그 순간에 필자는 두 가지를 배웠다. 한 가지는 선교사는 현지 문화를 잘 이해해야 한다는 것과 두 번째는 이곳에 있어야 할 이유를 찾은 것이다.

역지사지를 생각해 볼 수 있는 인터넷 글이 있어 인용해 본다. 선교사가 이런 생각을 하고 살지는 않을 것을 알지만 한번쯤 자신을 돌아 볼 수 있는 내용이다.

"내가 침묵하면 생각이 깊은 것이고, 남이 침묵하면 생각이 없는 것이다.

내가 늦으면 사정 때문이고, 남이 늦으면 게으름 때문이다.

내가 자리를 비우면 바쁜 만큼 유능한 것이고, 남이 자리를 비우면 어디서 노는 것이다.

내가 화를 내면 소신이 뚜렷한 것이고, 남이 주장하면 고집불통이다.

내가 통화를 하면 업무상 급한 것이고, 남이 통화 중이면 사적인 일이 너무 많은 것이다.

내가 아프면 아픈 만큼 쉬어야 하고, 남이 아프면 체력마저 의심스러운 것이다.

내가 가족사진을 사무실에 걸어놓으면 가족의 화목이 자랑스러운 것이고, 남이 사무실에 가족사진을 걸어 놓으면 직장에서도 집 생각만 하는 것이다.

내가 회의 중이면 남은 잠깐 기다려야 하고, 남이 회의 중이면 나는 잠깐 만나야 한다.

내가 남의 말을 들으면 폭이 넓은 사람이고, 남이 남의 말을 들으면 줏대가 없는 사람이다."

3. 하나님께서 하신다.

선교사가 마음속에서 떠나지 말아야 할 것은 "하나님께서 하신다."는 말씀이다. 선교사는 하나님이 하신다는 것을 믿는 믿음을 마음에 간직하고 살아야 한다. 하나님이 하시기에 선교사는 아무것도 안 한다는 의미는 아니다. 하나님이 하신다는 것은 사람이 최선을 다하고 그 결과는 하나님께 맡긴다는 의미다. 선교사는 최선을 다해 성실하게 일하면 된다. 그다음 일은 하나님께서 알아서 하신다. 이것이 선교사가 가져야 할 기본적인 믿음이요, 태도이다. 성령께서는 오늘도 말할 수 없는 탄식으로 우리를 위해 간구하신다(롬 8:27). 그래서 선교사는 모든 걱정을 하나님께 맡기고 살아야 한다. 때로 선교사는 위험하고 불안정한 곳에 살기에 마음이 불안하고 걱정이 앞서는 경우가 있다. 그러나 성령께서 이미 우리의 상황을 아시고 친히 간구하신다.

선교사가 하나님이 하신다는 믿음이 있으면 그렇게 조급할 필요가 없다. 안 되는 일로 인해서 답답할 필요도 없다. 하는 사역이 열매가 안 보여도 불안해 할 필요가 없다. 자신의 철학과 목표를 향해 꾸준히 묵묵히 나간다면 결국 하나님이 그 일을 이루신다. 당장 열매가 안 보이는 일일지라도 하나님은 함께 하신다. 하나님이 하신다는 믿음이 부족하기에 선교사가 앞서서 일하다가 실수하는 경우도 있다. 참지 못해 실수를 범하는 경우도 있다. 주변의 선교사들의 사역이 잘 되는 것을 보고 비교하고 힘들어 한다. 다른 선교사들의 선교비가 많으면 그것으로 인해 상처를 받기도 한다. 그러나 하나님은 하신다. 하나님이 각자 선교사의 삶을 주관하시고 인도하신다. 선교사가 할 일은 바로 그 하나님을 신뢰하고 나가는 것이다.

선교지에서 선교사들이 종종 싸운다. 동료 선교사와 혹은 선교지 현지인들과 다툼이 일어나기도 한다. 후원교회와 사이가 좋지 않기도 한다. 그러나 하나님이 하시는 일이라는 믿음이 있으면 다툴 필요가 없다. 하나님이 하시는 일을 가지고 굳이 선교사가 나서서 싸울 필요가 없다. 선교사들이 싸우는 것은 하나님이 하신다는 기본적인 믿음이 부족하기 때문이다. 물론 의를 위해 싸우는 것을 회피하라는 말이 아니다. 의가 아닌 경우에 싸우는 것은 믿음의 문제이다. 아무리 힘들어도 하나님이 하시는 것을 믿는다면 그 믿음으로 위로받고 소망 가운데 살 수 있다. 선교사의 자질을 기대할 때 위대하고 완벽한 선교사를 기대하는 것이 아니다. 하나님이 하신다는 기본적인 믿음을 가진 선교사를 기대하는 것이다. 능력 있고 훌륭한 선교사가 되기 이전에 하나님에 대한 기본적인 믿음이 요청 된다. 이런 선교사들이 많아질 때 한국선교는 더욱 발전될 것이다.

4. 믿음으로 하는 구제와 선교

구제를 한국교회의 선교에 연관시켜 본다. 구제를 하는 사람과 선교사 역을 하는 사람들의 자세는 같아야 된다고 보기 때문이다. 성경적인 구제 를 살펴봄으로 선교사역에 임하는 한국교회의 자세를 찾아보고자 한다. 성경적인 구제를 하는 것은 자기 의를 드러내는 선교가 아니라 하나님 나 라가 확장되는 선교를 해야 하는 것이다.

1) 세 종류의 사람들

첫째는 구제를 전혀 하지 않는 사람이 자기만 아는 사람이다. 구제가 좋은 일인지 알면서도 자기 욕심 때문에 못하는 사람들이다. 분명히 구제 를 할 수 있는 능력이 있고 그 일이 좋은 일임에도 불구하고 구제에 대해 서 하지 않거나 인색한 사람이다.

두 번째는 구제를 하기는 하지만 드러내놓고 하는 사람이다. 해마다 연말에는 구제하는 사람들이 많아진다. 대부분의 사람들은 자기이름을 드러내면서 구제를 한다. 어떤 기업가나 연예인들은 몇 천 만원 씩 하면 서 언론을 통해 그들의 구제에 대해서 광고를 한다. 자기를 들어내더라도 구제를 하는 사람은 전혀 하지 않는 사람보다는 나은 사람들이다.

세 번째는 구제를 할 때 사람에게 보이려고 하지 않고 은밀하게 하는 사람들이다. 구제하면서 자기이름을 숨기는 사람들이다. 이런 사람들은 구제하는 것을 자신을 드러내지 않는다. 언젠가 TV에서 어떤 사람이 쌀

5백 가마니를 교회를 통해서 가난한 사람들에게 나누어 주는 것이 방영되었다. 몇 년 동안 이 사람은 교회를 통해서 가난한 사람들에게 쌀을 나누어 주고 있는데, 자기가 누구인지를 밝히지 않는다. 정미소에 전화를해서 은행통장에 입금을 하고 자신은 직접 나타나지 않는다. 이것을 알고 TV에서 이 사람을 찾기 위해 전화하고 노력을 하지만 결국은 누구인지를 찾아내지 못했다.

이 세 종류의 사람, 즉 구제를 전혀 안 하는 사람, 구제를 하지만 자기를 드러내는 사람, 구제를 하면서도 자기를 드러내지 않는 사람 중에 우리는 어떤 종류의 사람인가? 우리 주님은 구제를 할 때 다른 사람에게 보이지 말고 은밀하게 하라고 하신다(마 6:4). 이것이 바로 우리 주님의 구제의 원리이다. 선교에 있어서도 다른 사람에게 선교헌금을 하는 것을 드러내서는 안 된다. 주님의 구제 원리에 의하면 교회가 선교에 참여하면서자기 교회의 이름을 드러내는 것은 잘못된 것이다.

2) 은밀한 구제의 의미

우리는 주위에서 감동적인 구제의 모습을 보게 된다. 어떤 할머니는 평생 노점상을 해서 모은 돈 몇 억 원 전액을 학교나 사회단체에 기증하는 것을 본다.

어떤 분은 돈은 아니더라도 백혈병이나 신장 등 장기를 기증하는 사람들이 있다. 전혀 모르는 사람을 위해 자기를 드리는 사람들의 모습은 이기적인 우리의 모습을 보며 반성하게 한다. 어떤 사람들은 매월 한 달에 한 번씩은 헌혈을 하는 사람들이 있다. 기독교 단체들은 시신을 기증하는 운동을 하기도 한다. 많은 사람들 중에 그리스도인들이 유독 이런 구제와 좋은 일에 참여하는 것을 본다.

이것은 바로 우리 주님이 요구하시는 원리이다. 우리 주님은 사람들을 살리기 위해서 자신의 생명을 내어 놓으셨다. 그러기에 우리가 우리의 가진 것을 다른 사람에게 나누는 것은 당연한 일이다. 그가 우리를 위하여 목숨을 버리셨으니 우리가 이로서 사랑을 알고 우리도 형제들을 위하여 목숨을 버리는 것이 마땅하니라(요일 3:16). 다른 사람을 위해 우리가 가진 것, 생명까지라도 나누는 것이 마땅하다고 했다. 우리 주님께서는 친히 말씀하시기를 주는 것이 받는 것보다 복이 있다(행 20:35)고 말씀하셨다. 이 세상 사람들은 주는 것보다는 많은 것을 갖는 것이 복이 있다고 생각한다. 그러나 우리 주님은 많이 가지는 것보다 나누어 주는 것이 훨씬 더 복되다고 하셨다.

> "흩어 구제하여도 더욱 부하게 되는 일이 있나니 과도히 아껴도 가난하게 될 뿐이니라 구제를 좋아하는 자는 풍족하여질 것이요, 남을 윤택하게 하는 자는 윤택하여지리라"(잠 11:24-25)

세상의 원리는 과도히 아끼고 저축을 해야 부자가 된다고 하는데 성경의 원리는 구제하는 것이 부자가 되는 원리라고 말한다. 오히려 과도히 아끼는 것은 가난하게 된다고 한다.

구제를 할 때 당장은 손해를 보는 것 같지만 그러나 하나님은 반드시 그것을 갚아 주신다. 이것이 주님이 십자가에 죽으신 원리이다. 다른 사람을 위해 주님이 죽임을 당했을 때, 하나님께서는 그를 다시 살아나게 하셨다. 이것이 그리스도인이 믿는 가장 기본적인 원리이고 이 원리 때문에 구원을 받은 것이다. 그리스도인이 구원을 받았다는 확신이 있다면 이 원리대로 살아야 하는 것이 그리스도인의 태도이다. 구제하는 것이 곧 부자가 되는 것일 뿐 아니라 하나님께서 우리에게 원하시는 원리다. 구제를 하는 것은 하나님이 원하는 것이기에 그리스도인은 이 일에 적극적으로 참여하여 한다. 구제를 할 때 하나님이 반드시 그 상을 주신다. 구제를 많이 하면 많이 갚아 주시고 적게 하면 적게 갚아 주신다. 선교에도 동일하게 적용된다. 하나님은 선교의 하나님이시고, 성경은 인류 구원을 위한 선교를 주제로 삼은 책이다. 하나님은 하나님의 자녀 모두가 선교에 적극적으로 참여하기를 원하신다. 그것이 바로 하나님의 계획이고 예수님을 주신 하나님의 사랑이다.

두 번째, 우리 주님의 은밀하게 하라는 구제의 원리는 구제를 할 때 믿음으로 하라는 뜻이 들어 있다. 구제를 할 때 믿음이 있는 자만이 은밀하게 할 수 있다는 말이다. 반대로 믿음이 없으면 구제를 은밀히 안 하고 사람에게만 보이려고 할 것이다. 그러나 은밀히 할 때 하나님이 갚으신다는 것은 바로 믿음이 있을 때 가능하다. 하나님이 갚으신다는 이 믿음이 중요하다. 이 믿음이 없으면 사람들에게 칭찬받기를 원하는 것이다. 미국의 어느 교회에서 예배를 드리던 중에 어떤 교인이 헌금시간에 1달러짜리 지폐를 손에 쥐었다. 그런데 좌석 사이의 통로로 다가오는 헌금위원이 사업상 친분이 있는 사람인 것을 알고서 얼른 지폐를 20달러까지로 바꿨으며, 그것을 헌금 접시에 놓을 때 일부러 슬쩍 흔들었다. 이런 모습은 바로 믿음으로 드리는 것이 아니라 자신을 드러내기 위해서 헌금하는 것이다.

주님은 기도할 때도 은밀히 하라는 말씀을 하신다. 금식할 때도 사람들에게 보이지 말고 은밀한 중에 보시는 하나님께 하라고 하셨다. 바로 하나님이 들으시고 갚아 주실 것이라는 믿음으로 기도와 금식을 하라는 것이다. 기도나 금식이나 구제가 모두 하나님과 관계 되어 있는 믿음의 문제이다. 그래서 우리는 구제할 때 믿음으로 드리는 것이 필요하다. 다시 말하면 믿음이 있어야 헌금이나 구제를 할 수 있다. 믿음이 적으면 헌금이나 구제도 적을 수밖에 없다. 구제는 인간의 감정이나 돈의 적고 많음의 문제가 아니고 믿음의 문제다. 우리는 성경에서 말씀하신대로 믿음으로 살아야 하는 사람들이다. 우리의 사는 원리는 세상의 원리가 아니고 믿음의 원리이다. 헌금이나 구제를 할 때 하나님이 갚으신다는 것, 이것이 믿음의 원리이다. 우리가 저축이나 보험을 들면 반드시 그에 대한 다시 찾을 것이라는 믿음이 있다. 마찬가지로 하나님께 믿음으로 산다는 것은 바로 믿음으로 행동하는 것이다.

> "너희를 위하여 보물을 땅에 쌓아두지 말라 거기는 좀과 동록이 해하며 도둑이 구멍을 뚫고 도둑질 하느니라, 오직 너희를 위하여 보물을 하늘에 쌓아 두라 거기는 좀이나 동록이 해하지 못하며 도둑이 구멍을 뚫지도 못하고 도둑질도 못하느니라 네 보물 있는 그곳에는 네 마음도 있느니라."(마 6:19-21)

이 세상에 저축하는 것은 불안정하기에 하늘나라를 위해 돈을 쓰라는 말씀이 믿어지는가? 우리는 은행에 저축하는 것은 반드시 다시 찾을 것을 의심 없이 저축하는데, 하나님께 드리는 것은 다시 찾을 확신이 얼마나 있는가?

예수님께서 비유로 말씀하신 내용이 누가복음 12장 16절에 나온다. 한 부자가 소출이 많았다. 많은 재산을 가지고 마음에 생각했다.

"내가 곡식을 많이 쌓아둘 곳이 없다. 더 많은 곡간을 지어 거기에 곡식과 물건을 쌓아두리라"

그렇게 하였다. 그리고 자신의 영혼에게도 말했다.

"내 영혼아 네가 쓸 것을 많이 쌓아두었으니 평안히 먹고 마시고 즐거워하라."

그때 하나님께서 어리석은 자라고 하시고 그에게 말씀하셨다.

"어리석은 자여, 오늘 밤에 네 영혼을 도로 찾으면 네가 예비한 것이 뉘 것이 되겠느냐?"

이 세상에서 아무리 부자가 되어도 하나님이 생명을 찾으면 다 소용없게 된다. 우리가 버는 돈을 천국에 가지고 갈 수도 없다. 우리 주님은 그래서 보물을 하늘에 쌓아두라고 하셨다. 세상의 창고, 세상의 저축, 보험은 구멍이 나서 없어질 수도 있다. 그러나 하늘나라에 쌓아 두는 것은 영원하다.

　한 청년이 주님께 찾아 왔다. 어떻게 해야 영생을 얻겠느냐고 물었다. 예수님은 율법을 행하라고 했다. 이 청년은 이 율법을 다 지켰다고 했다. 그러자 예수님은 네 가진 것을 가난한 자에게 나누어 주라고 했다. 그 때 청년은 부자이므로 근심하며 예수님을 떠났다(마 19:22). 이 청년은 자신이 가진 돈 때문에 영생을 받지 못했다. 하늘나라에 보물을 쌓아 두는 믿음이 없었다. 믿음이 있는 자가 하나님의 선교에 동참할 수 있다. 선교에 동참하는 문제는 믿음의 문제이다. 선교에 동참하지 않는 그리스도인은 그 믿음을 의심해 보아야 한다.

　세 번째는 남을 구제를 할 때 은밀히 하라는 원리는 자신을 드러내지 말고 하나님만을 드러내라는 의미이다. 어떤 사람들은 구제할 때 자신을 드러내고 하나님을 드러내지 않는 사람이 있다. 어떤 사람들은 자신의 선한 행실이 공개적으로 알려지지 않으면 화를 내는 사람이 있다. 이런 사람들이 있기 때문에 주님은 은밀하게 하라고 말씀하신다. 우리는 구제를 할 때 자신이 영광을 받아서는 안 된다. 하나님만이 영광을 받으셔야만 한다.

　선교를 할 때도 우리가 선교를 통해서 무엇인가 우리의 이름을 내기 위해서 하면 안 된다. 많은 교회와 성도들이 이름을 내려고 하니까 선교지에 건물을 세우려고 한다. 교회 몇 주년 기념으로 선교지에 교회건축을 했다고 자랑을 한다. 선교센터를 짓고 교회에서 그 재산을 관리하려 한다. 그러나 선교지에 선교헌금하는 것도 은밀하게 해야 한다. 선교지에 건물을 지어 놓고 성도들이 함께 선교지에 가서 현지인들 앞에서 헌당식을 하는 것도 자기 의를 나타내는 마음이 있어서이다.

　마태복음 6장 4절에 "은밀한 중에 보시는 너의 아버지께서 갚으시리라"고 했다. 하나님이 갚아 주신다. 이것에 대한 확신이 있을 때만이 은밀하게 구제한다. 미국 사람들은 헌금할 때 주로 1불이나, 많이 하면 5불

정도의 헌금을 한다고 한다. 반면에 한국사람들은 미국사람에 비해서는 헌금을 상당히 많이 한다. 그런데 차이점은 미국사람들은 유산을 자식에게 주지 않고 교회에 헌금하거나 사회단체에 기증한다. 반면에 한국사람은 살았을 때는 헌금을 많이 하지만 죽을 때는 유산을 교회나 사회단체가 아닌 자기자식에게 물려 준다. 미국 사람들과 한국사람들 중에 누가 더 믿음이 있는 사람들인가. 한국사람은 현세적인 믿음을 가졌고 미국사람은 내세에 대한 믿음을 가졌다고 말할 수 있다. 한국사람들은 현세에 잘 사는 것을 바라서 살았을 때 헌금을 잘 하고 미국사람들은 내세에 대한 확실한 믿음이 있기에 더 이상 바랄 것이 없지만 하나님께 마지막 재산을 드린다는 것이다. 우리는 이런 내세에 대한 믿음을 가질 필요가 있다.

상은 하나님이 주시는 것이다. 그래서 선교도 하나님의 상을 바라며 해야 한다. 하나님 앞에서 선교를 하되 그 분이 주시는 상급을 바라면서 해야 한다. 현지인이 하는 칭찬을 바라서 하는 것이 선교가 아니다. 선교사들도 자신의 이름을 위해 선교하는 것이 아니다. 하나님의 상을 바라보면서 하는 것이다.

디모데후서 4장 8절에 "이제 후로는 나를 위하여 의의 면류관이 예비되었으므로"라는 말씀이 있다. 사도 바울은 "이제 후로는" 즉, 지금이 아니라 하나님 앞에 갈 때 의의 면류관이 예비되었다고 하였다. 선교에 동참하는 교회나 선교사의 면류관은 이 세상이 아니다. 사람들이 어떻게 보아주고 평가해 주느냐가 전부가 아니다. 진실한 상급은 우리가 하나님 앞에서 섰을 때 하나님이 주시는 의의 면류관이다. 만약 이 세상에서 자기 의를 드러내고, 선교에 동참한 결과를 얻는 사람은 하나님 앞에서 의의 면류관이 없을지도 모른다. 선교사나 후원교회도 현지인들에게 후원과 구제와 활동에 대한 칭찬을 받는다면 하나님 앞에서의 상급이 없을 것이다. 선교에 동참하면서도 내세보다는 현세의 상급을 바라는 선교는 한국교회가 이제 그만 두어야 한다. 선교비를 가지고 재산 싸움 하거나 자기 이름

내려는 교회와 선교사는 내세에 대한 믿음을 가져야 한다.

한국선교는 겉으로 요란하다. 자기 의와 행적이 강하다. 그러나 교회가 몇 명의 선교사를 파송했다고 광고하거나 교만할 필요가 없다. 선교지에 몇 개의 교회를 개척했다고 자랑할 필요도 없다. 주보나 신문에 광고하는 교회나 선교사들은 내세의 의의 면류관을 이미 이 세상에서 상급을 받은 것이다. 선교를 한다는 자랑이 바로 이 세상의 상급이다. 이제한국교회는 내세를 바라보는 믿음으로 선교에 동참해야 한다. 그래야 선교지에서 일어나는 부작용을 줄일 수 있다. 선교의 모든 잡음들은 바로자기 의를 이 세상에서 드러내려고 하는 것과 내세의 면류관을 기대하지않는 믿음에서 나온다. 선교에 동참하는 모든 한국교회가 하나님의 의의면류관을 기대하는 믿음이 충만하기를 바라는 마음이다.

5. 결론

한국선교는 겉으로 요란하다. 자기 의와 행적이 강하다. 그러나 교회가 몇 명의 선교사를 파송했다고 광고하거나 교만하지 말아야 한다. 선교지에 몇 개의 교회를 개척했다고 자랑할 필요도 없다. 선교를 한다는 자랑이 바로 이 세상의 상급이다. 이제 한국교회는 내세를 바라보는 믿음으로 선교에 동참해야 한다. 선교의 모든 잡음들은 바로 자기 의를 이 세상에서 드러내려고 하는 것과 내세의 면류관을 기대하지 않는 믿음에서나온다. 선교에 동참하는 모든 한국교회가 하나님의 의의 면류관을 기대하는 믿음이 충만하기를 바라는 마음이다.

책을 마치면서…

　한국교회선교는 이제 자리를 잡아 갈 때이다. 여전히 선교동원이나 대회에 얽매일 때가 아니라 전략에 따라 전문성을 키워가야 할 때다. 선교사 파송 숫자로 자랑할 때가 아니라 선교 시스템을 만드는 일에 매진해야 할 때다. 겉으로 보이는 선교사의 열매를 바라기 전에 선교사의 실제적인 부분과 내면을 도와줄 수 있는 멤버 케어가 구축되어야 한다. 제국주의적인 선교에서 섬기는 선교로 나아가야 한다. 권위주의적이고 일방적인 선교에서 성육신 선교로 나아가야 한다. 무계획과 관계 중심의 선교에서 벗어나 장기적인 계획과 목표를 따른 선교를 해야 한다. 기본과 상식에서 벗어나지 않은 선교를 해 나가야 한다. 그것이 지금 하나님께서 한국선교에 바라시는 일이라고 확신한다. 그럴 때 한국교회는 하나님 나라의 확장을 위해 계속해서 쓰임 받을 수 있을 것이다. 하나님이 필요로 하시는 대로 쓰임 받은 아름다운 한국교회선교가 되기를 소망한다.